FENOMENOLOGIA

CB126345

CIP-BRASIL. CATALOGAÇÃO NA PUBLICAÇÃO
SINDICATO NACIONAL DOS EDITORES DE LIVROS, RJ

F381
Fenomenologia : encontro marcado com a psicoterapia / organização Jorge Ponciano Ribeiro, Maurício S. Neubern. - 1. ed. - São Paulo : Summus, 2025.
240 p. ; 24 cm.

Inclui bibliografia
ISBN 978-65-5549-168-5

1. Fenomenologia existencial. 2. Psicoterapia existencial. I. Ribeiro, Jorge Ponciano. II. Neubern, Maurício S.

CDD: 616.8914
25-98744.0 CDU: 615.851:111.11

Meri Gleice Rodrigues de Souza - Bibliotecária - CRB-7/6439

www.summus.com.br

EDITORA AFILIADA

Compre em lugar de fotocopiar.
Cada real que você dá por um livro recompensa seus autores
e os convida a produzir mais sobre o tema;
incentiva seus editores a encomendar, traduzir e publicar
outras obras sobre o assunto;
e paga aos livreiros por estocar e levar até você livros
para a sua informação e o seu entretenimento.
Cada real que você dá pela fotocópia não autorizada de um livro
financia o crime
e ajuda a matar a produção intelectual de seu país.

FENOMENOLOGIA

Encontro marcado com a psicoterapia

Jorge Ponciano Ribeiro
Maurício S. Neubern
[orgs.]

summus
editorial

FENOMENOLOGIA
Encontro marcado com a psicoterapia
Copyright © 2025 by autores
Direitos desta edição reservados por Summus Editorial

Editora executiva: **Soraia Bini Cury**
Preparação: **Samara dos Santos Reis**
Revisão: **Michelle Campos**
Capa: **Delfin [Studio DelRey]**
Projeto gráfico: **Crayon Editorial**
Diagramação: **Natalia Aranda**

Summus Editorial
Departamento editorial
Rua Itapicuru, 613 – 7° andar
05006-000 – São Paulo – SP
Fone: (11) 3872-3322
http://www.summus.com.br
e-mail: summus@summus.com.br

Atendimento ao consumidor
Summus Editorial
Fone: (11) 3865-9890

Vendas por atacado
Fone: (11) 3873-8638
e-mail: vendas@summus.com.br

Impresso no Brasil

SUMÁRIO

APRESENTAÇÃO

JORGE PONCIANO RIBEIRO E MAURÍCIO S. NEUBERN

Hoje, escrever um livro sobre fenomenologia pode parecer uma tarefa redundante, considerando a vasta literatura produzida sobre esse tópico nos últimos anos. Associá-la à prática clínica, especialmente à psicoterapia, também poderia sugerir falta de originalidade, dado o extenso desenvolvimento de trabalhos nessa área. No entanto, há uma tradição e um movimento filosófico que, apesar de antigos, continuam muito relevantes, como demostram suas contribuições marcantes em diferentes países (May, Ellenberger e Angel, 1958). De fato, uma forma de pensar tradicional pode se revelar muito pertinente à contemporaneidade, sobretudo quando se consideram os diversos processos que compõem os cenários de construção de conhecimento em psicologia e psicoterapia.

O primeiro aspecto que motivou os autores deste livro a explorar a fenomenologia e a psicoterapia como instrumento de crescimento humano foi o tecnicismo excessivo. Esse tecnicismo prevalece em universidades, grupos de formação e centros de pesquisa. Debates em que determinadas escolas são rotuladas de pseudocientíficas por não apresentarem resultados em pesquisas baseadas em evidências têm sido associados a movimentos que reduzem a psicoterapia a um conjunto de técnicas, medindo seu valor apenas pela eficácia. Em consequência, ela acaba restrita a uma prática de aplicação, sendo considerada incapaz de constituir um modo de pensar e investigar os processos humanos, e permanece dependente da validação do pesquisador instrumentalista. Não é coincidência que esses discursos proliferam nas redes sociais e universidades, também se refletindo nas mudanças das propostas editoriais de editoras renomadas.

Os autores deste livro veem a fenomenologia de maneira diferente. Eles a entendem como uma proposta de reconhecimento humano, manifestada por meio do legítimo processo do encontro psicoterapêutico. Esse é considerado um aspecto fundamental do nosso estar no mundo. É certo que tal reconhecimento do outro não está dissociado da eficácia, mas os critérios para sua avaliação podem diferir significativamente quando se compara a perspectiva do pesquisador com a do sujeito.

A proposta de reconhecer o outro a partir de si é relevante na atualidade, destacando-se por sua dimensão democrática tanto entre pessoas quanto entre saberes (Neubern, 2023). O psicoterapeuta, que em nossa visão é também um pesquisador, atua como parceiro do sujeito, em um processo em que ambos são protagonistas e seus saberes vivenciais são mutuamente reconhecidos. A técnica ocupa papel secundário em relação ao vínculo humano, este, sim, constituindo o eixo principal da clínica e da pesquisa. Essa perspectiva faz do psicoterapeuta pesquisador (Romanyshyn, 2021), alguém que necessita voltar-se para si, observar e considerar profundamente o outro, além de refletir sobre os encontros terapêuticos dos quais participa.

A fenomenologia constitui, portanto, um modo de ser e pensar que aproxima em vez de distanciar; que estabelece relações negociadas em vez de controlar; que se situa no estar com o outro em vez de observá-lo externamente (Ribeiro, 2021). Essa abordagem representa também uma proposta ampla para as sociedades contemporâneas. O tecnicismo, fundamentado em separações, *performances*, intervenções e controle, ameaça as possibilidades de consensos sociais com o que é diferente, seja individual ou coletivamente. Além disso, compromete a própria relação com a natureza.

Outro aspecto que motivou a escrita desta obra é a sensibilidade, frequentemente citada como o ingrediente fundamental da prática clínica. Em geral, os estudantes em formação de estágio clínico questionam como proceder diante de um novo cliente, sobretudo quanto às técnicas e aos procedimentos que deveriam adotar.

Os autores deste livro, embora reconheçam os processos de informação e comunicação modernos como meios legítimos de aprendizado, propõem, sobretudo aos estudantes iniciantes na arte da psicoterapia, uma atitude mais reflexiva. Enfatizam a importância de atenção aos processos da relação organismo-ambiente. Principalmente, sugerem abandonar um tecnicismo dissociado da realidade humana, incentivando um olhar atento à relação cliente-psicoterapeuta no aqui-agora de seu aprendizado.

Isso certamente evoca noções importantes de autores consagrados da fenomenologia, como a corporeidade de Merleau-Ponty (2008) e a temporalidade de Minkowski (2005). Afinal, ser sensível remete à vivência do próprio corpo e à possibilidade de estar presente com outro num processo legítimo e engajado, mas também leve e amoroso. Em um mundo com múltiplas frentes que demandam *performances* praticamente infinitas, essas atitudes são relevantes para a clínica, mas transcendem o momento do encontro no *setting* com o cliente: referem-se à própria atitude de vida do psicoterapeuta, capacitando-o não apenas a sobreviver num mundo complexo, como também a saber viver, como diria Santos (1987). Como afirmava uma antiga supervisora de psicoterapia: "Não se torna terapeuta quem não se torna gente".

Por fim, outra razão determinante para a escrita deste livro é considerar a fenomenologia uma filosofia no sentido original do termo: "amor à sabedoria". Essa perspectiva não deve ser interpretada como desrespeito ao pensamento sistemático, até porque alguns dos autores aqui reunidos são filósofos. Contudo, ela resgata a ideia de que a filosofia está encarnada no terapeuta, entrelaçando-se com seu modo de vida e ganhando vida em seu espírito.

Hoje, as construções de sentidos individuais e coletivos frequentemente se distorcem. Muitas universidades, por exemplo, não promovem a construção legítima de conhecimento, mas priorizam a publicação de artigos. Grupos religiosos abandonam a espiritualização de seus membros, priorizando interesses políticos e financeiros. Escolas ensinam aos alunos a importância de terem um bom *score*, muitas vezes dissociado de um aprendizado significativo. Instituições de saúde prendem-se a protocolos de tratamento e lucros, esquecendo-se das necessidades humanas.

Diante de tal cenário, em que o amor e a amizade, no sentido de Binswanger (2008), tornam-se experiências amplamente desconhecidas, a fenomenologia não se propõe a ser redentora ou salvadora de tão dramático cenário social. Entretanto, como práxis de sabedoria, ela impele aqueles que dela partilham a uma atitude de existência disponível para a emergência de sentido. Nossa busca não é a do sucesso, como diria Frankl (2009), mas a de nos dedicarmos a algo mais amplo que envolva ideais que contemplem atitudes além dos limites individuais. Implicar-se numa psicoterapia, desse modo, não significa um mero afazer, mas uma atividade que ajuda o terapeuta e o cliente a pensar sobre o que é importante na vida. Mesmo com quedas, enganos, tropeços e desencontros, essa reconciliação consigo mesmo passa por integrar tais experiências em uma vida que valeu e vale a pena viver.

Referências

Binswanger, Ludwig. *Introduction à l'analyse existentielle*. Paris: Minuit, 2008.

Frankl, Viktor E. *Em busca de sentido — Um psicólogo no campo de concentração*. Petrópolis: Vozes, 2009.

May, Rollo; Ellenberger, Henry F.; Angel, Ernest (orgs.). *Existence — A new dimension in psychiatry and psychology*. Nova York: Basic Books, 1958.

Merleau-Ponty, Maurice. *Phénoménologie de la perception*. Paris: Gallimard, 2008.

Minkowski, Eugène. *Le temps vécu — Études phénoménologiques et psychopathologiques*. Paris: PUF, 2005.

Neubern, Maurício S. "Hypnosis, university, and democracy — An emancipatory proposal". *In:* Neubern, Maurício. S.; Bioy, Antoine (orgs.). *Hypnosis in academia — Contemporary challenges in research, healthcare, and education*. Berna: Springer, 2023, p. 27-52.

Ribeiro, Jorge Ponciano. *O ciclo do contato*. São Paulo: Summus, 2021.

Romanyshyn, Robert. *The wounded researcher: research with soul in mind*. Nova York: Routledge, 2020.

Santos, Boaventura de Souza. *Um discurso sobre as ciências*. Porto: Afrontamento, 1987.

1 TERAPIA FENOMENOLÓGICA

JORGE PONCIANO RIBEIRO

Eis por que fenomenologia, em vez de ser contemplação de um universo estático de essências eternas, vai se tornar a análise do dinamismo do espírito que dá aos objetos do mundo seu sentido.

— André Dartigues, 1973, p. 25

Minha preocupação neste trabalho é tentar apresentar um modelo de psicoterapia — por exemplo, a Gestalt-terapia — que mostre, através da prática, uma forma de relação cliente-psicoterapeuta que seja de fato fenomenológica.

> A grande maioria das pessoas converteu-se em caricaturas de humanidade e raramente nossas vidas são vividas em plenitude e em harmonia em nossas potencialidades. A própria discórdia íntima e pessoal do homem esmaga-o sob a incapacidade trágica de relacionar com o outro num espírito de amor e mútua comunicabilidade. (Frick, 1975, p. 17)

É neste contexto que vejo a importância de se pensar uma psicoterapia, neste caso, a Gestalt-terapia, atento ao jeito de ser mundo do homem atual, em que ele, encapsulado nos papéis sociais, políticos, econômicos, vive a *persona* que nele habita, perdendo sua capacidade de responder adequadamente às demandas que a vida moderna exige.

A pós-modernidade, libertando-se das certezas e verdades perpetuadas na modernidade por séculos, gerou um jeito de ser que tem na liberdade suas mais profundas raízes. A liberdade passa a ser filha da subjetividade de cada um; a objetividade esbarra na tirania do prazer, na brevidade da vida, no outro como o desconhecido, o diferente.

Vivemos um mundo de polaridades, como amor e ódio, individualismo e comunidade, dependência e poder, pobreza e riqueza, que, por sua natureza, são situações de vida, mas pela conjuntura contemporânea são relações de profundas tensões de uma conscientização fechada a qualquer mudança, um jeito de ser sem fronteiras, sem limites, em que o outro é apenas o outro.

É fundamental estarmos atentos a esses problemas existenciais, reais, complexos, enquanto situações de experiências humanas, porque, lançados no mundo, sem saber exatamente o que nos aguarda, cumpre-nos caminhar na direção do amanhã com todas as forças e a sabedoria de um ajustamento criativo, sempre disponível para aqueles que trazem o passado e o futuro para um aqui-agora de suas potencialidades à espera de serem postas em ação. "A negação da experiência talvez seja o nível mais básico da rejeição humana, porquanto denega a composição humana e os aspectos mais íntimos de uma estrutura do eu em constante evolução." (Frick, idem)

Estamos psicológica, emocional e esteticamente em movimento, na certeza de que o deserto pode acabar e será daqueles que, não obstante o cansaço do confronto com a vida, souberam colocar os pés e as mãos no chão. Aqui me lembro de Morin (1990, p. 161), quando diz que "o desconhecido não é apenas o mundo exterior, é, sobretudo, nós próprios" e acrescenta como um lembrete que gera esperança: "O mundo está presente no interior de nosso espírito que, por sua vez, está presente no interior de nosso mundo" (*idem*, p. 127).

Não estamos sozinhos e, em uma visão holística, sabemos que tudo muda, que tudo está ligado a tudo e que tudo é "Um". Lançados no mundo, a esperança é o lugar no qual a flecha da vida, portadora da ordem e da desordem, mas atenta ao acaso, busca o melhor lugar para ali fazer a vida florir.

A psicoterapia é um momento de rever a vida, passá-la a limpo e encontrar laços perdidos e presentes na nossa história. O agora é filho do passado, das expectativas do futuro e mora no instante, neste presente transiente concreto, em que tudo acontece agora, aqui, ali. A flecha do tempo passa correndo pelo instante como portadora de esperança e de vida, trazendo e, ao mesmo tempo, levando os significados que a vida em movimento e mudança nos apresenta.

Na verdade, não existe um depois, como um depósito que aguarda e guarda lá as nossas decisões. A vida é agora e é agora que o sentido das coisas se mostra à espera de ser captado e produzir mudanças que germinem, silenciosamente, numa relação dinâmica de espaço-tempo.

Estou falando de um jeito de ser no mundo, de uma pregnância que se realiza, a todo instante, consciente e não conscientemente, por meio de ajustamentos criativos que promovem desenvolvimento, criatividade e crescimento e nos permitem a sensação maravilhosa de nos sentirmos vivos, em ação.

Estou falando de uma fenomenologia da existência, de um corpo-pessoa que caminha, existindo através de diferenças, que, nos seus desencontros, encontra a estrada que leva ao interior de cada um de nós e nos transporta para o outro humano e não humano que habita em cada um de nós à espera da vida que nos espera.

Estou nesta estrada que está em mim, e estar consciente desta totalidade me leva, me transporta para além de mim mesmo, lá onde minha consciência é pura consciência e minha subjetividade se torna minha objetividade operante, que simplesmente age sem os pressupostos que dificultam a liberdade de ser si mesmo.

A grande questão agora é deixar claro o que é consciência e como funciona.

> O princípio da intencionalidade é que a consciência é sempre "consciência de alguma coisa", que ela *só* é consciência estando *dirigida para* um objeto (sentido de *intentio*). Por sua vez, o objeto *só* pode ser definido em sua relação com a consciência; ela é sempre objeto-para-um-sujeito. (Dartigues, 1973, p. 24 — grifos nossos)

Entendo, portanto, que não existe objeto sem consciência, como não existe consciência sem objeto. Se a consciência não se dá conta de um objeto, ele simplesmente não existe para ela. O simples olhar para um objeto, o simples ouvir a fala de um cliente, não os tornam objeto-sujeito-para-a-consciência. É na relação que a vida acontece; é a relação que une sujeito a objeto, que nos diz que o mundo não é pura objetividade, que é na inclusão da interdependência, eu diria ontológica, que une todos os seres, que a consciência se plenifica. "Podemos, pois, falar, segundo Brentano, de uma existência intencional do objeto na consciência" (Dartigues, 1973, p. 24). Isso significa que todo objeto deseja ser visado pela consciência, como se fosse um instinto. O objeto "escolhe" ser visto pela consciência, como uma pro-vocação. O objeto "chama" a consciência para percebê-lo, pois "é através da experiência sensível que alcançamos a intuição da essência e que esta condiciona o sentido do sensível" (Dartigues, 1973, p. 24).

É a experiência sensível do corpo que gera o sentido da coisa mesma na consciência. Quando em psicoterapia, o psicoterapeuta pergunta ao cliente como se sente, gerando um processo pelo qual objeto e consciência se fazem um só.

> Isto não quer dizer que o objeto está contido na consciência como que dentro de uma caixa, mas que *só* tem seu sentido de objeto para uma consciência, que sua essência é sempre o termo de uma visada de significação e que sem essa visada não se poderia falar de objeto, nem portanto de uma essência de objeto. (Dartigues, 1973, p. 25 — grifo nosso)

Isso significa que a realidade entre sujeito-consciência e objeto-essência passa por uma relação de intenção, de intuição de onde surge o ir-à-coisa-mesma, o chegar a algum lugar que, de fato, faça sentido. A percepção da essência surge do sentido entre sujeito-objeto, uma visada intencional, no sentido de que, se não se percebe a essência na relação sujeito-objeto, o objeto também não existe.

Significa ainda que, no processo psicoterapêutico, não basta o cliente falar e o psicoterapeuta ouvir. É preciso que ele escute, e escutar é dar sentido, é envolver-se com o conteúdo falado, e é dessa escuta sensível que surge a essência, em que o "ir às coisas mesmas" revela um campo em ação, lugar de uma possível mudança do que se está falando, do que é isso e de como a pessoa vive a situação, pois, caso contrário, uma fala apenas falada e não autossentida morrerá ali mesmo. "Isto significa que as essências não têm existência alguma fora do ato de consciência que as visa e do modo sob o qual ela os apreende na intuição" (*ibidem*).

Isso significa também que, quando pensamos, abstratamente, a realidade, estamos filosofando. Pensar fenomenologicamente a realidade é senti-la aqui-agora, e esse sentir nasce da consciência em ato de relação sujeito-objeto-sentido, vivido, intuído. No ato psicoterapêutico, o sentimento precisa ser chamado em causa, pois é ele que dá forma ao existir, que torna a fala, a dor de alguém uma realidade intencional, de sentido. "Eis por que a fenomenologia, em vez de ser contemplação de um universo estático de essências eternas, vai se tornar a análise do dinamismo do espírito que dá aos objetos do mundo seu sentido" (*ibidem*). Isso dá aos objetos do mundo existência, movimento, o que permite ao cliente a sensação de presença, de encontro, de inclusão em si mesmo e com o mundo. Isso se chama cuidado.

Fica claro, portanto, que "consciência e objeto não são, com efeito, duas entidades separadas na natureza que se trataria em seguida, por essa relação, mas consciência e objeto se definem respectivamente a partir da correlação que lhes é, de alguma maneira, co-original" (*idem*, p. 26).

É da natureza sujeito-objeto/consciência-sujeito que eles existam em correlação, pois, se "a consciência é sempre consciência de alguma coisa" e o objeto é sempre objeto para a consciência, é inconcebível que possamos sair dessa correlação, já que fora dela não haveria nem consciência nem objeto. Assim, encontra-se delimitado o campo da análise da fenomenologia: "ela deve elucidar a essência dessa correlação na qual não somente aparece tal ou qual objeto, mas se estende o mundo inteiro" (Dartigues, 1973, p. 26).

Este pensamento resume, metodologicamente, o sentido de um processo psicoterapêutico. Psicoterapia supõe relação entre cliente e psicoterapeuta. Não basta, entretanto, apenas a presença, mesmo atenta, de um para com o outro. A essência da psicoterapia reside da correlação da presença sentida, vivida um do outro. O ato psicoterapêutico supõe uma *awareness*, uma presença de um campo de relação organismo-ambiente, em que um não pode ser pensado sem o outro, um é cofundante da existência do outro na construção do ato psicoterapêutico. *Psicoterapeuta e cliente estão ligados um ao outro; ambos mudam a cada situação nova e, não obstante, psicoterapeuta e cliente são um só.* Eis a essência da essência da natureza da psicoterapia: o cliente é parte de um todo do qual o psicoterapeuta é também parte desse todo, e esse modelo, essa dinâmica psicoterapêutica nasce de uma dinâmica maior, cósmica, constituída de uma inclusividade que conecta todos os seres no e do universo.

Denominamos esse interagir entre organismo e ambiente em qualquer função "campo organismo/ambiente", e lembremo-nos de que qualquer que seja a maneira pela qual teorizamos sobre impulsos, instintos etc. estamos nos referindo sempre a esse campo interacional e não a um animal isolado. (Perls, Hefferline e Goodman, 1997, p. 42-43)

Totalidade é fruto de conexões de partes iguais ou diferentes que, por complexas razões de funcionalidade, se organizam no sentido de produzir um jeito de ser, fruto de um processo de ajustamento criativo, que é uma lei básica do universo, no sentido de que elegera possibilidades de conexões aparentemente estranhas, mas possíveis mediante essas conexões, por causa de um processo teleológico presente no universo, que é o princípio da autoecorregulação organísmica.

Dois seres diferentes, uma vez juntos, se conectam, pois ambos são atraídos por algo que lhes é comum — um deseja servir e o outro está aberto para receber. A conexão cliente-psicoterapeuta é, assim, uma das relações baseadas no princípio cósmico da autoecorregulação organísmica. Partindo do princípio que rege a relação de totalidade cósmica da qual o ato psicoterapêutico decorre naturalmente, apresento alguns princípios que regem a relação de um campo de presença organismo/ambiente na natureza e vejo como isso ocorre na psicoterapia.

Estou tentando dizer *o que é* uma psicoterapia fenomenológica, como a Gestalt-terapia. Quando pergunto "o que é" alguma coisa, indago o que isso quer dizer. Estamos no mundo da intencionalidade, no mundo de "ir às coisas mesmas" em busca do que constitui a essência da psicoterapia fenomenológica por intermédio de uma visada de significação, de uma *epoché* que nos livra de nós mesmos para encontrar o verdadeiro sentido da coisa, do objeto visado, procurado.

O que é a natureza humana e não humana? *Como* é? *Para que* é? Como é a fenomenologia da natureza, da vida? A natureza é consciente, é uma *awareness* viva e atuante, é como um sujeito que sente, pensa, faz e fala. E, como não existe sujeito sem objeto, qual é a relação, a conexão nesse sujeito-objeto? Sujeito e objeto habitam o mesmo ser, o mesmo ente, coexistem. Toda existência é existência em relação, o outro me diz que eu existo. Somos metafisicamente ligados. Existo, como todas as coisas, além de mim mesmo.

Sou mineral, vegetal, animal, racional/humano. Sou a ponta da evolução, síntese real de uma caminhada que começou há quase 15 bilhões de anos. Sou um espírito vivendo na experiência da carne. Sou uma essência em uma existência humana.

A natureza salta aos olhos, até porque a natureza sou eu, que sou a natureza. Somos peças estruturalmente intrincadas e não tenho como me livrar dela. Sou uma das peças que a constituem, que a fundam. Existo nela, ela em mim, somos um.

O todo está no interior da parte, que está no interior do todo... O mundo está presente no interior do nosso espírito, que, por sua vez, está no interior de nosso mundo. (Morin, 1990, p. 127-128)

A ideia de totalidade está embutida no interior de todas as coisas. A totalidade é o espírito que anima o universo, e toda fragmentação é perda de rumo, é sair da estrada que nos leva às coisas mesmas, é a perda do sentido da essência que se manifesta na existência das coisas, através da qual nos encontramos com a intencionalidade que dirige o universo do alfa ao ômega, dando sentido a todas as coisas.

A experiência da totalidade vivida pela relação cliente-psicoterapeuta nasce do encontro de *duas epochés*, a do psicoterapeuta, que, no seu vazio operacional, lhe permite olhar o cliente com os olhos dele, ouvi-lo com os ouvidos dele, tocá-lo com a pele dele, e a do cliente, que, na sua necessidade de mudança, se esvazia de toda uma hipótese de trabalho para se entregar ao psicoterapeuta como um lugar de apoio, cuidado e mudança. Somente uma entrega recíproca entre cliente e psicoterapeuta permitirá uma relação de cuidado e de cura, pois qualquer reserva implicará uma fragmentação, uma ruptura de totalidade, uma desconexão que acarretará a perda de qualquer ajustamento criativo funcional em curso no processo psicoterapêutico. Para Marilena Chaui (2002, p. 200), "a vida intersubjetiva emerge como experiência mágica do eu e do outro, sem que possamos delimitar explicitamente nossas fronteiras individuais, e, contudo, sem que deixemos de assumi-las como óbvias".

A relação, a conexão cliente-psicoterapeuta é a alma de todo o processo de mudança que surge da experiência da vivência *do quê*, *do como* e *do para quê* duas pessoas se encontram, põem-se de acordo para caminhar juntas em busca de algo que se perdeu: o si-mesmo. Cabe aqui o posicionamento de Dartigues (1973, p. 26):

Se a consciência é sempre "consciência de alguma coisa" e se o objeto é sempre "objeto para a consciência", é inconcebível que possamos sair dessa correlação, já que fora dela não haverá nem consciência, nem objeto.

A fenomenologia nos fala de uma dupla atitude — a *natural* e uma *vivência de origem* — e, entre elas, está o que faz enorme diferença: o modo como nossa subjetividade atua na realidade. Para compreender a diferença, é preciso transformar a *atitude natural*, do tipo "uma rosa é uma rosa", i. e., a-coisa-em-si, numa *vivência original*, i. e., uma rosa percebida pela consciência do observador, i. e., o em-si-da-coisa. A atitude natural é a percepção do objeto enquanto objeto, simplesmente, sem nenhum acréscimo, percepção da estrutura do objeto ou o objeto-em-si simplesmente observado. Assim, mil pessoas que olhem para uma rosa vão ver uma rosa e, no entanto, cada uma viu a *sua* rosa. A atitude natural é ver as coisas como elas simplesmente se apresentam. Um é cliente, outro é psicoterapeuta, sem nenhuma reflexão além desses dados e sobre eles.

A atitude natural é a atitude à qual estamos habituados no nosso viver: observamos as coisas como se elas estivessem sempre à nossa frente. Estamos dirigidos para a realidade exterior, isto é, para o mundo. A realidade está na minha frente e eu a aceito como ela se apresenta, sem nenhum questionamento. (Giovanetti, 2018, p. 17)

Não estamos, contudo, falando de dualidade, de uma fragmentação de duas pessoas em um mesmo campo, como duas árvores plantadas no mesmo e único canteiro, porque, como veremos adiante, toda atitude natural tem a vocação de se tornar uma vivência de origem. O olhar intencional do observador modifica a sua rosa, a rosa-percebida-em-relação-com-o-sujeito-observador. Quando se faz uma análise intencional, estamos em relação afetiva emocional, de contato com o objeto observado. Essa é a posição do psicoterapeuta, porque psicoterapeuta e cliente não são duas entidades separadas, psicoterapeuta *e* cliente — ambos vivem uma correlação que, pela própria natureza da psicoterapia, são co-originais, e lá, naquela conexão, tudo começa. De certo modo, ambos são, ao mesmo tempo, psicoterapeuta e cliente, ou psicoterapeuta/cliente, que, posta essa posição, um não existe sem o outro. Portanto, falamos de uma relação organismo-ambiente ou psicoterapeuta-cliente.

Na *vivência original*, existe algo "antes" da vivência, a coisa-em-si, embora, junto com ela, uma experiência de ser psicoterapeuta e uma experiência de ser cliente. Quando psicoterapeuta e cliente entram em relação, um fazendo sentido para o outro, sentido que nasce das consciências de ambos, aí tudo tem origem, tudo começa, aí começa a psicoterapia fenomenológica, um se incluindo emocionalmente no outro, não são mais duas pessoas isoladas, mas juntas: são um campo de presença como se fossem uma única árvore com dois galhos em ação, psicoterapeuta/cliente. Isto é o que chamamos de vivência original, um diálogo de sentido, de origem.

E como fazer isso?

Um dos caminhos é a vivência da *epoché*, na qual cliente e psicoterapeuta se esvaziam de si mesmos, esvaziam-se de todo um saber anterior, para que, livres de si mesmos cognitivamente, em um abandono, quanto possível, total de suas certezas, possam, no seu vazio, experienciar um processo de conexão, cliente-psicoterapeuta como-um-todo, uma totalidade significativa, i. e., vê-los a partir deles e não a partir de teorias já existentes na cabeça deles.

Tal processo de uma dupla *epoché* vai se constituindo aos poucos na consciência do cliente e do psicoterapeuta, e esse é o caminho da mudança, da cura. Quando a dupla *epoché* não acontece, o processo de mudança fica prejudicado, e o de cura não ocorre.

Epoché é um convite ao desapego, ao desprendimento de nós mesmos, para que o outro possa surgir diante nós na sua totalidade existencial, abrindo-se para uma Gestalt viva e verdadeira. Experimenta-se a *epoché* através de um silêncio intuitivo, atento e cuidadoso e também da entrega silenciosa do cliente e de uma espera que permite a ambos, psicoterapeuta e cliente, encontrar o espaço e o tempo de uma possível mudança, às vezes até de um processo de cura.

Outro caminho na constituição de uma psicoterapia fenomenológica é a observação cuidadosa do método fenomenológico, que atravessa naturalmente a relação cliente-psicoterapeuta.

O modo como o método funciona não é unânime entre os vários autores que dele falam. Resolvi tomar um texto de Merleau-Ponty no qual faz uma definição clara do que entende ser o método que exponho a seguir, fazendo dele uma leitura epistemológica. Merleau-Ponty (2006, p. 5), com sua habitual clareza, assim define o método fenomenológico:

> [...] trata-se apenas de entrar em contato com os fatos, de compreendê-los em si mesmos, de os ler e decifrar de uma maneira que lhes dê sentido. Será preciso fazer o fenômeno variar, a fim de depreender dessas variações uma significação comum. E o critério deste método não será a multiplicidade dos fatos que servem de prova para as hipóteses avançadas: o que servirá de prova será a fidelidade aos fenômenos, o domínio estrito que obtenhamos sobre os materiais empregados e, de algum modo, a "proximidade" da descrição.

Nessa citação, encontram-se o passo a passo, as indicações, do que para Merleau-Ponty é a estrutura do método, os quais exponho de acordo com minha leitura. Entendo que esta leitura pode significar um caminho mais curto para se dizer o que é uma psicoterapia fenomenológica.

1. Entrar em contato com o fato

A realidade é uma totalidade a ser descoberta. À medida que vamos entrando em contato com o fato, ele vai se abrindo à nossa observação e se mostra, se deixa ver. A experiência e a vivência de uma relação parte-todo, aqui-agora, figura-fundo são formas de contato, são formas que o campo assume para se fazer presente e atuante. Vivemos um perene processo de inter-relação. Tudo no universo fala, se comunica, mas é preciso que nos deixemos ser tocados, nos abramos para o livre movimento da vida.

O cliente me traz a sua história. Eu me pergunto de que ele está falando, o que ele deseja que eu entenda, que caminhos tenho para chegar até ele. A minha procura é o primeiro passo para chegar ao dado. Ser fiel à minha procura, simplesmente deixar, numa atitude natural, que meu organismo se encontre com o ambiente que me cerca.

"Entrar em contato com o fato", que é a coisa-em-si. Esta é a questão: como saber qual é, de fato, o fato. Circunstâncias são feitas de fatos. Uma culpa, por exemplo, é um fato dentro de um conjunto de circunstâncias. Às vezes, um fato — a culpa, por exemplo — se esconde dentro de outro fato maior e mais complexo. Na verdade, a coisa-em-si não é o fato: é apenas um dado, um fenômeno, uma aparência. O dado é o em-si-da-coisa; é aí que mora a totalidade oculta nas partes, à qual se chega depois de percorrer uma longa estrada em que a subjetividade do observador viveu uma longa espera à procura de sinais que lhe mostrassem o fundo do poço.

Tudo que é verdade é certo, mas nem tudo que é certo é verdade. Estamos condenados à dúvida de vivermos entre nossas certezas e nossas verdades. Na medida do possível, é possível caminharmos de nossas certezas para nossas verdades, caminhando, atentamente, de mãos dados com o cliente, seguindo, observando as pistas, os sinais que sua fala nos apresenta.

2. Compreender o fato em si mesmo

Compreender, por exemplo, a culpa em si mesma, enquanto fato, fenômeno a ser descoberto. O cliente vive há anos a dor de uma culpa. Como compreendê-la em si mesma? A culpa é um fato em si, não é uma abstração; é algo que mora no ser sofrido de alguém. Nasce de fatos anteriores a ela, uma síntese de processos ocorridos no passado como normais, mas que hoje, vistos com os olhos do agora, se percebe que não tê-los percebido lá causa hoje um "crime" de responsabilidade moral.

Eis a culpa. O que então está em questão: a culpa em si ou os fatos que a provocaram e lá e então não foram percebidos como tal? Não se pode separar o *fato da culpa* da *culpa dos fatos* que a provocaram, pois a culpa são esses fatos, essa reflexão que surge *a posteriori*. A culpa é filha do "se" — se lá eu tivesse visto, ouvido, sabido... uma estrada de mão única, sem saída. O "se" gera a culpa, dá vida a sentimentos que geram a culpa, e assim e agora vem a questão: culpa de quê? De o pai ter morrido sem a devida assistência. É este "compreender o fato em si mesmo" que gera momentos de dor, de impotência, solo fértil para o brotar da culpa e, paradoxalmente, alicerce para a emergência da libertação da mesma culpa. No momento em que você se coloca por inteiro na situação, no campo, numa relação de presença organismo-ambiente, o organismo se associa à culpa e o ambiente a liberta, porque, quando a relação organismo-ambiente se solidifica, fica claro que nascem daí possíveis saídas.

O organismo, enquanto pessoa, vê a culpa como um todo, mas o ambiente, diferentemente, enquanto fator de relação, separa a parte do todo, o que é dele e o que não é dele, e aí se pode "ver" melhor a razão pela qual a vivência consciente da relação organismo-ambiente desperta uma experiência de clareza, de ver até onde a subjetividade da pessoa, movida pela culpa, objetiva uma possível responsabilização dos fatos, que, como um todo, dão início a um processo de culpa.

3. Ler o fato e apenas ele

Existem fatos e fatos neste fenômeno que, no nosso exemplo, é a culpa de um certo abandono do pai: (1) o que chega à consciência do psicoterapeuta, (2) o que é captado pela consciência do cliente e (3) o que é captado por ambos.

Os fatos, enquanto dados de realidade, os quais naquela época teriam dado motivo à culpa, não existem mais; o passado passou, não temos acesso a ele. Porém, surgem agora fatos, novas circunstâncias pensadas, criadas, que "naquele lá e então" não estavam presente. E agora está o cliente diante dele mesmo. Ele e ele. Eis o dado. Nessa altura, o cliente vive uma dupla realidade, o fato e fato do fato. De um lado, ele percebe que ele "lá e então" não percebia a realidade como um todo; o dado era o que estava ali diante dele. E, "lá e então", ele fez o que podia ser feito; o dado para a sua consciência era aquele. Agora, percebe a realidade como um todo, percebe dados que já estavam presentes lá, só que ele não tinha acesso a esses dados. A culpa vem, então, de não ter percebido algo já presente, lá e então. A culpa está, então, em "eu deveria ter percebido". De novo, aqui temos dois caminhos: trabalhar o fato de não ter percebido o que se deveria ter percebido, ou trabalhar o "deveria ter percebido" algo que, de fato, não estava presente.

Vê-se que o "ir às coisas mesmas" é um eterno caminhar na direção de possíveis saídas, um lugar além dele mesmo — um lugar que muda de lugar, quando você olha o dado de outro lugar.

4. Decifrá-lo de maneira que faça sentido para você

Joel Latner, referindo-se a Frederick Perls, afirma: "A consciência é a experiência do que no momento está à nossa frente; só há uma consciência, o presente" (*in* D'Acri, Lima e Orgler, 2016, p. 55).

A consciência, colocada entre o espaço e o tempo, é uma consciência submetida à relação espacialidade-temporalidade, pela qual o objeto, ao adquirir uma nova luz, modifica-se, confirmando ou não sua evidência, o que permite ao observador apropriar-se ou não da realidade.

A consciência é livre, não se aprimora em um momento de intencionalidade entre sujeito e mundo; ela simplesmente dá sentido e significado às coisas. O cliente procura o fato e sua causa, que perambulam na consciência do observador, assim como na consciência do psicoterapeuta. Ambos são clandestinos em relação à certeza de que se vai, de fato, contatar o fato em questão. No entanto, procurar colocar-se a caminho, à procura do fato, é a única estrada que poderá levá-los até ele.

Epoché é um movimento, um jeito de estar diante da realidade; não é um ponto de chegada. Ela apenas prepara o caminho para se chegar a um lugar possível; não nos dá certeza, muito menos a verdade dos fatos. É como uma estrada sem saída, deixa você na penúltima parada e, a partir daí, a intencionalidade se faz o lugar do sentido.

Limpar a estrada para que a visão se faça límpida, só e a partir de si mesma, passa *a priori* pelo nosso mundo afetivo-emocional (diga-se de passagem, subjetividade), onde tudo nasce. De certo modo, a limpeza da estrada, o expurgo do nosso lixo cognitivo passa pela forma como nossa subjetividade, querendo ou não, encara a realidade. Assim, a *epoché* não nos liberta de nós mesmos, mas sua qualidade dará objetividade à nossa procura. A esta altura do método, deparamos com uma quase evidência, ou seja, o valor e a importância daquilo que nossa experiência nos dá: o presente, o aqui-agora, a possibilidade de uma atitude natural. A consciência, através da *epoché*, existe para nos mostrar aquilo que *a priori* poderíamos encontrar.

A fidelidade ao aqui-agora, ao presente, é a garantia de que estamos à procura de algo que simplesmente está debaixo de nossos pés... Estamos condenados a escolher. A totalidade não se esconde; ao contrário, faz brilhar aquela parte mais conectada com nossa experiência imediata. As aparências não nos enganam; apenas não revelam tudo. A qualidade de nossa observação nos levará à penúltima estação, onde desceremos e, de novo, olharemos um universo que se abre diante de nós. A estrada está, de novo, aberta...

No processo psicoterapêutico, não é importante chegar, mais sim caminhar. Não importa se chegaremos ou não ao ponto marcado para meu encontro comigo mesmo, mas é caminhando que nos aproximamos da meta final. Não existe outra saída.

5. Trabalhar de modo que o fenômeno se mostre por si mesmo

Deixar que o fenômeno varie, para daí nascer um sentido comum.

Ver o fenômeno de ângulos diferentes. Quando olhamos um dado por muito tempo, às vezes começamos a construir o que a nossa subjetividade nos sugere, embora nada tenha a ver com a realidade que observamos. A partir deste fato, podemos chegar a conclusões que nada têm a ver com a realidade. Nossa relação organismo-ambiente é natural, intrínseca ao nosso jeito de ser, embora o modo emocional como a experimentamos possa alterar nossa percepção e, consequentemente, também o caminho que nos poderá levar até a objetividade do fato. Procuramos, portanto, observar as diversas colorações que o fato vai assumindo, atentos à nossa subjetividade e à objetividade do dado. Um dado é um dado, nada mais que isso, mas meu olhar pode mudar a natureza do dado. Uma rosa é uma rosa, mas esta rosa com a qual quero presentear alguém que amo não é mais uma rosa, mas a minha rosa. E isso faz diferença. É preciso "fugir" do dado sem abandoná-lo. Continua um dado para a minha consciência, mas posso revesti-lo de cores diferentes, olhá-lo de diversos ângulos, até que ele possa ser visto pela consciência do observador, assim como ele é ou assim como ele está, agora, para a sua consciência. Jamais teremos acesso à totalidade do que quer que seja, pois entre a essência de algo e sua existência, entre o que existe e o que eu vejo, haverá sempre a subjetividade objetiva do observador.

6. Depreender do fenômeno sua significação natural, encerrando algo observável para todos, sem forçar uma compreensão paralela

Muito semelhante ao item anterior. A consciência é sempre consciência de alguma coisa. Ela não opera no vazio e é sempre intencional. A consciência do ato consciente é uma visada que nasce da subjetividade do observador e da objetividade que o objeto apresenta e lhe é uma característica natural.

Numa atitude natural, uma mesa é uma mesa para mim e para todos que a observam. No entanto, ninguém viu a mesma mesa; cada um viu a mesa que a sua subjetividade lhe permite ver. Estamos no mundo da relação espaço-tempo — o espaço como algo "visível", quantificável, e o tempo como algo "invisível", qualificável. O espaço me dá a coisa em si, "o quê" da coisa, me dá o corpo da realidade; o tempo me dá o "como", o espírito da realidade, o em-si da coisa, e de como recebê-lo dentro de mim. Essa espacialidade e essa temporalidade vividas pelo observador criam uma situação natural de uma compreensão paralela do objeto observado, dando origem a uma origem de atitudes da qual nasce a multiplicidade de nossa compreensão do objeto observado.

O ato de conhecer não é um dado bruto: é fruto de nossas diferenças no ato de intuir, de ver dentro da realidade das coisas.

Aqui, não obstante sua fragilidade, entra a necessidade da *epoché*, do retorno à coisa mesma, à medida que nos livramos de nós mesmos. Enquanto, porém, uma mesa é uma mesa para todos (estamos falando de espacialidade), a natureza de uma culpa não é a mesma para todos (estamos falando de temporalidade), é apenas e unicamente a minha culpa, cuja natureza, às vezes, escapa até a mim mesmo.

Entre a natureza de uma culpa e sua compreensão está a objetividade do observador; entre a estrutura de uma culpa e sua forma, o modo como chega ao indivíduo, está sua subjetividade. Ele se vê condenado a viver uma perene distinção entre o que observa e a objetividade da coisa em si.

Na verdade, não sou aquilo que vejo; sou, antes, aquilo que sinto — e disso não há fuga possível, nem para mim, nem para ninguém. Essa condição nos une, funde-nos nessa mesma corrente de existência, nessa fenomenologia do sentir, em que a experiência de ser revela-se em sua plenitude. A lealdade a esse dado imediato da consciência — esse sentir puro e incontornável — é o único caminho que conduz à essência do que percebo e experimento, bem como ao modo de lidar com minha percepção. Se sou privado do acesso à totalidade das coisas, se minhas sensações, emoções e sentimentos são projeções do que minha consciência intui e se toda a nossa percepção é inevitavelmente analógica, então só resta a mim e a qualquer observador habitar aquilo que nos é acessível: conviver com a impossibilidade de tocar o núcleo-em-si da realidade e aprender a viver na borda, nessa periferia do real.

Por mais que o psicoterapeuta mergulhe nas palavras e nas entrelinhas do que o cliente expressa — verbal ou emocionalmente —, ele jamais alcançará a realidade do outro enquanto tal. Porque nossa compreensão do mundo é, por natureza, mediada e analógica, só podemos acessar aquilo que nossa percepção permite captar. E sempre haverá resíduos cognitivos, fragmentos que escapam ao alcance da compreensão total. É justamente nesses restos, nessas fissuras do entendimento, que muitas vezes reside o que tanto buscamos, insistentemente, sem jamais apreender por completo.

7. A multiplicidade de fatos e circunstâncias não nos dá a verdade dos fatos

> A simples análise dos fatos e das coisas nos pode oferecer uma série de informações, mas dificilmente nos conduzirá ao coração do fenômeno, porque os fenômenos são reações ou modos de reagir do homem com relação ao mundo. Uma mesma coisa nunca é vista como idêntica por pessoas diferentes. (Ribeiro, 2012, p. 66)

A multiplicidade dos fatos não nos dá a verdade dos fatos; antes, nos conduz a um complexo processo de escolha, no qual a possibilidade de uma *epoché* se confunde com a força da subjetividade do observador menos atento e até atento.

Quando a multiplicidade dos fatos fascina, o fio condutor que os une não surge, pois a fascinação diante da realidade é um desvio de nossa subjetividade à procura de uma objetividade possível. Nesse caso, os dados não conseguem formar uma configuração cujas partes sejam organizadas, articuladas em uma unidade de sentido: a chegada à coisa mesma. Assim, uma redução fenomenológica também se torna inviável, por se trabalhar apenas com a existência dos dados, com um *como* desconectado do *quê* das coisas, lugar onde a essência mostra sua face.

Um psicoterapeuta inexperiente adorará a multiplicidade dos fatos trazidos pelo cliente, como se daí pudesse surgir, naturalmente, um *insight*. A multiplicidade dos fatos não ilumina; antes, cria uma sombra, uma penumbra que impede que se possa ver com nitidez a natureza de cada fato, fazendo que cliente e psicoterapeuta se percam na busca de certezas que os fatos não produzem, porque, quando não se sabe de onde se partiu, também não se sabe para aonde se está indo, ao longo de uma caminhada marcada apenas pelo ato de procurar.

8. A verdade dos fatos nasce de nossa fidelidade a eles

A verdade dos fatos/do fenômeno vem da fidelidade ao fato. Fidelidade é uma via de mão dupla: significa ser fiel ao dado em si, aceitando-o exatamente como ele se apresenta à minha consciência, e, ao mesmo tempo, ser fiel à minha percepção desse dado. Uma coisa é se a multiplicidade dos fatos por ela mesma — como por um "instinto" do campo — consegue conduzir o observador até à coisa mesma, e outra coisa é pensar se o observador-psicoterapeuta, atento à natureza de cada fato e de como eles se conectam, chegará ao dado em questão através de uma percepção factual que o conduziu a uma intuição da natureza mesma. A multiplicidade de fatos, por si só, não conduz a lugar nenhum, sobretudo quando é fruto de uma postura compulsiva, filha da ansiedade, mas pode ajudar, quando resulta da espontaneidade operativa da relação organismo-ambiente, psicoterapeuta-cliente.

> A terapia consiste, assim, em analisar a estrutura interna da experiência concreta, qualquer que seja o grau de contato desta; não tanto o *que* está sendo experienciado, relembrado, feito, dito etc., mas a maneira *como* o que está sendo relembrado é relembrado ou como o que é dito é dito, com que expressão facial, tom de voz, sintaxe, postura, afeto, omissão, consideração ou falta de consideração para com a outra pessoa etc. (Perls, Hefferline e Goodman, 1997, p. 46)

A verdade do fato procede da capacidade de atenção com que se lida com o fato, da consciência que sinaliza uma relação atenta e pertinente entre cliente e o dado em questão e de uma *awareness*, que também chamo de *consciência emocionada operacional*, pela qual o cliente se relaciona emocionalmente com o mundo fora dele, no sentido de uma ação que vise concretamente à solução do fato em questão.

9. O resultado será tanto mais fiel na medida em que se tem domínio/percepção do conjunto de informações

Quanto mais percepção se tem das circunstâncias que cercam um fato, mais probabilidade se tem de conhecer e ter acesso ao fato. Não se trata de fazer uma devassa no fato, pois todo fato nasce de uma série de circunstâncias que o cercam e interferem no mundo de como surgem e se constituem. Como tudo está ligado a tudo e, portanto, em constante movimento e mudança, é fundamental um olhar, uma observação cuidadosa e atenta a todo esse conjunto de circunstâncias das quais nasce o fato em questão.

A vivência da *epoché* faz todo sentido neste momento, pois quanto mais vazio se está de si mesmo, mais pronto se está para acolher os dados que chegam à consciência. Interessante notar que todo fato nasce das circunstâncias que o precederam, mas, uma vez constituído, o fato se libera das causas que o geraram e passa a ter vida própria. Neste momento, o dado se constitui numa autoexplicitação da realidade. Ele passa ou deixa de ser uma coisa-em-si para se manifestar como o em-si-da-coisa. Ele é agora um dado nu, um corpo desvestido de toda a aparência externa, embora contendo nele tudo do qual ele se constituiu como um dado para a consciência do observador.

10. A descrição dos fatos deve estar o mais próximo possível da realidade

O *Dicionário Houaiss da língua portuguesa* (2009, p. 972) assim se expressa sobre o significado das palavras "descrever" e "descritivo": "fazer um relato circunstanciado; contar detalhes; despojando-se de qualquer referencial preestabelecido ou juízo de valor". Essa é a nossa fronteira, o nosso limite. Vivemos em um mundo de diferenças entre diferentes.

A fenomenologia é considerada uma ciência descritiva da realidade, embora não se autodescreva, pois para isso se supõe um sujeito que descreve o fato e suas circunstâncias, o qual, por sua vez, deve ausentar-se de si mesmo para ser fiel ao dado em gestão. A fenomenologia como tal é uma coisa e outra coisa é lidar com a realidade por meio de um terceiro que vê, observa o dado, tentando ser fiel a ele, como a natureza da fenomenologia exige, por ser ciência descritiva.

Não se pode fugir da própria história, da própria subjetividade, sob pena de se negar a própria estrutura de ser um ser no mundo. *Se não se tem acesso à realidade assim como é e se apresenta, dado que não se tem acesso à totalidade existencial das coisas existentes, resta-nos apenas uma aproximação, condicionada, por sua vez, à própria limitação de quem a observa.* Ver detalhes é uma qualidade que nem todos temos, porque somos tragados pelas circunstâncias que nos rodeiam, não nos permitindo, ainda que o desejemos e procuremos, acessar a realidade. Vemos a realidade por partes; a totalidade das coisas nos escapa pela própria finitude que nos atravessa e nos habita.

A fenomenologia exige uma postura, uma *epoché*, impossível como um vazio existencial e operacional, um comportamento ou atitude operacional cognitiva que nos permitiria agir liberados de nossos *a priori* existenciais, cognitivos e operacionais. Nada nos impede, entretanto, de tentar caminhar na direção de um vazio possível, que compense a fragilidade de sermos limitados por natureza.

A questão delicada e complexa é saber e conseguir definir o que é "realidade" e como ter acesso a ela. Existe a realidade em si, que é o existente enquanto existente, o ser enquanto ser, uma abstração e um universal ontológico — por exemplo, *a mesa*, um universal dotado de realidade, diferente de *esta mesa*, singular, individualizada, como um fenômeno real, aqui-agora, presente para a consciência do observador. A realidade do dado, de um lado, inclui o observador, enquanto ser que percebe e se dá conta de que percebe. Do outro lado, essa realidade jamais será real, completa, absoluta, porque será sempre uma realidade para a subjetividade de quem a observa.

Considerações finais

Entendo que fiz uma possível exegese do "método fenomenológico" como proposto e definido, aqui, neste contexto, por Merleau-Ponty. Entendo também que é pedagógico, didático e mais seguro seguir esses passos contidos na citação acima. A própria natureza do método, entretanto, ao nos conduzir, passo a passo, à procura de se chegar à coisa mesma, nos adverte da relatividade das coisas, dado que o outro, qualquer que ele seja, é inatingível como um todo à percepção do observado.

Apego-me, então, à minha intuição e, partindo do princípio de que minha consciência não opera no vazio, torno-me meu próprio instrumento de trabalho, sem perder minha conexão com o fato, com o dado, o qual se oferece, simplesmente, à minha observação sem nenhuma oposição, solicitando apenas que eu o veja, ouça, sinta, toque e pense a realidade assim como ela se apresenta.

Feita esta caminhada, cito Merleau-Ponty (2006, p. 6): "A novidade desse método consiste no fato de ele estabelecer que o saber efetivo não é apenas o saber mensurável, mas também a descrição qualitativa. Esse saber qualitativo não é intersubjetivo, é intersubjetivo: descreve o que é observável para todos".

A riqueza e a validade operacional do métod osão tais que Levinas (*apud* Holanda, 2009) diz: "O método fenomenológico levado a sua radicalidade se torna, inevitavelmente, uma ética da subjetividade, uma filosofia da existência".

Encontrar a raiz de um fenômeno não vem da percepção da multiplicidade de informações, mas da fidelidade de encontrar no dado e só nele as razões de sua existência. Não se abandonam as circunstâncias do dado, mas elas não são a causa do fenômeno, do dado em questão. São pistas que apontam o caminho do caminho, mas não chegam a ele. O "abandono" de circunstâncias que envolvem a situação para ir à busca do dado e se concentrar no que se mostra à nossa consciência é o único caminho que pode nos conduzir à casa onde mora nossa subjetividade, responsável pelo desejo de encontrar a verdade, a qual sozinha, no entanto, poderá dar grandes passos, porém fora da estrada.

Para encontrar o sintoma enquanto sintoma, exige-se uma postura radical, uma certeza quase ontológica de que só a vivência imediata do sujeito, que nasce da experimentação do dado, é capaz de conduzir o observador a ele, pois, como diz Merleau-Ponty (2006): as certezas são uma ilusão.

A Gestalt-terapia, enquanto postura fenomenológica, atenta à totalidade dos fatos que ocorrem da relação organismo-ambiente, *faz sua epoché operacional*, abandona todo um conhecimento anterior, centra-se no resgate da experiência imediata e faz da natureza seu ponto epistemológico de partida. A Gestalt-terapia nasce da natureza, faz do modo como a natureza funciona seu *modus operandi* e faz de seu modo de ser seu modo próprio de ser e de agir, acontecendo, ao modelo da natureza, através de quatro grandes princípios.

1. Estado de pregnância

A natureza está permanentemente *em estado de pregnância*, processo pelo qual ela busca sempre os melhores caminhos, formas e soluções para corresponder à sua demanda interna de desenvolvimento e crescimento. A natureza funciona como um todo, num profundo movimento de coexistência com todos os seres do universo, de tal modo que nessa interdependência reside toda a sua força de harmonia.

É sabido que usamos pouco do potencial com que a natureza nos presenteou. Esta é uma das funções da psicoterapia: fazer o cliente descobrir seu potencial de criatividade, acreditar na sua força e buscá-la, sem medo do risco. Para isso, um dos caminhos é acreditar que a melhor maneira de crescer é se experimentar aqui e agora, independentemente de qual seja o resultado, considerando sua capacidade e os recursos que o meio ambiente lhe oferece.

A natureza vive um permanente estado de voz média (intermediária ou depoente). Ela simplesmente acontece, deixa-se acontecer, não tem objetos diretos ou indiretos, simplesmente é sendo o que ela é. Não tem passado, nem futuro, é agora, um todo, silenciosamente se deixando acontecer. Essa é a única forma que gera a melhor forma. Nossa humanização, nossa saúde e o processo psicoterapêutico passam pela busca da melhor forma e, como tal, se deixam acontecer, ainda que não o percebamos.

2. Autoecorregulação organísmica

É o processo pelo qual a natureza vive um permanente estado de mútua inclusão e, harmoniosamente, convive com todos os outros elementos, alimentando-se reciprocamente. De modo análogo, natureza e nós somos seres de necessidade e são nossas necessidades que nos organizam, fazendo emergir de um fundo tudo aquilo de que necessitamos para sustentar-nos, o que significa que o outro, humano ou não humano, faz necessariamente parte de nosso ser, com o qual dividimos os recursos que o meio ambiente nos proporciona.

> Pertencemos, constitucionalmente, ao meio ambiente, somos feitos dele. Ambientalidade (propriedade de pertencer ao meio ambiente) não é uma intrusa na definição do ser humano, é um existencial que, como a animalidade e a racionalidade, constitui a pessoa. Somos animais, racionais, ambientais, uma trindade de naturezas na unidade da pessoa, em que nenhum atributo antecede ao outro, ou é criador do outro, pois são, simplesmente, coexistentes. (Ribeiro, 2011, p. 44)

A natureza existe, desenvolve-se, muda, cresce por conta própria como uma exigência que brota de sua essência. Ela se faz presente no encontro das diferenças, no cuidado de se perceber parte de uma totalidade, na inclusão de necessidades por que qualquer elemento da natureza esteja passando e, sobretudo, na confirmação da imensa complexidade que atravessa todos os seres da natureza. Isso se chama viver em contato, processo através do qual o fenômeno acontece e a psicoterapia se sente livre para se deixar acontecer sempre, sobretudo respondendo a demandas de existir lá onde a vida se mostra mais ameaçada.

Estou falando de um fenômeno primário que é alimentar-se, crescer em comunhão com todos os outros seres, dando e recebendo. Isso é uma necessidade humana, mas é também um aprendizado ecológico que nos lança na direção do outro, numa confluência perfeita, um nós que, sem perder sua singularidade, nos dá a sensação de um equilíbrio que sustenta e mantém a vida.

3. Ajustamento criativo

Em princípio, somos autossuficientes, nascemos com tudo de que iremos precisar ao longo da vida. Somos totalidades em formação e nenhuma existência tem em si toda a potencialidade de sua essência.

A psicoterapia fenomenológica implica necessariamente experiência, que, por sua vez, implica desenvolvimento, mudança e crescimento. Tudo que nasceu nasceu para continuar vivendo e, portanto, faz parte de sua intrínseca natureza que todo ser cresça por si mesmo, sem necessitar de ajuda externa. Para tanto ele conta com as melhores condições internas para o próprio desenvolvimento.

A natureza age silenciosamente. Simplesmente se deixa acontecer; é como a chuva, que chove. Absolutamente impessoal. Sabe um saber que nasce da natureza que a constitui. Existe em permanente estado de voz média (intermediária, depoente); simplesmente é; não disputa, não deseja nada, direta ou indiretamente. Vive uma *epoché* ecológica; sabe um saber natural. Seus bilhões de anos de experiência se calam. Crescer é se experimentar exatamente o que se é, pois é sendo que se torna o que se é. Quando digo "sua capacidade", estou dizendo de um processo de ajustamento criativo funcional, ou seja, ser sua própria fonte de crescimento, atento às suas necessidades físicas, sociais, psicológicas, espirituais. Viver é mudança, é movimento, é ajustar-se, a todo instante, às necessidades e motivações de um campo de presença da relação organismo-ambiente.

4. Homeostase

É o processo pelo qual vivemos uma experiência de equilíbrio pela satisfação de nossas necessidades. O tempo todo vivemos estabilidade e desequilíbrio sem nos darmos conta, razão pela qual precisamos estar atentos a esse duplo movimento, sob pena de perdermos o contato com as nossas necessidades, através das quais nos colocamos no mundo de uma maneira saudável.

Esse processo natural que ocorre sem que o organismo se dê conta. Dá-nos a sensação de equilíbrio, de bem-estar, de saúde. Para que a homeostase ocorra é preciso que vivamos progressivamente pregnância, autoecorregulação organísmica, ajustamento criativo, processos que nascem do próprio ciclo da vida e de como a natureza funciona.

Nosso organismo caminha naturalmente movido por esses princípios de adaptação da relação de presença no campo organismo-meio, porque são eles que nos mantêm em forma, enquanto satisfazem as nossas necessidades, não obstante o nosso organismo conviver com naturalidade com "Toda a vida é caracterizada pelo jogo continuo da estabilidade e do desequilíbrio" (Perls, 1973, p. 20), espaço de uma possível mudança, às vezes até de um processo de cura.

Se não vemos a realidade assim como ela é e se apresenta, resta-nos uma aproximação, condicionada, por sua vez, à própria limitação de quem a observa, dado que não se tem acesso à totalidade existencial das coisas que nos cercam. Ver detalhes é uma qualidade que nem todos possuem, porque somos tragados pelas circunstâncias que nos rodeiam, não nos permitindo, ainda que o desejemos e procuremos, acessar a realidade, enquanto tal. Vemos a realidade por partes, a totalidade das coisas nos escapa pela própria finitude que nos habita.

O método fenomenológico supõe e exige uma postura de desapego, uma *epoché al di là* de nossa capacidade perceptiva, um processo ou atitude operacional da ordem do cognitivo, embora atravessado pela nossa incapacidade de uma objetiva neutralidade.

A realidade do dado, de um lado, inclui o observador, enquanto ser que percebe e se dá conta de que percebe. Do outro lado, essa proposta de uma realidade objetiva, na compreensão de um dado, jamais será real, completa, absoluta, porque será sempre uma realidade para a subjetividade de quem observa.

Nada nos impede, entretanto, de tentar caminhar na direção de uma neutralidade cognitiva possível, que compense a fragilidade de sermos limitados por natureza.

Apego-me, então, à minha intuição, e, partindo do princípio de que minha consciência não opera no vazio, torno-me meu próprio instrumento de trabalho, sem perder minha conexão com o fato, com o dado, o qual se oferece, simplesmente, à minha observação, sem nenhuma oposição, solicitando, apenas, que eu o veja, ouça, sinta, toque e pense a realidade assim como ela se apresenta.

Encontrar a raiz de um fenômeno não vem da percepção da multiplicidade de informações, mas da fidelidade de encontrar no dado e só nele as razões de sua existência. Não se abandonam as circunstâncias do dado, mas elas não são a causa do fenômeno, do dado em questão. São pistas que apontam o caminho do caminho, mas não chegam até lá. Este "abandono" de circunstâncias que envolvem a situação, o problema, para ir à busca do dado e se concentrar no que se mostra à nossa consciência, ou seja, o sintoma enquanto sintoma, exige uma postura radical, uma certeza quase ontológica de que só a experiência imediata do sujeito, que nasce da descrição do dado, é capaz de conduzir o observador até ele, pois, como diz Merleau-Ponty (2006): as certezas são uma ilusão.

Isso nos coloca diante da necessidade de uma percepção factual do mundo, que, por sua vez, nos remete a uma experiência vivenciada da realidade, na qual o corpo se faz presente e se torna um dado, um-si-mesmo. Não somos uma abstração, um constructo teórico; somos um corpo vivo e próprio em permanente relação organismo-ambiente, um corpo-pessoa-no-mundo.

A fenomenologia é uma ciência descritiva; trabalha com o *quê*, o *como* e o *para quê* das coisas, da relação pessoa-mundo. *Não* trabalha com o *porque*, que é uma conjunção subordinada causal e gera uma relação de causa e efeito entre o agir, o fazer e o seu resultado, supondo uma previsibilidade, uma antecipação entre o fazer e o seu efeito.

Uma psicoterapia fenomenológica não busca as causas de um sintoma, não atua linearmente. Ela trabalha a experiência do cliente no aqui-agora, buscando o resgate imediato da relação e do sentido do vivido pelo cliente. A imagem que este faz de si, o que sente com a sua história, modifica e acrescenta algo. Estamos falando do *self* como construtor da própria imagem, como processo de vida, de estar no mundo como uma temporalidade que às vezes nos escapa, ou como uma espacialidade que, mais do que o tempo, nos proporciona um lugar mais claro, definitivo no mundo.

Uma psicoterapia fenomenológica é psicoterapia de experiência, que é contato, que implica crescimento, desenvolvimento, mudança. Essa experiência significa o encontrar-se com o novo, com o diferente, e vivenciar no aqui-agora o estado de vida da pessoa.

A tarefa de uma psicoterapia fenomenológica é lidar com o vivido tal qual aparece. Ela não enclausura a realidade, e a totalidade é a não possibilidade de ser. Portanto, psicoterapeuta e cliente sempre se relacionarão como seres inacabados um para o outro, como uma unidade de mistério relacional em desvelamento.

Quando psicoterapeuta e cliente se abrem de verdade um para o outro, abandonam seus sistemas de proteção, que, ao contrário de protegê-los, os enfraquece e os faz morrer. A saída dessa clandestinidade está na busca permanente de "o que" as pessoas e as coisas são, de "como" se relacionam e de "para que serve" esse encontro de uma árdua procura do sentido de nosso ser no mundo.

A fenomenologia busca no conceito de consciência sua porta de entrada. Ela nos leva ao caminho para o possível, pois, como afirma Perls (1973, p. 88), "sem consciência não há nada. Sem consciência há o vazio". É lá, continua Perls, que as coisas criam sentido e se fazem inteligíveis. A consciência é dinâmica, fluida, submetida à temporalidade, humana e mundana sob qualquer ponto de vista, e nos permite uma apropriação da realidade a partir de nossa subjetividade em nossa relação com o mundo. Ela é individual, singular, própria, não se engana, é nossa experiência no aqui-agora. É o contato que fazemos com o agora ao convocar a existência do outro para dentro de nossa existência. Sou minha consciência e minha consciência sou eu. Ela é o meu princípio de ajustamento criativo na minha relação com o mundo.

A atitude fenomenológica na psicoterapia está centrada no conceito de consciência e contato. Ela coloca sujeito e objeto na mesma turma com o mesmo olhar, não tem lado, simplesmente se deixa acontecer.

Não estamos prontos nem acabados. Somos um corpo-pessoa em movimento, em busca de melhores formas. Isso nos eterniza cotidianamente, criando uma temporalidade que se estrutura na nossa espacialidade visível, observável e até quantificável.

Estamos sempre no começo.

Referências

Bornheim, G. A. *Introdução ao filosofar — O pensamento filosófico em bases existenciais*. São Paulo: Globo, 1978.

Chaui, M. *Experiência do pensamento — Ensaios sobre a obra de Merleau-Ponty*. São Paulo: Martins Fontes, 2002.

D'Acri, G.; Lima, P.; Orgler, S. (orgs.). *Dicionário de Gestalt-terapia — "Gestaltês"*. São Paulo: Summus, 2016.

Dartigues, A. *O que é fenomenologia*. São Paulo: Centauro, 1973.

"Descrição, descritivo". *In*: Instituto Antonio Houaiss. *Dicionário Houaiss da língua portuguesa*. Rio de Janeiro: Objetiva, 2009.

Frick, W. B. *Psicologia humanista*. Rio de Janeiro: Zahar, 1975.

Giovanetti, J. P. (org.). *Fenomenologia e psicologia clínica*. Belo Horizonte: Artesã, 2018.

Holanda, A. "Fenomenologia e psicologia — Diálogos e interlocuções". *Revista da Abordagem Gestáltica*, v. 15, n. 2, p. 87-92, 2009. Disponível em: http://pepsic. bvsalud. org/scielo. php?script=sci_arttext&pid=S1809-68672009000200002&lng=pt&tlng=pt. Acesso em: 17 abr. 2025.

Latner, J. *The Gestalt therapy book: a holistic guide to theory, principles, and techniques of Gestalt therapy developed by Frederick S. Perls and others*. Gouldsboro: The Gestalt Journal Press, 1986.

Merleau-Ponty, Maurice. *Psicologia e pedagogia da criança*. São Paulo: Martins Fontes, 2006.

Morin, E. *Introdução ao pensamento complexo*. São Paulo: Instituto Piaget, 1990.

Perls, F. *A abordagem gestáltica e Testemunha ocular da terapia*. Rio de Janeiro: LTC, 1973.

Perls, F.; Hefferline, R.; Goodman, P. *Gestalt-terapia*. São Paulo: Summus, 1997.

Ribeiro, J. P. *Conceito de mundo e de pessoa em Gestalt-terapia*. São Paulo: Summus, 2011.

_______. *Gestalt-terapia: refazendo um caminho*. São Paulo: Summus, 2012.

2 VISÃO FENOMENOLÓGICA NA ESCUTA TERAPÊUTICA: O AMOR E SEUS SIGNIFICADOS

RODOLFO PETRELLI

Não há ninguém para me ouvir, solitário na multidão [...].
Nem eu me escuto mais [...] estou sozinho.
— David Riesman, 1995

Esse é o grito e o apelo do quanto de mais triste possa acontecer a uma pessoa na solidão. Não porque ninguém está próximo e junto, mas porque ninguém está atento, disposto, aberto para ouvi-la. A voz sai em busca de alguém, volta como um eco, vazia, sem resposta, trazendo apenas desolação.

A necessidade de ser ouvido é tão grande que, quando não há um interlocutor real, o eu solitário cria um tu imaginário. Essa é a última estratégia da razão para não sucumbir à insignificância e ao "nada" da solidão.

A experiência da existência se desvela na linguagem, que só é possível na estrutura operante de um diálogo. Este ocorre na alternância entre fala e escuta, elementos que o constituem.

Sem escuta, a fala evanesce no "oco" de um eco, e o sujeito falante se perde no "não existente", tornando-se um fantasma de si mesmo. É a relação de escuta que constitui o falante como sujeito experiente de si, do mundo circundante e do outro com quem convive.

O filosofo Sócrates nos legou o paradigma da escuta por meio da sua arte do diálogo. Apenas ouvir não é escutar. Ouvir, em sentido profundo, é a capacidade fisiológica, funcional e psicológica de captar sons e atribuir-lhes significados distintos, a fim de realizar uma interação de sobrevivência e de eficiência no ambiente. A audição é uma função biológica. Por meio dela, os dados são selecionados e analisados conforme as necessidades e os interesses do indivíduo.

A escuta terapêutica, por sua vez, é intencional. Trata-se de se dirigir a consciência ao profundo de uma fonte de dados, sons e palavras — e, paradoxalmente, até do não dito no seu silêncio. O escutar autêntico é um ato da consciência intencional que penetra os significados operantes e recônditos na compreensão da experiência de uma história de vida.

Para compreender essa postura, é necessário abordar os princípios e as exigências da redução fenomenológica proposta por Edmund Husserl e operacionalizada por Karl Jaspers. Além disso, é preciso explicar como se comportam os antropólogos diante da tarefa de interpretar estruturas culturais e comportamentais de diferentes povos e etnias sem contaminar o juízo de valor com os paradigmas éticos e lógicos da própria cultura de origem (Geertz, 1988).

Tanto a fenomenologia quanto a antropologia interpretativa, como ciências voltadas para a compreensão da experiência humana, podem ter sido guiadas pelo rigor da redução fenomenológica. Essa abordagem metodológica exige que o observador-pesquisador suspenda seu sistema ideológico, axiológico, lógico e conceitual para colher, sem preconceitos antecedentes, os significados dos objetos, dos fatos em situação de estudo, observação e tratamento.

Se há uma metodologia científica que prime pelo respeito ao mundo do outro, preocupando-se com seus conteúdos de consciência, esse método é a fenomenologia. Assim, faz sentido propor um estudo sobre fenomenologia e escuta terapêutica. A escuta terapêutica exige que quem a ela se dedica cumpra os seguintes mandamentos:

- suspender quaisquer esquemas ideológicos e éticos da sua cultura;
- suspender a própria subjetividade nos seus paradigmas epistemológicos;
- controlar seus planos e expectativas de vida;
- abrir-se, sem expectativa, para o puro ouvir, em uma atitude de empatia profunda;
- relacionar-se e correlaciona-se com palavras e partes do discurso, buscando significados que construam a história de vida interior do sujeito falante;
- despertar a consciência do sujeito sobre a sua própria história de vida;
- mobilizar a responsabilidade (o sentimento de...) do sujeito pelos fatos que determinaram ou condicionaram a sua história de vida;
- mobilizar a ação, como decisão pessoal, para uma possível conversão-inversão de rota existencial, cultural e social;
- abrir espaço para novas e ousadas realizações pessoais, para valores autênticos antes retidos pela dúvida e pela impotência;
- oferecer aceitação incondicional, compaixão, simpatia, solidariedade por misericórdia e amor transcendental.

A escuta terapêutica é uma altíssima ação ética, pois promove valores humanos que, muitas vezes, ficam aprisionados pela insegurança, por obstáculos externos e, também, pela malícia do mundo.

Quando autêntica, a escuta é terapêutica, pois alivia a dor e a culpa, ilumina caminhos, abre horizontes, gera confiança em si mesmo, além de esperança e coragem para enfrentar as inevitáveis desventuras, os absurdos, as contradições, os paradoxos da existência.

A escuta terapêutica é uma possibilidade e uma obrigação de todos os profissionais da área da saúde: psicólogos, médicos, psiquiatras, enfermeiros, assistentes sociais e terapeutas ocupacionais, além de educadores. Não exige um espaço específico nem um tempo tecnicamente medido. Pode acontecer ao se medicar um doente, atender um familiar angustiado durante o tempo de visita, responder às dúvidas de um amigo que nos procura, acolher uma criança em busca de conforto e abrigo ou a um adolescente perdido diante do seu futuro próximo e incerto.

A escuta é de fato terapêutica quando existem intensidade e autenticidade no momento de "estar junto com". O tempo dedicado a essa escuta não é tão importante assim. Quem escuta está em silêncio, mas se trata de um silêncio tão eloquente que vale por um discurso.

A escuta é graça no seu *eidos* significativo, e essa gratuidade, como desejo, torna a escuta pura, livre de interesses exclusivamente venais ou mercantilistas, com foco unicamente nas necessidades profissionais. Se a escuta deve ser uma operação profissional remunerada, que seja, mas nos limites das possibilidades do paciente — e que seja também um investimento das políticas públicas de saúde, exigido pelos próprios profissionais que se dedicam à causa da saúde mental.

Segundo Martin Buber (2001), a autenticidade na relação eu-tu é essencial para que o ser humano se revele de forma plena, o que possibilita ao psicoterapeuta reconhecer a singularidade do paciente. Nesse encontro dialógico e recíproco, a escuta torna-se o momento mais genuíno da relação, pois ali se estabelece uma presença verdadeira entre dois sujeitos.

As dez etapas do processo psicoterapêutico

A seguir, apresento meus registros e reflexões como psicoterapeuta sobre as dez etapas das lutas da vida. Esse percurso permite construir e reconstruir significados do nosso existir com fé, esperança e coragem. Trata-se de uma referência exemplar para todos os que nos pedem ajuda e socorro. Espero, sinceramente, que estas reflexões sejam úteis na prática clínica com os pacientes.

Primeira etapa. O nosso eu-ego, como identidade única, como pessoa, foi lançado a existir por um desejo amoroso consciente de quem? De onde? Por puro acaso? Por interesses venais e políticos? Ou pelo desejo do *Divinum Absolutus Essente*[1] benevolente,

1 Ente divino absoluto. [N. E.]

que dá consistência à nossa existência? Mesmo quando, no tempo que nos foi dado, nossa existência fica retida em um nebuloso mistério, nossa espiritualidade consegue desvelar o tudo significante e ressignificá-lo. Quem somos? Quem sou? Quem é o autor da minha história de vida?

Segunda etapa. O bem e o mal em confronto. O simbólico que constrói e o diabólico que destrói significativos valores da vida humana, dada ao seu existir na saúde e na integridade do corpo, nos seus adoeceres e nas suas limitações e inferioridades, na eficiência da mente, no seu pensar consciente e construindo saberes.

Na aceitação da nossa dimensão espiritual e do nosso ser como imagem divina, compartilhamos o seu espírito e bradamos: "Valeu a pena, vale a pena!" Enfrentamos batalhas, sofremos e perdemos, mas, na esperança, podemos gritar: "Venci, aprendi, me transformei em alguém, em uma pessoa melhor!"

Na tríade ontológica corpo, mente e espírito, o espírito, em seu dinamismo, é a variável independente e única que sempre fortalece o corpo e a mente nos seus adoeceres e nas suas perdas.

Terceira etapa. O eu-ego convive com o *alter ego*, como o meu tu, e com os outros, próximos ou distantes, formando unidades na dualidade, e qualidades com as alteridades, mas sem alienação no amor, na amizade, na tolerância com as diferenças e no respeito às diversidades e sua valoração. O outro não é inimigo, escravo ou estranho indesejado, mas parte de um "nós todos": uma unidade!

Quarta etapa. O eu-ego, quando submetido a um *alter ego* poderoso que, na sua superioridade e autoridade despóticas, assume o poder e a autoridade, inferiorizando os *alter egos*, o tu e os outros. Quando, porém, a experiência do poder mobiliza a desobediência ética, por decisões dadas à consciência da própria pessoa — como testemunha última e única da verdade —, justifica movimentos revolucionários que se opõem a uma mentira mascarada, a qual impõe falsas ordens e hipocrisias.

A obra *A desobediência civil*, de Henry Thoreau, é um apelo existencial ético à ordem civil como operadora da justiça em defesa de uma população reduzida à impotência, à fome, à doença, aos preconceitos. Thoreau defendia a desobediência como caminho aceitável para lidar com leis e práticas que contrariam os princípios morais dos indivíduos numa sociedade, no seu vértice de comando impositor e injusto.

Quinta etapa. Eis o dilema: empatia com o pensamento comum ou enclausuramento no pensamento alheio, imposto pelos sistemas educacionais e pelas normas sociais? A normalidade não se realiza na obediência absoluta às normas impostas; ela só se constrói propondo as próprias normas para si mesma, na autenticidade dos próprios valores morais. Ao desobedecer, a mando da própria consciência — no diálogo com o pensar comum, nas suas teses propostas ou impostas —, lança as próprias "antíteses" e constrói sínteses de comum acordo. Na lógica cultural, nossas teses têm origem no nosso pensar criativo original, que propõe hipóteses a serem verificadas. Assim, somos artífices dos nossos sistemas culturais e das suas normas e leis, as quais, quando não mais válidas, devem ser abolidas e desobedecidas.

Sexta etapa. O masculino e o feminino juntos no *Eros*, na intimidade do corpo e da alma e na transcendência do espírito. Ou, de maneira oposta, o masculino e o feminino decaídos em um *erotismo* totalmente instintual, gerador de gozos e de proles indesejadas ou apenas levadas a cabo por interesses patrimoniais, venais, políticos e mercantilistas.

O masculino e o feminino não se reduzem apenas aos prazeres orgânicos, a serviço de uma realização instintual e anatômica, mas os transcendem como virtudes — o masculino como símbolo de fortaleza e o feminino como símbolo de afetividade e de ternura. O gênero masculino pode assumir a feminilidade nas suas dimensões simbólicas, e vice-versa. Por isso, o amor no casamento *homo*, na sintonia de gênero, tem fundamentos éticos e morais.

Sétima etapa. O eu-tu e o eu-nós, nas relações dialogantes, nos encontros da vida — da infância à velhice. Passamos do monólogo ao diálogo e a um lúdico construtivo coletivo do saber-fazer juntos, para o prazer de todos.

Do diálogo ao metadiálogo, integram-se diferenças e superam-se contrariedades. O respeito, a tolerância e a esperança para que mãos voltem a se apertar, braços a se abraçar e olhos a se contemplar com a alegria sincera, empatia profunda e simpatia. Todos vivem juntos com fé, esperança e coragem, perdas e vitórias, doenças e saúde, vida e morte.

Oitava etapa. O eu como parte de um corpo maior — a comunidade, a sociedade, a humanidade, o mundo. Compartilhamos ideias, valores e recursos, priorizando os mais necessitados, sejam eles próximos ou distantes: os doentes, famintos, desolados e apátridas... Em suma, todos os explorados pela avidez de uma minoria irresponsável, devastadora das riquezas do planeta Terra, esta não mais visto como templo divino, mas reduzida a um deserto repleto de lixo e esgoto. As florestas são nossas, pertencem a todos. A vida a elas dada alimenta a nossa vida, na poesia dos verdes e das cores: vermelho, laranja, azul e amarelo, nossas alegrias, nossa festa, nossas melodias e poesias alegrando no espírito o nosso viver no conviver juntos, com todos.

Nona etapa. Ela se conecta à primeira e à sexta etapas, investigando a origem e o destino do nosso existir. Estamos assumindo a nossa gerativitade maternal e paternal, integrando os dois gêneros, masculino e feminino, em suas recíprocas potencialidades e diversidades?

A união, no amor da relação homossintônica, assumindo filhos adotivos com responsabilidade. A paternidade e a maternidade apelam para uma dimensão psicológica comportamental superior; por isso, o gênero masculino pode e deve assumir a maternidade ao educar os filhos, enquanto o feminino pode e deve assumir a virilidade na gestão da família nas suas múltiplas funções, tanto administrativas quanto protetivas.

Décima etapa. A realidade dada ao nosso viver no mundo e no tempo, ao nosso sentir, pensar e fazer é geradora de experiências significativas, valorizando o nosso pleno existir, que é múltiplo, diversificado, complexo, enigmático e misterioso nas mínimas e pequenas grandes partes das diversas naturezas e espécies que apelam para ser congregadas e integradas, formando unidades viventes e significantes nos seus valores.

O básico da natureza é o *élan vital* fundamental, constituindo-se como amparo, defesa e proteção de todos os seres viventes, necessitando, porém dos seres humanos para elaborar e construir contextos ideativos, culturais e políticos, exigindo dimensões éticas superiores. Diante disso, a mente recorre a processos microanalíticos, que investigam os mínimos detalhes da realidade percebida, e, em seguida, a processos analíticos, que procuram compreender detalhes amplos e significativos nos processos sistêmicos e megassistêmicos do explícito evidente e do implícito hipotético. Esse movimento se amplia para uma mente holística, que abrange o todo, até o limite do impossível existente, e, finalmente, para a compreensão do mistério enigmático do humano existir.

Dessa maneira, faz-se necessário pensarmos como a "natureza pensa", em sintonia com a "mente ecológica", conforme proposto por Gregory Bateson e insistentemente descrito nesta minha obra.

A prece como dimensão relevante no processo psicoterapêutico

A experiência da prece acompanha tanto o amadurecimento da personalidade quanto o crescimento cultural e espiritual da humanidade ao longo da história. Aos olhares da evolução psíquica do ser humano e ao início da formação da consciência individual, a prece foi julgada como expressiva de uma mente ingênua, mágica e alienada pela crença em forças superiores. Hoje, porém, com uma reflexão mais profunda, honesta e sem preconceitos e reducionismos, a prece expressa experiências de vértice do indivíduo no enfrentamento da vida e da existência. Ela supera, nesses níveis superiores, as exigências de um diálogo mobilizador da consciência, da responsabilidade e da pessoa, que se consuma nas regiões apenas da imanência no encontro entre um eu e um tu.

Na transcendência, o diálogo ocorre na presença de um tu divino, que se dá como fundamento de toda relação, de todos os desejos, de toda a esperança. O diálogo se mostra um instrumento operante e eficaz no processo da psicoterapia. A prece, por sua vez, conduz a psicoterapia como um diálogo que transcende os limites da coragem existencial, impulsionada pela ousadia da ação ética, rumo à liberdade no amor oferecido ao outro e à humanidade.

"Encontro com o vivente imperecível" — assim pode ser definido o impulso que lança os humanos na dimensão da prece. Esta tem fundamentações filosóficas: a relação entre um ente-finito e o ser-absolutamente-existente para ancorar a sua existência finita à infinitude da existência e garantir, diante das ameaças do nada, a realização plena de todas as suas possibilidades.

É na consciência de uma presença, que caiu de um "não tempo" para dar início ao tempo, que inicia a prece. Esta é o respiro da presença, o pulsar do coração que se contrai até colher a essência da sua singularidade e, posteriormente, lançá-la na universalidade indestrutível do existente. Na região transcendente do tempo e de todas as coisas do mundo, a prece colhe os imperecíveis significados do existir, tirando a presença da sua omissão culposa e dando-lhe razões e motivações para um agir ético totalmente responsável.

A prece revigora a fragilidade e os defeitos da presença proporcionando clareza à consciência, iluminando-a na escuridão dos sentidos. Ao dar significado a uma presença ausente, torna-a significante para a consciência das outras presenças. Na prece, a negação da presença se converte em presença atuante e ética, oferecendo-se como graça. É na prece, sobretudo, que a presença ascende aos vértices das montanhas, lá onde nem as águias ousam pousar e o céu toca a terra (Bateson, 1986).

A origem da prece na história da humanidade

Um elemento constante da prece, quase o seu dinamismo constitutivo, é uma elevação até algo ou até alguém que está no alto, como o Sol, a Lua, os astros em geral. E quando o objeto não está no alto, ele é ali "colocado" — daí a origem do termo "altar". O que está no altar está em cima, e o que não está no altar está embaixo. Na prece se vincula o que está embaixo com o que está em cima: o céu de cima com o céu de baixo, formando um universo pleno. Por isso o lugar da prece é no alto das colinas e também nas profundezas da terra, nas grutas e nas catacumbas. A prece é tanto uma profunda descida quanto uma ousada ascensão ao que está sempre mais alto.

Entretanto, há outra dimensão que caracteriza a prece: a solidão. É ali que a prece representa uma ambiência física e psicológica necessária, caracterizada por uma "ausência" para que a presença única se mostre quando não é possível ter acesso ao lugar ermo, mesmo em meio a uma multidão festiva. Por isso os antigos ascetas privilegiavam o deserto como símbolo representativo de um nada "clamante" para um todo silencioso significante.

As razões da prece

O que leva o ser humano à prece? Quais são os motivos que despertam a necessidade ou o desejo dela? A prece manifesta um estado de necessidade, de carência? Ou seria o resultado instintivo de uma situação de perigo? Em que momentos do existir? Ela se faz presente como uma exigência do espírito?

Não podemos negar o poder do instinto de sobrevivência: jogado ao mar, um náufrago se apega a qualquer coisa que possa trazê-lo a salvo — quando as dificuldades superam as nossas forças, somos levados a pedir ajuda. A obrigação de sobreviver é maior do que o nosso orgulho, pois a vida pertence à espécie e não ao indivíduo.

Imaginemos a situação do *Homo sapiens* milhares de anos atrás, quando a ciência, fruto da experiência crítica e da aprendizagem, estava no início do seu poder de compreensão dos fenômenos e dos mistérios da natureza. Desastres naturais, ataques violentos de animais contra seres humanos indefesos — a experiência se mostrava mais cruel do que benevolente. O que era percebido animisticamente (sem convicção) como uma força consciente e punitiva tinha de ser aplacado na sua cólera com súplicas, como sacrifícios à divindade, oferendas cruentas e imolação de animais e humanos.

A prece de uma humanidade impotente, aterrorizada e castigada pela natureza impiedosa se resumia a uma prece de "alienados", necessitados, seres humanos prostrados no chão com mãos suplicantes, mãos batendo no próprio peito, denunciando a culpa da própria miséria. Talvez tenha sido essa dimensão primitiva da prece a levantar críticas severas contra a religião por parte de grandes pensadores como Nietzsche, Marx e Freud.

Essa dimensão primitiva é, porém, autêntica, podendo ser vista em crianças, em pessoas com poucos recursos e, sejamos sinceros, até em nós mesmos, quando o medo de algo ou de alguém, quando a angústia, o "não senso", a doença, o trágico, a consciência da morte nos dominam. Quem pelo menos uma vez na vida, já adulto, no segredo do seu coração, não pediu ajuda a Deus ou a alguma força misteriosa arcana?

O medo existe. Isso significa que constitui a experiência humana. O homem sente medo quando se vê impotente diante de um perigo, mas tem medo também quando onipotente — como Prometeu, que roubou o fogo dos deuses manifestando o seu poder e, ao mesmo tempo, devendo suportar as consequências desse ato. Afinal, simbolicamente o fogo nos traz conhecimento e poder, mas também pode destruir, incendiando lavouras e moradias. Assim, a onipotência também é um perigo e pode até mesmo destruir a própria humanidade.

Quem nunca temeu os poderes e responsabilidades que o destino, os processos sociais, o *status* institucional lhe conferiram? Quem nunca se recolheu, meditativo e temeroso, antes de tomar uma decisão importante? Apenas o irresponsável, o leviano e superficial não se elevam em reflexão e prece antes e depois de uma decisão séria, diante da expectativa de algo importante ou de uma ação cujo êxito pode transformar sua vida e o destino de muitos.

Nesses momentos dramáticos, a prece pode representar o próprio *élan vital* que se recolhe em um esforço para que a existência não se dissipe no vazio. Longe de ser alienação ou renúncia, a prece é um apelo fortíssimo à coragem para manter a autenticidade e a dignidade da presença: é um apelo apaixonado para não desistirmos, para que continuemos a travessia e a luta, como o intrépido Davi contra o gigante Golias.

A banalíssima expressão "te ajudas, pois o Céu te ajudará" talvez signifique isto: descobrir em nós um poder quase divino, não apenas capaz de transformar água em vinho, mas de converter desespero em esperança, "não senso" em desejo, a morte em vida. Para quem crê em Deus, foi Ele quem concedeu ao homem esse poder.

A prece, porém, encontra na própria psique humana outras justificativas fundamentadas na hierarquia das tendências humanas: a pessoa não é apenas orientada por um conjunto de instintos para a sobrevivência individual e da espécie; é também motivada por desejos e valores que tecem as dimensões ética, estética e mística da existência. Por meio de uma ascese psicológica, filosófica e moral, é possível afinar o espírito e conduzi-lo às altíssimas regiões da experiência humana. Nessas regiões, a prece assume a forma de ato e de momento meditativo, contemplativo, projetado na eternidade.

É prece a investigação dos mistérios da existência, do tempo, do mundo, da vida e da morte e dos infinitos significados que se abrem para nós. Na prece se percorre, em um pulsar da consciência, o itinerário do tempo, do seu ponto de início no extremo passado ao seu ponto final — e ao futuro ainda não alcançado, pois o tempo terá fim quando a matéria voltar a ser energia e quando a energia se tornar singularidade como emanação do espírito, presença criadora única e absoluta. Na prece, o homem reconduz o seu tempo finito, a sua história, aos limiares da eternidade, onde tudo tem sentido, quando todo mistério se desvela, todo o incompreensível encontra a sua razão última, todo erro, a sua justificativa, toda heterodoxia, a sua verdade e toda transgressão, os seus valores éticos.

Os profetas encontram na prece a certeza da sua missão, o cumprimento da palavra proferida, mesmo quando esta fere a certeza efêmera dos poderosos. A ação ética encontra na prece, antes e depois, a sua máxima confirmação — mesmo quando, no templo, essa ação se torna um "escândalo" que provoca os tribunais e as "sinagogas" modernas; nos tempos vindouros, as "sinagogas" e as "catedrais" reconhecerão os próprios erros e pedirão perdão.

A meditação transcendental é uma forma autêntica de prece. Alegoricamente, é ir para a frente, para muito adiante, para voltar atrás e ter certeza do caminho. É como se elevar nos picos das montanhas, no infinito silêncio das neves imaculadas, e observar de lá quanto são pequenos os nossos vales e efêmeras as nossas lágrimas.

Quando, no encontro psicoterápico, o paciente, preso a seus dramas, é aconselhado a uma elevação progressiva, conduzimo-lo ao âmbito da prece. Pois a prece é esse olhar de máxima compreensão, que conecta um fato a outro, desvelando o sentido de uma história de vida e, em última instância, o sentido derradeiro da história, uma vez que o sentido do cotidiano apenas se revela ao se acessar e contemplar na prece o fim dessa história.

A prece tem ainda, na sua expressão madura, uma inegável dimensão contemplativa; a beleza de uma natureza incontaminada, a harmonia do universo, a perfeição estética da criação, a suprema perfeição da mente divina. Tudo isso capta em incomparável êxtase o espírito do ser humano. Admiração, apagamento, gáudio, alegria e felicidade invadem o nosso coração com um sentimento de infinita gratidão e louvor por tudo que de belo e perfeito existe e nos foi dado contemplar. Vibrar com o belo, com a harmonia e com o bem é uma forma de prece silenciosa que alimenta os desejos mais profundos do ser. É o desejo que sustenta o sentido da existência e impulsiona a continuidade da vida. Nesse sentido, conforme argumenta Eugène Minkowski (1961), é justamente a presença do desejo que se opõe à depressão, pois onde há um desejo autêntico há também um impulso vital que resiste à estagnação e à perda de sentido.

A mais alta dimensão da prece se dá no encontro com o infinito e com o "omnicompreensivo" (conhecedor do todo existente), como um eu que se dá no diálogo com a inefável presença de um tu, fundamento de toda relação amorosa. Essa prece dispensa qualquer palavra, pois, como um fogo sagrado, se consome e se alimenta em uma presença silenciosa e criadora.

Nessa sublime região, é indispensável que o homem supere as barreiras epistemológicas e emocionais de uma realidade que se limita aos confins da imanência e se abra às possibilidades da transcendência. É necessário que a fé penetre a razão e, juntas, se projetem nas regiões da transcendência e lá encontrem o espírito na realidade do ser. É o espírito de Deus: Deus é o princípio de cada pessoa, Deus é pessoa.

Nós, cristãos, acreditamos no que nos foi revelado: que Deus é uma tríade pessoal. Pai, Filho e o Espírito são a personificação do diálogo e do encontro entre as pessoas do Pai e do Filho. O momento último da prece é o diálogo: quando se tece um diálogo se tece uma prece; onde há um diálogo autêntico aí está a presença do Espírito, porque Ele é o mediador do diálogo.

Psicoterapia e prece

A lógica é elementar: a psicoterapia, em essência, é um diálogo (Binswanger, 1973). Segundo Martin Buber (2001), o diálogo é uma prece, assim como a psicoterapia também o é. Nela, o espírito de Deus é o *terceiro operante* no diálogo terapêutico entre o eu e o tu do psicoterapeuta e do cliente-paciente. A única exigência para que isso aconteça é dada por uma *presença autêntica* de ambos: o primeiro deve se "apresentar" desarmado de todos os interesses venais, de todo sentimento de onipotência científica, de todo culto à própria personalidade — precisa se identificar com sua função de mediador entre o espírito de Deus e o espírito do paciente.

O processo psicoterapêutico, usando a expressão de Georg Hegel (2014), é uma "fenomenologia do espírito", mas sem cair em um alienante e mágico "Deus *ex machina*" (Deus artefato de uma máquina). É Ele que, chamado, "visita a mente", a alma e o coração tanto do terapeuta quanto do paciente, soprando a vida, despertando desejos, abrindo os caminhos da esperança, iluminando a inteligência, fortalecendo a ação. É Ele que dirige a consciência na busca dos valores que dão sentido à vida de cada um, revelando em símbolos e nos sonhos os mistérios do tempo vindouro, a verdade dos fatos, as intenções e os segredos dos corações. É Ele o espírito criador, o inspirador de toda profecia, de toda ação inovadora, de toda obra estética, de todo carisma. É Ele a fonte do amor verdadeiro, da paixão dos corpos e da paixão das almas.

É Ele que dá sentido à loucura impregnada de verdades, aos "delírios" dos esquizofrênicos. É Ele que converte o perverso e alimenta a comunhão de dois, a comunhão de três, a comunhão de uma família, a comunhão de todos nós!

Metodologia da prece no processo psicoterapêutico e no encontro de um momento

É constrangedor reduzir a prece a um método, pois ela constitui a atividade mais sublime do ser humano. Buber (2001) afirma que a prece não tem um tempo próprio, pois acompanha a vida e é a sua manifestação mais evidente.

Intensíssima, a prece por vezes dura uma fração de segundo, uma hora ou um dia. Não pode ser mensurada, não entra em uma agenda de compromissos nem em um calendário. Transcende o tempo, pois está na eternidade: é um tempo vivido e não um tempo medido (Minkowski, 1961).

A prece não tem lócus próprio, pois o templo não é seu único lugar. O eco da prece vai e volta dos desertos, assim como vai e volta das barulhentas avenidas das metrópoles, dos casebres de lona de um excluído ou do corredor da morte de um condenado.

A prece não exige rituais, vestimentas, cerimoniais, objetos sagrados, gestos, uma vez que acontece de dentro, no centro da consciência, que é o centro da presença.

A prece não obedece à nossa vontade e às vezes irrompe nos (ou rompe os) nossos planos de ação e de execução. Não é o tempo, não é o templo nem é o rito que fazem nascer a prece, mas o espírito. E Ele, o sopro d'Ele, é livre, absolutamente livre.

Apesar de tudo isso, a prece obedece a um chamado, submete-se a uma disciplina: "*veni Creator Spiritus*"[2] — e Ele vem. Nesse sentido, a prece obedece a um método, desde que a nossa presença esteja aberta ao espírito. No processo psicoterapêutico, é preciso acreditar na presença operante do espírito e fundamentar nela os processos interativos entre psicoterapeuta e paciente, conhecidos como transferência: "*Mentes tuorum visita, imple superna gratia quae tu creastes pectora...*"[3] Nesse momento, o terapeuta pede, e o pedir é prece, uma grande abertura mental, para si e para o paciente. Além disso, pede a disponibilidade do paciente para receber os dons da psicoterapia, que são sempre gratuitos, pois a psicoterapia, assim como a prece, é graça — e a graça é divina.

O paciente nos paga um honorário, mas não pelo momento terapêutico em si, e sim como subsídio pelo tempo dedicado, pela manutenção do consultório e por outras demandas do mundo capitalista. Contudo, em sua essência e autêntica dimensão, a psicoterapia, assim como a prece, é um dom gratuito, é graça plena.

O terapeuta não julga, não incrimina, não condena, mas defende o paciente. É o seu grande advogado, que grita e apela para uma inocência que, se rompida, pode vir a ser reconstruída; grita e apela para uma consciência que, se omissa ou confusa, pode voltar a ser transparente e atuante.

O psicoterapeuta atua como advogado de seu paciente quando este perde a compreensão de si e a consciência de sua experiência, quando o seu ser inteligente — quer dizer, quando a inteligência da sua experiência (pois a loucura tem a sua razão) — é devolvido à ciência como "significado" que não nega, mas transcende a racionalidade.

"*Qui diceris Paraclitus.*"[4] O Espírito clama a nosso favor perante Deus. O psicoterapeuta grita dando sentido à demência, à epilepsia, à neurose, à depressão, à esquizofrenia, dando uma explicação científica e, para si e para os outros, uma razão

2 "Venha, Espírito Criador." [N. E.]

3 "Visita os espíritos dos teus, enche com a graça celeste os corações que criaste." [N. E.]

4 "Aquele que é chamado Paráclito", ou, vertido para a tradição cristã, "Aquele que se chama Espírito Santo." [N. E.]

omnicompreensiva: no seu paciente, é a humanidade que sofre, e o terapeuta recebe o altíssimo dom divino de ser cura, água, fogo, unguento que alivia as feridas. *"Altissimi donum Dei, fons vivus, ignis, caritas et spiritalis unctio."*[5]

O existencialismo apresenta duas vertentes: a negativista, de Jean-Paul Sartre, que define a existência como um vir-a-ser-para-o-nada, e a otimista, de Maine de Biran, Gabriel Marcel e Jacques Maritain, que concebe a existência como um vir-a-ser de infinitas possibilidades.

O terapeuta é a mão de Deus, é o espírito que desperta, por meio do desejo e da esperança, as possibilidades recônditas latentes no *élan vital* dos pacientes. As palavras, o "sermão" induzem à descoberta de tesouros escondidos, potencialidades que esperam ser realizadas nas "obras": *"Tu septiformis munere destrae Dei tu digitus, tu rite promissum patris sermone dictans guttura."*[6]

O psicoterapeuta é um guia espiritual, uma memória simbólica de Virgílio. Como tal, acompanha o viajante-paciente nas travessias da existência. Despertando sua sensibilidade e acendendo paixões, confirma-o na dúvida, ajuda-o a buscar sua verdade, consola-o nas derrotas e o fortalece nas enfermidades, quando o corpo luta para obter a vitória como virtude: *"Accende lumen sensibus, infunde amorem cordibus, infirma nostri corporis, virtude firma perpetim"*.[7]

A existência é sempre uma luta com inúmeras batalhas. É viver às vezes uma agonia — e que agonia...! Há inimigos por todos os lados, lutos, traições, perdas, fracassos, desencontros entre amigos, separações entre amantes. O terapeuta escuta, acompanha compreende e tranquiliza, recompondo a confiança e a paz — a bonança depois da tempestade: *"Hostem repelas longius, pacemque done protinus, ductore sic te praevio, vitemus omne noxium"*[8].

Por fim, a missão última do terapeuta é conduzir o paciente ao cerne do diálogo, ajudando-o a se tornar um ser-em-comunhão consigo, com o outro, com o mundo, com o cosmo e com o Espírito — a pessoa divina, fundamento de toda amizade verdadeira, de todo amor autêntico e de todo vínculo no amor paternal, filial, esponsal e fraternal... *"Per te sciamus da Patrem, noscamus atque Filium, te utriusque Spiritum, Credamus omni tempore."*[9]

5 "Dom de Deus Altíssimo, fonte viva, fogo, caridade e unção espiritual." [N. E.]

6 "Tu, que tens os sete dons, poder de Deus, força divina, tu, que cumpres a promessa do Pai, ditas as palavras à nossa boca." [N. E.]

7 "Acende luz nos sentidos, infunde amor nos corações, enfraquece o nosso corpo, com virtude firme para sempre." [N. E.]

8 "Afasta o inimigo para longe e concede-nos logo a paz; assim, tendo-te como guia, evitaremos todo o mal." [N. E.]

9 "Por ti conheçamos o Pai, conheçamos também o Filho; em ti, Espírito de ambos, creiamos o tempo todo." [N. E.]

Como vencer a solidão nas relações interpessoais e nas relações conjugais

Um fardo pesado da nossa existência é sermos lançados à inelutável solidão imposta pela ontológica singularidade do nosso eu — e, ao mesmo tempo, sermos lançados ao encontro com o outro como necessidade existencial. Necessariamente, o eu se constitui, em sua unicidade incomparável, no encontro com outro eu, estabelecendo assim uma relação de alteridade. O outro, na sua corporalidade, não é apenas um espelho do eu, mas o seu constitutivo dialético — a antítese que permite ao eu afirmar-se como tese.

O grande e misterioso paradoxo da existência emerge dessa tensão entre dimensões existenciais opostas e extremas. Como diria Sartre, estamos condenados tanto à solidão quanto ao "estar junto com". Em termos heideggerianos, *dasein* sem *mit-dasein;* não é possível ser lançado no tempo e no mundo sem, ao mesmo tempo, cair no tempo e no mundo dos outros e de um tu. Como conciliar exigências paradoxalmente opostas e, ainda assim, sermos autênticos e felizes diante dessas ontológicas contradições? Eis o problema!

A relação entre homem e mulher, sobretudo quando legitimada e consagrada no "casamento", torna-se um lócus privilegiado onde essas contradições se transformam em mística — uma misteriosa união-comunhão das diferenças, que dá origem a "coisas" novas. Esse encontro aproxima o humano do divino, gerando uma existência de "um"-nos-"dois" e de "dois-em-um".

Essa fusão não se manifesta apenas na geração de um filho, mas também na criação de experiências espirituais elevadas — verdadeiros vértices existenciais, nos quais o ser humano transcende e supera ontologicamente a sua condição natural e animal.

Quando autêntica, a relação conjugal homem-mulher é, usando a terminologia de Hegel, uma *fenomenologia do espírito absoluto* e, em Durkheim, *a dimensão essencial da religião*. Afinal, quando dois estão juntos no amor, *Deus é e está presente*, como afirmou o apóstolo Paulo: *"Ubi caritas et amor, Deus ibi est. [...] congregavit nos in unum, Cristi Amor"*[10].

Como realizar essa misteriosa "proposta" divina, única alternativa e cura da solidão?

No entanto, aceitar e saber viver a solidão é uma necessidade e uma prioridade: quem não sabe estar sozinho também não sabe — nem pode — estar-junto-com ninguém. É no estar só que se descobre e se constrói, na "interioridade", o lócus de uma singularidade original, fundamento de uma identidade e uma subjetividade autêntica.

10 "Onde há caridade e amor, Deus aí está. [...] o amor de Cristo nos reuniu em um." [N. E.]

Essa autenticidade enriquece e dá significado ao eu quando se encontra com os outros, especialmente quando se encontra com um tu.

Na solidão atenta e ativa, na reflexão e na espera, o eu se descobre como ideia, como consciência de algo interessante; sente-se como desejo de alguém, como valor, como potência, como projeto para o mundo, autor da sua história, parte e momento da história do outro e da humanidade.

Paradoxalmente, é na solidão que o eu transcende a própria identidade e se sente, como diria Minkowski, um *superego*, partícipe dos interesses e das necessidades da humanidade. Profetas, apóstolos, santos, líderes assumiram a solidão como exigência para que vivessem um amor universal.

Todo ser humano precisa de momentos de solidão autêntica para tomar consciência de si, das coisas do mundo e dos outros; para recuperar e resgatar, na integridade, a sua individualidade, a sua identidade. Somente assim se evita a alienação no encontro com o outro, seja no vínculo amoroso do casamento, seja na submissão ao pensamento alheio, às regras de um sistema, aos dogmas de uma ideologia, a saberes científicos, a teorias.

Na solidão autêntica se recupera a *liberdade de poder ser o que se deve vir a ser*, na obediência amorosa a um cego destino ou a uma *previdente providência*?

É na solidão que o eu estabelece um espaço ativo na cultura, em meio a suas normas, leis e regras, mas preservando a liberdade de "ir e vir" — aceitando, questionando, inovando e obedecendo apenas à sua "pura consciência", expressão de uma consciência transcendental.

Na relação com o outro, o risco do eu é alienar-se. Mas e aquele eu que, permanecendo continuamente em sua solidão, suspende e rompe qualquer contato com a realidade e com o outro? Se isso acontecer, sua consciência, ao se exaltar como única e absoluta, corre o risco de cair no delírio esquizofrênico.

A consciência do eu e de seus conteúdos, inclusive a percepção do outro como sujeito consciente e pensante, constitui-se de forma dialógica, numa relação dinâmica entre polos de afirmação e contraposição. Essa movimentação evita o fechamento egocêntrico e favorece a integração entre subjetividade e objetividade, elementos essenciais para a construção de uma compreensão existencial, cultural, social e psicológica da realidade.

A relação conjugal não se realiza apenas no estar-junto-com-um-outro, mas implica um estar junto com o próprio tu.

Uma relação com outro motivada apenas por interesses financeiros, políticos ou científicos induz o eu à alienação, levando à perda de iniciativa e de autonomia nas decisões. Porém, na relação com outro que transforma o próprio tu em único, excluindo os demais, corre-se o risco de decair em uma alienação mais abrangente e intensa — patológica até.

Na relação conjugal com o tu — parceiro privilegiado e único —, o dilema paradoxal entre solidão e alienação se resolve na experiência da "comunhão". Esse "estar-junto" envolve corpo, mente e espírito: frente a frente, um para o outro, de mãos dadas, em corpos abraçados, quase como se um quisesse se fundir no outro — nos pensamentos, nos sentimentos e nas vontades de um agir em sintonia e sincronia.

Nessa relação de comunhão, o eu se abre e se entrega na plenitude da sua originalidade e individualidade. Ele se funde com o tu, mas sem se perder nele, sem se "confundir" ou se alienar, sem sacrificar-se ao tu do outro.

Quando, nessa comunhão recíproca entre eu e tu, os dois se fundem, nasce uma terceira pessoa na dualidade. Nesse ser "dois" em "um" e "um" em dois", os efeitos negativos da solidão desparecem. O espaço antes tomado pela solidão se transforma, nutrindo na interioridade uma autenticidade do eu e preservando sua identidade originária.

Na vida cotidiana, essa "vida a dois" permite que cada um seja livre para se tornar aquilo que deve vir a ser, respeitando suas diferenças ontológicas originárias. Essas diferenças não separam, não dividem nem destroem; ao contrário, enriquecem, complementam e abrem horizontes e alternativas para ambos.

Na união dos dois, a comunhão consiste em uma dimensão mística na espiritualidade, mas isso não impede que, na realidade concreta, cada um viva seus momentos e projetos individuais, no respeito pelas diferenças, na valoração recíproca destas e no investimento mútuo.

Essa comunhão de "dois em um" e "um em dois" se abre para uma "terceira identidade", que, como vimos, chamamos de "dualidade". Nela, os dois formam uma terceira pessoa, quase realizando, no tempo e na Terra, o mistério de um Deus uno e trino, a Trindade.

Na convivência conjugal, há uma solidão construtiva que ocorre quando um dos dois se recolhe à singularidade originária do próprio existir para resgatar e confirmar ideias e valores, a fim de oferecê-los à comunhão com o outro. Esse recolhimento também permite refletir sobre as ideias e os valores do parceiro, reconhecendo-o como um tu único, exclusivo e privilegiado.

Nessa solidão, o eu protege, defende o seu mistério, tornando a convivência uma experiência contínua de descoberta — um espaço para o novo, o inesperado e o surpreendentemente maravilhoso. É isso que faz que cem dias vividos tenham o gosto e a tensão do primeiro dia de namoro, da primeira noite nupcial e dos prazeres da lua de mel.

Se e que, quando essa dimensão misteriosa se apaga, tudo se transforma em um tedioso "já sei", "já vi", "já vivi"". E a convivência se fragmenta: "um-de-um-lado", "outro-do-outro-lado", apenas aguardando um fim que já chegou. Os dias se arrastam, e os dois se tornam autores e atores de uma esperança que se desfaz em desespero, de uma solidão que transforma a cama nupcial em um vasto deserto.

A relação conjugal, no matrimônio e no patrimônio, tem exigências éticas e não pode ser motivada por intentos venais que nada têm que ver com o amor.

Há casamentos que são apenas acasalamentos, limitados a uma dimensão puramente animal e mobilizados por um erotismo sem controle da razão e da moral; os corpos se conjugam, mas as almas permanecem ausentes, carregando, na consciência ou no inconsciente, um profundo sentimento de solidão. Quando a vitalidade sexual decai, seja por doenças ou pela idade, o vínculo inconsistente se rompe, dissolvendo-se no vazio e abrindo espaço para traições, crimes e uma profunda depressão existencial e psicológica. Muitas vezes, isso leva ao suicídio, ao homicídio e ao feminicídio. Esquece-se de que "quem ama não mata".

Há também casamentos que se constroem nos moldes de um contrato social, funcionando como sociedades mercantis ou políticas, que juntam capitais e forças, de olhos abertos para os lucros e o poder. Nessa lógica, os dois se alienam das "coisas", concretizando no "capitalismo" o "materialismo" mais degradante — aquele que inspirou Karl Marx a formular sua filosofia da alienação.

É necessário juntar esforços para construir "bens" materiais — o amor precisa de amparo, casa, alimentos, curas e cuidados. No entanto, os bens materiais não devem ser os fins últimos nem os mais importantes em uma relação conjugal que almeja ser vivenciada em comunhão total, em um diálogo amoroso de corpo, mente e espírito — a trilogia, símbolo do amor divino.

Em uma relação conjugal predominantemente mercantilista, a experiência da solidão é mal compensada, camuflada e dissimulada pelo apego às coisas materiais, ao sucesso profissional, empresarial ou político. Porém, quando a falência chega, com a perda dos bens e com o fracasso, a solidão invade as almas. O estar junto torna-se insignificante, levando os dois a uma separação litigiosa na divisão dos míseros restos dc uma falência.

Há casamentos que o próprio Freud definiria como "narcísicos": acontecem quando um dos dois usa o outro como "espelho" das suas "beldades" físicas e sociais. O narcisista exalta a si próprio, considerando-se excelente, único, incomparável e extraordinário e, por meio de inúmeras e sofisticadas estratégias, obriga o outro a reconhecer a sua imaginária e incomparável superioridade. Para tanto, manipula tudo ao seu redor, inferiorizando o outro.

O indivíduo narcisista eleva a sua autoestima desvalorizando o outro, que se vê constrangido à total dependência financeira, psicológica e social. No casamento ou na relação narcísica, os dois rompem a dimensão da experiência dual. Cada um, isolado em seu canto, precipita-se em uma patológica solidão. O narcisista vive em uma solidão inconsolável diante de próprio "espelho", sem reconhecer a sua verdadeira identidade.

Tomara que esse espelho se quebre, desfazendo os ridículos e histriônicos jogos narcísicos, forçando o outro a descer do altar inconsistente que seu egoísmo construiu apenas para si.

Quando toma consciência do adoecer do seu espírito, o indivíduo narcisista se resgata com base na dimensão valorativa do outro. Ou seja, ele desce do seu altar ou eleva seu parceiro à sua altura, formando uma relação paritária, solidária, sem que um seja superior ao outro e sem que um se espelhe, com vaidade, no desprezo do outro.

Quando não se liberta dessas correntes, a vítima de um parceiro narcisista frequentemente opta pelo suicídio, seja ele real ou simbólico.

O narcisista é tão egoísta e egocêntrico em todos os seus relacionamentos que acaba se identificando, com plena consciência, como psicopata na sua dimensão idiopática. Quando essa figura narcisista ocupa espaços familiares, como a gestão das funções maternal e paternal, ou na chefia de uma instituição ou empresa, os danos psicológicos e sociais provocados por ele podem ser irreversíveis.

Há casamentos que se constroem em uma rede de relacionamentos sadomasoquistas. Existem personalidades sádicas que procuram e sempre encontram uma contraparte masoquista.

Certos tipos de personalidade — por herança genética, coerção ou condicionamento por sentimento de culpa — vivenciam, sem consciência, uma constante necessidade de autopunição, expiação e castigo, sem, contudo, nada terem feito para merecer tal sofrimento. Buscam então, no seu masoquismo, a figura sádica do aplicador da pena.

Há ainda personalidades que combinam traços de inocência com outros de ingenuidade. São presas fáceis dos sádicos e as que mais padecem nesse diabólico calvário, como vítimas indefesas, física e psicologicamente acorrentadas. A solidão dessas vítimas é imensa, do tamanho do infinito e da eternidade; a morte seria uma libertação.

Então, como construir uma relação conjugal e social em que a solidão alimente e enriqueça a vida a dois?

Propomos as seguintes atitudes como traços de personalidade que devem ser reciprocamente construídos e oferecidos um ao outro no cotidiano da convivência.

- Aceitar a própria singularidade e a do outro, dando-lhe uma fundamentação ontológica, psicológica e religiosa. O meu eu e o eu do outro, como *alter ego*, como tu, diferem substancialmente. São essas diferenças que possibilitam o diálogo, a comunhão e a união mística. *Aceitar as diferenças do outro* é uma virtude não apenas psicológica que elimina o vício do autoritarismo, mas também ética: somos manifestações sagradas da infinita riqueza do espírito absoluto de Deus.

- Respeitar as diferenças do outro, permitindo-lhe o devido espaço e momentos para que elas se revelem, se afirmem e se confirmem como potencialidades, puras possibilidades, e como "obras" construídas. Obras são projetos de vida, construções técnicas, científicas, estéticas e religiosas. Há momentos em que um dos cônjuges, em sua intimidade, precisa e exige estar sozinho, recolhendo-se exclusivamente para refletir, meditar, orar e buscar uma verdade que o ilumine, dando-lhe significado sobre os acontecimentos que o envolvem nas relações com mundo.
- A prece é uma experiência sublime que dá força, coragem, fé e esperança, fazendo a vida ser plena e uma fonte de alegria profunda, até mesmo diante da doença. A prece se torna necessária quando o mal nos ameaça e assombra, pois ela nos eleva a outra dimensão, onde a luz do eterno divino tudo esclarece.
- Valorizar as diferenças, percebendo nelas coisas boas, interessantes e alternativas possíveis para solucionar problemas e enriquecer projetos de vida — sobretudo quando essas diferenças revelam "valores" e "dotes" do outro. Na relação conjugal, é importante cultivar uma percepção otimista.
- Esperança no outro é deixá-lo livre e cooperar para que se torne aquilo que pode e deve vir a ser, dando-lhe o tempo e o espaço necessários. Quando, na relação conjugal, um pressiona o outro a ser igual a si mesmo, não haverá diálogo, mas monólogo; não haverá concórdia, mas uniformidade tediosa e deprimente. Ao valorizar a diversidade, o diálogo no estar-junto cria novidades surpreendentes.
- Interessar-se solidariamente pelas diferenças, investindo nelas tempo e recursos psicológicos e materiais. O sucesso de um é o sucesso do outro, que o vive como o próprio sucesso — sem inveja, sem cobiça, com satisfação e orgulho. Um motiva o outro a realizar desejos, a superar obstáculos e a ousar até os limites das possibilidades, aceitando com paciência os inevitáveis insucessos e a demora na realização, sem perder confiança, esperança, autoestima e coragem para continuar. Erros fazem parte do aprendizado e contribuem para criar competências, nunca devendo ser usados como pretextos para desmotivar ou humilhar o parceiro, forçando-o à desistência.
- Todas essas atitudes são expressões de amor. Qualquer tentativa de explicar esse sentimento, essa disposição de corpo, mente e espírito de um em relação ao outro, nem sempre consegue captar sua essência, pois o amor é um mistério. Amor é abertura, presença dada ao outro e aceitação da presença do outro. Amor é sentir o outro, penetrar no próprio destino e entrar no destino do outro. Amor é fazer

história com o outro, com a humanidade, comprovando que Deus é o autor dessa história, uma história divina de amor.

- Amor é fazer o bem a todos. Fazer o bem sempre. Porque Deus é amor!

Angústia e esperança em diálogo na prece no processo psicoterapêutico

Angústia. Sua *epoché* significante: a atitude do homem diante de sua situação no mundo, na existência, como possibilidades oferecidas aos seus desejos para se realizarem em futuro próximo ou remoto, mas sem contar com nenhuma garantia. Afinal, "no possível, tudo porém é impossível", ocultando-se potenciais de insucesso, de fracasso e morte (Kierkegaard, 2013). Quando não sustentada por uma espiritualidade viva e significativa, a angústia pode se intensificar a ponto de comprometer o sentido da existência. Nesse contexto, a fé surge como dimensão ontológica que abre o ser humano à esperança e à superação. Einstein (2009) compreende a espiritualidade como um vértice essencial do existir, enquanto Heidegger (2015) ressalta que a angústia nos confronta com a finitude da vida, revelando a morte como possibilidade radicalmente própria do ser.

Desprovido de espiritualidade, o homem, no itinerário da sua vida, já vive o seu morrer em uma angústia permanente, sem fim. A espiritualidade apela para a fé em uma dimensão superior da existência: da imanência para uma transcendência vivenciada já no tempo finito, fonte de um poderoso *élan vital* que impulsiona os desejos para que se transformem em obras em todas as suas exigentes dimensões e manifestações, intelectuais e materiais.

A fé, na esperança, se alimenta na prece, momento intenso de encontro íntimo com o *Divinum Absolutus Essente* que nós, humanos, chamamos de Deus, fonte infinita e imensa de benevolência (Abbagnano, 2012; Minkowski, 1961).

Vejamos outros significados eidéticos da palavra "angústia":

- Estreiteza, redução do espaço de vida e do tempo; estado de ansiedade-inquietude, sofrimento, tormento.
- Estado de exaltação emocional determinado por antecipações mais ou menos concretas e realistas ou por representações gerais de perigos, riscos físicos ou psicológicos no cotidiano.
- Medo, sem objetivo determinado como possível causa.
- Energia vital física, orgânica orgástica, ou uma energia mental-ideativa, ideológica impossível de ser aplicada a algo concreto.

- Sentimento de ameaça impreciso e indeterminado, inerente à condição humana pelo fato que a existência de um ser que projeta incessantemente o futuro se defronta, de maneira inexorável, com possibilidades de fracasso, sofrimento e, no limite, da própria morte (Heidegger, 2015; Kierkegaard, 2013).
- A consciência permanece ativa mesmo no inconsciente, ciente da inevitabilidade da morte e do nada como última possibilidade, em meio à certeza de uma lógica limitada e a um obscuro vazio existencial, inerente ao ser humano.
- O existir dado à vida de cada dia, sufocado pelo incerto imperante, que bloqueia a potencialidade (Sartre, 2015).

Esperança: virtude dos fortes, robustez e solidez na condução do tempo dado, na vida e na nossa existência, elaborando saberes, construindo obras e protegendo vidas no planeta Terra em todas as suas manifestações. A esperança, como virtude, não decai nos devaneios dos seus absurdos inconsistentes; ao contrário, é repleta de criatividade e originalidade idealizando novas formas de vida. Vale a pena ter esperança na defesa da vida, pois a esperança é um valor verdadeiro. Esperança implica dar amor à vida (Petrelli, 1973).

A esperança é o amor à vida em todas as suas manifestações: desejá-la, respeitá-la, defendendo-a quando assediada, agredida ou mortificada em sua inocência e impotência por um ser diabólico, malevolente e satânico. A esperança reclama liberdade para fazer o bem para que todos amem a vida que nos foi dada por Deus, de onde viemos como *faísca* vivente do seu amor: "Vale a pena viver"; "A vida é minha Mãe, minha companheira; devo-lhe fidelidade".

Vejamos outros significados da palavra "esperança".

- É o impulso fundamental do ser humano e da realidade vivente na natureza, que leva a transcender o presente em direção ao futuro. Esse impulso constitui a própria estrutura do ser humano.
- É o impulso primordial da vida em direção às possibilidades que ainda podem ser realizadas.
- Não é algo exclusivamente humano. Diz respeito à própria estrutura ontológica do ser, que apela para a transcendência da própria existência.
- É expectativa — uma espera ativa e vibrante, voltada para realizar desejos que se tornam "valores", princípios vitais que conferem consistência à identidade da pessoa, tornando-a única em sua autenticidade.
- É virtude, força, o poder de realizar algo em benefício próprio e do mundo ao redor, humano, natural, para o bem de todos e da própria natureza, fonte da vida.

Virtude é benevolência na dimensão ético-moral; é poder, força, robustez na defesa e na construção do bem, nas exigências da ética e da moral. A virtude é expressa na militância, no protagonismo e na liderança, nos caminhos e nas lutas para a *construção e reconstrução* do bem comum.

Esperança é fé na vida

Fé é a certeza de que o que ainda não foi comprovado, validado ou documentado nas ciências da "lógica" e dos "números" já é uma realidade potencial — uma realidade por vir. Por isso, a esperança é uma profecia, que, entretanto, já apela para a sua realização, transformando o devaneio profético em sistemas lógicos, científicos e matemáticos inovadores. O saber, em seu poder profético, não se limita ao que já foi definido, mas se lança para o alto, defendendo a vida projetada no futuro que está por vir.

A fé na vida apela para a fidelidade às suas próximas manifestações como uma já realidade, sacudindo um presente amarrado à sua inércia estanque e repetitiva, amorfa de significados (Petrelli, 1973, p. 112).

Esperança é coragem

É a dedicação a uma realidade apenas possível, uma realidade que subverte um *statu quo* inerte, que se tornou carente de originalidade criadora e de inovações.

A *coragem* apela para um coração que "age" em benefício dos outros, dos humanos esquecidos e abandonados pelo egoísmo egocêntrico de uma minoria que se apropriou do bem comum. Trata-se de assumir e conduzir ações contestatórias de um poder autoritário que ocupa o vértice da pirâmide social, desprezando as bases que o sustentam. A coragem apela, em última instância, para uma revolução que recoloque o povo na gestão das políticas públicas, elegendo representantes honestos e destituindo aqueles imputados de desonestidade.

Esperança é espera

A *espera* também é uma virtude, uma energia vital que administra a própria esperança, garantindo que, nos momentos certos, os desejos se realizem de acordo com seus valores éticos de inovação e renovação. Ela transforma e dá consistência aos ideais e às suas ideologias culturais e políticas, beneficiando a todos nas suas diversidades múltiplas — de gênero, etnia, idade etc. Isso implica proteger a inocência infantil e valorizar a sabedoria da idade.

Esperança é ressurreição

"Ressuscitar" significa uma contínua conversão, transformação e reabilitação do corpo, da mente e do espírito, especialmente quando estes são agredidos por doenças, catástrofes e malevolências diabólicas. A esperança, como virtude da vida, apela para um renascimento nos momentos em que a morte parece ser sentenciada por um destino cruel. Contudo, ela se "desfaz" pela *energia vital* da esperança, revigorada pela prece, que da imanência se eleva para a transcendência, levando-nos aos confins da eternidade vivida na espiritualidade. Esse processo transforma o morrer em um perene viver, no encontro com Deus.

Por meio da prece, a esperança faz da angústia momentos de potencial renovação e criatividade, iluminando o obscuro e o impenetrável mistério da nossa existência — dada ao nosso viver no tempo finito, mas aberta, na transcendência, a um tempo infinito: a eternidade.

Momentos e situações de angústia nos campos da humana existência

- O eu, em sua identidade e liberdade, construindo a sua história de vida na autenticidade dos seus desejos e valores, desfazendo condicionamentos hereditários, culturais e políticos.
- O eu nas lutas da vida, com perdas e vitórias, fazendo do sangue derramado o símbolo de sua coragem, fortalecendo a militância no protagonismo e na liderança para o "bem" dos companheiros.
- O eu como eu-ego nas relações com os *alter egos* na convivência organizacional, motivado pela empatia e pelo respeito colaborativo, ou quando os outros caem na indiferença e no desprezo, considerados concorrentes ou inimigos a excluir ou a eliminar nas margens sociais, culturais e políticas, como restos.
- O eu-ego quando se confronta com pessoas e sistemas de autoridade, na obediência civil ou na desobediência ética, quando na defesa da liberdade e na autenticidade dos valores morais, buscando alternativas nos sistemas políticos e jurídicos para a defesa de uma verdade em contínua evolução, manifestação e transformação no itinerário da história humana. A verdade é itinerante: *veritas filia temporis*[11].
- O eu-ego na busca e afirmação da sua originalidade e criatividade, propondo inovações, transformações, liberando-se das correntes do pensamento e das lógicas co-

11 A verdade é filha do tempo. [N. E.]

muns, em especial nas teses impostas com autoridade que muitas vezes prevalecem nas instituições acadêmicas, científicas e culturais, em troca de diplomas e títulos.

- O eu-ego na relação de intimidade plena, de corpo, mente e espírito na conjunção hétero e homossexual, sintônica com o *alter ego*, como um tu único e exclusivo. Quando, porém, nega-se o amor por interesses venais políticos ou por uma institucionalidade perversa sadomasoquista, a relação se desfaz, gerando profunda solidão, pré-anúncio do morrer em vida. Cônjuges sem amor verdadeiro são esqueletos ambulantes e sua cama nupcial se torna um túmulo.
- O eu-ego nos desejos e nas lutas para a construção do seu lar familiar, com suas fundações sociais, culturais e morais, unindo na convivência amorosa, valorativa e colaborativa as experiências do viver nas diferentes fases da vida — infância, adolescência, idade adulta, velhice — e suas significativas mensagens de sabedoria em contínua evolução, agregando passado, presente e futuro.
- O eu-ego como *Homo politicus*, superando o seu egocentrismo, aplica e investe o seu saber-fazer em benefício da pólis, da cidadania, elegendo os representantes que considera adequados.
- O eu-ego precisa adotar a generatividade da vida: o "masculino", assumindo um "feminino" psicológico, deve se dedicar à defesa da maternidade e suas exigências culturais e sociais, especialmente na relação com filhos e filhas no lar doméstico. Por outro lado, o "feminino" deve se apoderar de uma "virilidade robusta", defendendo sua maternidade nas relações sociais, políticas e nos campos jurídicos e administrativos da ordem social no vértice do seu poder.
- O eu-ego, em simpatia e sintonia com o superego da natureza, grande mãe de todos os seres, humanos e não humanos, que coexistem no planeta Terra, testemunha, no entanto, a contínua destruição dos recursos vitais: águas cristalinas, ar puro como fonte de vida, mares e oceanos, agora contaminados. Essa degradação reflete a nossa voracidade autodestrutiva e a interrupção do contato saudável com o ambiente. A natureza, como figura que emerge diante do nosso fundo existencial, clama por uma nova postura do eu, por uma autorregulação criativa que preserve a vida que nos foi oferecida como expressão do amor (Petrelli, 2023).

Angústia e esperança em diálogo orante na prece

Momento de máxima Interioridade / De Expansão sem Limites / Aos Confins Extremos / Do Tempo e do Mundo / Momento de Encontros / De "Tudo que está Embaixo" / Com "Tudo que está em Cima" / Da Imanência com a Transcendência / Momento Intenso / Quando no aqui-agora / De um Presente vivo Operante / Concentra-se todo o Passado / E se antecipa todo o Futuro / Realizando em um Instante / A Sublime Experiência da Eternidade. / Na Prece o Eu se Afirma / Como Pessoa Singular / Confirma-se em uma Presença / Que Supera a sua Individualidade / Sentindo-se Parte Responsável / Do Destino da Humanidade. / Na Prece o Eu Resolve as Dúvidas / Compõe em Sintonia os Opostos / Vence o Medo / Penetra nos Mistérios / Lança-se em Alto / Sempre Mais em Alto / Aos Encontros com os "Espíritos" / Com as "Essências" / Ao Encontro com Deus / Presença Infinita / Presença Amorosa / Em um Diálogo Inefável / Não Traduzível em Palavras / Que Ilumina / Da Energia-Força-Coragem / Para o Enfrentamento / Da Ação Ética / Momento Final Forte / Fortíssimo do Eu / Quando o Simbólico / Vence o Diabólico / Quando o Bem / Vence o Mal / Realizando Fé e Esperança / Na Liberdade do Amor / Dado à Humanidade. (Petrelli, 2023, p. 80)

A cura pela presença do amor

"Onde há caridade e amor, Deus está presente." Não há prova mais convincente da existência de Deus do que um ato de amor, de uma relação de amor entre um eu e um tu que, juntos, enfrentam a existência no cotidiano. Esse amor, quando verdadeiro, é divino.

O amor é abertura total ao outro, é entregar-se graciosamente para além de interesses, vantagens, obrigações e méritos: o amor é graça. Do amor nasce a vida; o amor é a cura e ressuscita a vida.

Os desejos brotam como flores e amadurecem como frutos no coração de quem ama e são dados à pessoa amada como razão de viver e como esperança.

O amor é o luar das noites, a luz do amanhecer que rompe a escuridão e aquece a vida para mais um dia e para todos os dias dos tempos que virão. O que seria da Terra se o Sol se apagasse? Trevas, frio e morte!

Agostinho, o santo filho do amor da mãe Mônica, disse: "*Crede ut intelligas*", ou seja, "acredita se queres entender". A fé abre o caminho da inteligência. Em outro momento de grande inspiração, Agostinho disse: "Ama e faz o que quiseres", porque tudo que se faz por amor é ético.

O amor é o último paradigma da ética; quem ama é ético, tem moral.

O amor é o mais alto dos valores humanos. Está acima das leis, as justifica, as sustenta, mas também as questiona e as destitui de autoridade, na desobediência ético-civil, quando elas se pervertem traindo e negando a dignidade e os direitos das pessoas.

O amor é soberano, absolutamente livre e criador. Por meio da prece, o amor transcende à morada dos justos, dos profetas, dos santos, dos grandes amantes de Deus, do Verbo de Deus, que se fez carne por amor, pregando o amor como o maior dos mandamentos e síntese de todos os outros.

O amor não faz apenas os corpos estremecerem de paixão, mas funde as almas dos amantes em um só espírito, em sintonia, sincronia e em uma só voz, como hino à vida.

O amor é fusão dialogante dos corpos por uma genitalidade procriadora da vida, do prazer da vida e da vida dada aos filhos.

O amor é, porém, pura contemplação estética do belo, dos corpos viventes nas diferenças de raça, gênero e idade. O belo do bebê, da criança, do adolescente, do jovem e do adulto é, em essência, o mesmo belo do corpo vivente de um ancião: são formas estéticas diferentes da beleza originária da humanidade.

O amor se dá na pura contemplação das almas; é o diálogo dos espíritos dentro e fora dos corpos, no tempo e na espera da eternidade e na ressurreição da carne.

O amor se vive no presente, se vive pela memória, no passado, e se projeta no futuro. Ele é eterno e sobrevive ao tempo, à separação e à própria morte.

Talvez essas palavras possam ser consideradas fruto da imaginação, da poesia, filhas do sonho e da utopia. Mas existe algo mais consistente e real do que a simples imaginação e a poesia? Uma coisa é certa: a poesia do amor se transforma na realidade do amor; transforma a pobreza em riqueza, a fragilidade em força, a tristeza em alegria, a loucura em razão, o morrer no viver e a morte na esperança de uma vida eterna.

Essas palavras formam um cântico ao amor, pois brotam espontâneas do coração de um homem amante, na busca perene do amor, incansável peregrino no templo do verdadeiro amor, aprendendo com os erros e os acertos, nos encontros e desencontros, no desvelamento do eu e no descobrimento do tu, no arrependimento e no perdão.

O amor, porém, tem a sua "prosa" dada por traços de personalidade a serem construídos na autorreflexão cotidiana, na disciplina, no autocontrole, na dialética dialogante, nos processos de psicoterapia e, sobretudo, na convivência amorosa com a pessoa amada: "amante", palavra tão bela, mas hoje com significados tão equivocados.

Esses traços são frutos da reflexão a respeito de uma "analítica existencial" psicológica do amor, categoria ética da existência que qualifica a presença.

O amor é atenção vígil, escuta de vozes próximas e distantes, escuta dos silêncios do inefável. O amor é apelo, espera e busca. É a resposta para quem nos procura, é um receber de quem passa, para e bate em nossa porta, em nossa "torre de marfim", onde estão recolhidos os nossos tesouros. É amparar, proteger, dividir, mas é também festejar, cantar e dançar, bebendo junto no cálice em que se jorra o vinho da verdade, do Eros e da felicidade.

O amor é tolerância. É uma virtude ontológica, tal como a virtude dos fortes e a aceitação das diferenças do ser existente e de suas múltiplas e possíveis formas de poder vir a ser.

Amar é respeitar o espaço da pessoa amada. O corpo do outro é um templo, é sagrado. A alma do outro é mistério inviolável e celeiro de sementes para sempre novas colheitas.

Amar é deixar o ser amado descobrir os próprios valores, retidos no inconsciente ou acorrentados pelo medo do insucesso, pelas dúvidas quanto à competência.

Amar é valorizar o outro despertando nele a consciência das suas potencialidades e dos seus recursos, abrindo seus olhos para as oportunidades que passam e não voltam mais, dando atenção às situações favoráveis que se somam às forças individuais.

Amar é uma presença que entra no destino do outro e faz história com ele. É intuição, compreensão, paixão e compaixão. Investe no ser amado tudo de bom, de bem e de belo que se tem no coração, com toda a fé e a esperança possíveis no seu futuro.

Em interpretação livre do pensamento de Goethe (2005), dar esperança é oferecer vida, é favorecer que crianças, adolescentes e jovens consigam transformar sua realidade presente à luz de um ideal futuro possível. Trata-se de um gesto profundamente humano que renova o sentido do outro.

Quando construído na esperança, o futuro é capaz de resgatar até um passado perdido na obscuridade do mal, podendo levar à verdadeira conversão. Nesse momento, o amor dado como presente é cura da existência, seja por quem ama, porque o eleva ao mais alto nível ético, seja pela pessoa amada, convidada a partilhar dessa riqueza espiritual do seu amado-amante.

O amor é remédio da existência posta em risco pela "tirania da malícia por ciúme, inveja e cobiça" (Berke), pelo "terrificante operante" (Sullivan), pelo "demoníaco diabólico" (May), pelo *Thanatos*, "força perversa e destrutiva que coage o homem a ir contra si mesmo, no suicídio" (Menninger) e "contra o outro na violência dos homicídios e dos genocídios" (Fromm).

O amor, para esses grandes pensadores, "é cura da existência" (Jaspers); "é convivência construtiva" (Binswanger); "é intimidade autêntica na relação dialogante entre eu-tu" (Buber); "dá coragem para existir" (Tillich); "dá significado à dor" (Buytendijk); "dá significado ao morrer" (Maritain); "dá significado ao viver" (Scheler); "o amor é a mais plena e verdadeira ação ética" (Minkowski).

> Que presente maravilhoso amar e ser amado! / Vale a pena viver, valeu a pena ter vivido, / Porque o Amor é Divino, / O Amor é Eterno. (Petrelli, 2023, p. 115)

Referências

ABBAGNANO, N. *Dicionário de filosofia*. Coord. de trad.: Alfredo Bosi. São Paulo: Martins Fontes, 2012.

BATESON, G. *Mente e natureza*. São Paulo: Francisco Alves, 1986.

BERKE, J. H. *A tirania da malícia: explorando o lado sombrio do caráter e da cultura*. Trad.: Myriam Campello. Rio de Janeiro: Imago, 1992.

BINSWANGER, L. *Essere nel mondo*. [*S. l.*]: Astrolabio, 1973.

______. *Três formas da existência malograda*. Trad.: Álvaro Cabral. Rio de Janeiro: Zahar, 1977.

BUBER, M. *Eu e tu*. Trad.: Newton Aquiles von Zuben. São Paulo: Centauro, 2001.

BUYTENDIJK, F. J. J. *Phénoménologie de la rencontre*. [*S. l.*]: Desclée De Brouwer, 1952.

EINSTEIN, A. *Como vejo o mundo*. São Paulo: Martin Claret, 2009.

FROMM, E. *O coração do homem: sua genialidade para o bem e para o mal*. Trad.: Álvaro Cabral. Rio de Janeiro: Zahar, 1973.

GEERTZ, C. *Interpretazione di culture*. Bolonha: Il Mulino, 1988.

GOETHE, J. W. V. *Máximas e reflexões*. Trad.: Mario Fonseca. São Paulo: Escala, 2005.

HEIDEGGER, M. *Ser e tempo*. Trad.: Márcia de Sá Cavalcante. Petrópolis: Vozes, 2015.

HEGEL, G. W. F. *Fenomenologia do espírito*. Trad.: Paulo Meneses, Karl-Heinz Efken. Petrópolis: Vozes, 2014.

JASPERS, K. *Psicopatologia geral*. 2 vol. Trad.: Samuel Penna Reis. São Paulo: Ateneu, 1973.

______. *A fé filosófica*. Trad.: Álvaro Cabral. São Paulo: Vozes, 1976.

KIERKEGAARD, S. *Conceito de angústia*. Trad.: Álvaro Luiz M. Valls. Petrópolis: Vozes, 2013.

MARITAIN, J. *Introdução geral à filosofia*. Rio de Janeiro: Agir, 1994.

MAY, R. *O homem à procura de si mesmo*. Trad.: Álvaro Cabral. Rio de Janeiro: Zahar, 1974.

MENNINGER, K. *Eros e Tânatos: o homem contra si próprio*. São Paulo: Ibrasa, 1974.

MINKOWSKI, E. *O tempo vivido*. Trad.: Nathanael T. de Oliveira. São Paulo: Abril Cultural, 1961. (Coleção Os Pensadores).

PETRELLI, R. *Contestazione e speranza: una nuova teoria dell'educazione*. Milão: Gribaud, 1973.

______. *Fenomenologia: teoria, método e prática*. Goiânia: Ed. da Universidade Católica de Goiás, 2001.

______. "A prece como dimensão relevante no processo psicoterapêutico". *Revista da Abordagem Gestáltica: Phenomenological Studies*, v. 12, n. 2, p. 143-151, 2006.

______. *Rorschach em perspectiva fenomênico-existencial: seguro cajado nas caminhadas em psicologia diagnóstica*. Curitiba: Appris, 2023.

______. *Sonhos: dimensões proféticas do existir humano*. Curitiba: Appris, 2023.

RIESMAN, D. *A multidão solitária*. São Paulo: Perspectiva, 1995.

SARTRE, J.-P. *O ser e o nada: ensaio de ontologia fenomenológica*. Trad.: Paulo Perdigão. Petrópolis: Vozes, 2015.

SCHELER, M. *O formalismo na ética e a ética material dos valores*. Trad.: Maria da Glória Novak. Petrópolis: Vozes, 2003.

SULLIVAN, H. *A concepção psiquiátrica da personalidade*. Trad.: José Paulo Netto. São Paulo: Cultrix, 1973

TILLICH, P. *Dinâmica da fé*. Trad.: Walter O. Schlupp. São Leopoldo: Sinodal, 2002.

3 A CLÍNICA DA GESTALT-TERAPIA EM EM DIÁLOGO COM MERLEAU-PONTY: APONTAMENTOS SOBRE O MÉTODO

MÔNICA ALVIM

A fenomenologia desponta na passagem dos séculos 19 e 20 como uma possibilidade epistemológica para as ciências humanas, oferecendo um caminho alternativo ao positivismo. Edmund Husserl, seu fundador, propõe repensar os fundamentos das ciêns cias e faz emergir a fenomenologia como uma tradição filosófica que enfrenta o problema dos dualismos apresentando, com a noção de intencionalidade, uma concepção da produção de sentidos ou verdade que decorre do vínculo consciência-mundo. A noção de intencionalidade implica "em direção a"; é uma qualidade da consciência envolvida com a percepção e com o aparecimento do mundo, com a formação de figura e o nascimento do sentido no campo da experiência. Essa proposta visa a superar a concepção intelectualista inaugurada pela tradição cartesiana.

O método é descritivo. Descreve como os fenômenos aparecem na consciência, como o sentido nasce desse campo da experiência. Esse modelo descritivo e abrangente se contrapõe ao explicativo-causal.

A atitude fenomenológica opõe-se ao que Husserl denominou atitude natural, tere mo que se refere ao modo cotidiano da consciência perceptiva que naturaliza o mundo a partir de pressuposições cotidianas, saberes do senso comum e teses científicas. Sua proposta metodológica visa, em essência, suspender essas formas habituais de perceber para alcançar a coisa mesma, ou *eidos*, ou seja, o sentido em seu nascer, os aparecimentos, sendo importante ressaltar que isso não representa uma perspectiva subjetivista.

Sendo uma crítica ao racionalismo e ao modo científico de pensar, que gera dicotomias, a fenomenologia propõe uma perspectiva que reintegra o que foi separado e dicotomizado. Ela questiona o modelo científico "que rejeita do âmbito do real e do próprio conhecimento tudo aquilo que não possa estar subordinado à sua estrita noção de verdade, de sujeito cognoscente e de objeto cognoscível" (Critelli, 2006, p. 8).

Partindo da fenomenologia husserliana, Maurice Merleau-Ponty traça um caminho próprio, propondo uma fenomenologia mundana que recoloque as essências na existência, resgate a experiência, o corpo e o outro, apoie-se no intersubjetivo e no intercorporal e ultrapasse a divisão entre um sujeito transcendental e um sujeito empírico.

Em minhas pesquisas no campo da clínica gestáltica — abordagem de bases fenomenológico-existenciais —, procuro encontrar em Merleau-Ponty um caminho, um modo como ele articula no seu filosofar essa integração de partes que foram separadas de forma dicotômica na busca da compreensão do sentido e da verdade. Esse é um problema central no campo da clínica, que lida com a produção de sentidos, a significação e ressignificação da existência.

Neste capítulo, apresento alguns pontos que considero fundamentais para pensar um método de investigação do sentido a partir do pensamento de Merleau-Ponty, ampliando seu diálogo com a clínica da Gestalt-terapia.

O filósofo francês integrou um movimento voltado para a construção de uma filosofia concreta e teve como marca singular de seu pensamento a ênfase ao corpo e à experiência sensível como condição existencial. Dialogou intensamente com as ciências, em especial com a psicologia, tendo sido titular da cadeira de Psicologia da Criança na Sorbonne nos anos de 1949 a 1952. Buscava uma abordagem psicológica que superasse a ontologia cientificista, que subordina o ser aos cânones da ciência. Nesse sentido, sua crítica à psicologia apontava para o fato de esta tratar o psiquismo como objeto e manter o psicólogo distanciado do fenômeno.

Merleau-Ponty encontra na psicologia da Gestalt um método descritivo que responde ao pensamento dicotômico. Tomando como referências para sua reflexão as filosofias intelectualista e empirista, as quais, respectivamente, reduzem o real ao intelecto ou ao imediatismo da experiência sensível, ele encontra na noção gestáltica de configuração ou estrutura um princípio metodológico que mostra uma configuração espontânea da experiência, na qual não há distinção entre atividade e passividade — aspecto central em sua obra.

O caminho (método) de sua filosofia, que se contrapõe ao dualismo dicotômico, é, de modo coerente com a fenomenologia, procurar na experiência do ser-no-mundo o momento originário, o nascimento do sentido.

De *A estrutura do comportamento* a *O visível e o invisível* — respectivamente, sua primeira e sua última obra —, ele propõe recolocar as essências na existência, conclamando a fenomenologia a adotar uma posição encarnada no mundo. Assim, desvia-se tanto da perspectiva intelectualista de um eu transcendental quanto da tradição empirista, buscando caminhos metodológicos que colapsassem as dualidades dicotômicas.

Enfatizando a percepção, a corporeidade, a relação com o outro e a expressão como temas centrais, o filósofo responde criticamente ao pensamento metafísico e ao problema da universalidade, do racionalismo, do dualismo e do solipsismo, opondo à ideia metafísica de universal uma "universalidade oblíqua" (Merleau-Ponty, 1991, p. 129). Ele busca na etnologia, cujo objeto é *o outro*, elementos para desenvolver o que chama de alargamento da razão. Essa noção ocupa um lugar importante no seu pensamento, que faz uma crítica ao racionalismo.

Alargar a razão significa sair do solipsismo e do universalismo centrado no *cogito* e incluir a diferença do outro, encontrar o outro e superar a interioridade solipsista. Também significa afastar-se da ontologia cientificista e do seu pequeno racionalismo. O universal oblíquo ou lateral implica a construção de um "sistema de referência geral" que possa incluir pontos de vistas de diferentes culturas:

> [...] trata-se de constituir uma experiência mais ampla que se torne em princípio acessível a homens de um outro país e de um outro tempo. A etnologia não é uma especialidade definida por um objeto particular, as sociedades "primitivas"; é uma maneira de pensar, aquela que se impõe quando o objeto é "outro" e exige que nós mesmos nos transformemos. Assim nos tornamos etnólogos de nossa própria sociedade quando tomamos distância dela. [...] Basta que tenha algumas vezes e por tempo suficiente aprendido a deixar-se ensinar por uma outra cultura, pois a partir daí dispõe de um novo órgão de conhecimento, retomou posse da região selvagem de si mesmo que não é investida em sua própria cultura e através da qual se comunica com as outras. (*op. cit.*, p. 129-130)

Assim, ele conclama a filosofia — e o filósofo — a deslocar seu centro para a estrutura ou campo, acessando uma região selvagem, ainda não domesticada — ou, se preferirmos, impensada, em que é possível encontrar o outro na diferença. Essa ideia se alinha com perspectivas decoloniais e, como entendo, também representa um convite ao Gestalt-terapeuta em seu ofício, como discutiremos adiante.

Merleau-Ponty, sentido e verdade: pistas para um método

As principais pistas que encontro em Merleau-Ponty para fundamentar um método de investigação estão resumidas a seguir em sete pontos interligados.

1. Configuração ou estrutura

Considero essa noção um princípio metodológico fundamental, que supera o "ou" dicotômico e excludente de dada relação, assim como o "e", que afirmaria uma totalidade indiferenciada para esses termos. A noção de estrutura instaura uma ideia de todo em movimento, que não prescinde de tensão.

Ela desloca a razão e o sujeito do centro e, como afirma o filósofo, "faz compreender especialmente de que modo nos encontramos com o mundo histórico numa espécie de circuito, em que o homem é excêntrico a si mesmo e o social só encontra nele seu centro" (Merleau-Ponty, 1991, p. 133). Nesse sentido, a noção de estrutura em Merleau-Ponty reflete uma concepção que sublinha uma perspectiva situada no mundo sócio-histórico para a compreensão dos fenômenos. Ele afirma que essa noção permite "considerar o homem como ele é, em sua situação efetiva de vida e de conhecimento" (*ibidem*).

Sujeito/mundo, corpo/mente, eu/outro são considerados termos relacionados, sem que haja centro em um ou em outro, o que se coloca como premissa no pensamento merleau-pontiano já em seu primeiro livro, *A estrutura do comportamento* (Merleau--Ponty, 2006). Nessa obra, ao investigar as relações entre a consciência e a natureza, ele apresenta sua primeira formulação dessa ideia, reunindo as ordens física, material e sociocultural como dimensões simultâneas. Como afirma Chaui (2002, p. 232),

> é pela maneira como os constituintes se relacionam que uma estrutura vem à existência e por isso mesmo ela é uma totalidade que se distingue de outras não por sua "matéria", e sim por sua qualidade, isto é, por sua significação. Esta não é algo que o sujeito do conhecimento atribui à totalidade, mas é o sentido imanente a essa totalidade.

Para Merleau-Ponty, matéria, vida e espírito são ordens de significação, e é pela relação entre seus termos que uma estrutura se configura. Essa perspectiva nos remete à noção de campo da Gestalt-terapia, tal como discutimos em trabalho anterior (Alvim, 2014, p. 228): [...] o processo da consciência envolve, na experiência, a materialidade do mundo físico, a vida viva dos organismos e a atividade simbólica do humano. Tais níveis ou dimensões correspondem, respectivamente, às dimensões do campo organismo/ambiente: o campo físico, animal e sociocultural.

Ao propor o campo organismo/ambiente como origem do processo de contato, Merleau-Ponty introduz uma concepção em que a interação no campo é o ponto de partida para a produção de sentidos, elemento fundante do método clínico da Gestalt-terapia centrado no aqui e agora — ou seja, nos acontecimentos emergentes do campo no lugar e tempo presentes, sustentados por um horizonte de passado e de futuro. Ao conceber uma dimensão física, animal e sociocultural compondo esse campo, a Gestalt-terapia ressoa fortemente com a concepção merleau-pontiana de estrutura. Destaco que a dimensão sócio-histórica está implicada nesse circuito, onde há "excentricidade do homem e do mundo em relação a si" (Merleau-Ponty, 1991, p. 35), o que nos remete à noção de situação ou campo como totalidade que porta sentidos e significações.

2. Coexistência sem coincidência

A noção de coexistência é fundamental no modo de pensar de Merleau-Ponty, em que os termos opostos não são alternativas e as relações não são excludentes. É por meio de um movimento hiperdialético[1], "onde há coexistência e revezamento, contradição e entrecruzamento, que se pode pensar em um filosofar como busca de verdade no movimento temporal" (Alvim, 2020a, p. 1236). Aqui, está em cena a concepção de temporalidade como instituição, deslocada do sujeito para o campo intersubjetivo, dotada de duração e permitindo sua retomada e transformação por outros na coexistência (Alvim, 2019).

Compreender que somos sujeitos que coexistem implica reconhecer que nossas existências compartilham um mesmo tempo sócio-histórico e que os sentidos e significados que circulam nesse tempo não são propriedades de uma consciência interiorizada. Há, na verdade, um domínio público a partir do qual nos comunicamos. Como Merleau-Ponty discute ao tratar do problema da linguagem, quando estou falando aos outros, não falo de meus pensamentos, digo-os e digo o que está entre eles, pois o mundo comunicativo não é um feixe de consciências paralelas. Existe uma esteira de "duração pública", de onde falo e penso (Merleau-Ponty, 1991).

Essa discussão é fundamental para que possamos compreender de modo mais amplo o diálogo clínico e aprofundar, em nosso método clínico, a consideração de dimensões estruturais da sociedade que escapam à temporalidade de um sujeito e se situam nesse campo de duração pública que subjaz ao modo como percebemos, falamos e pensamos.

3. Ambiguidade e verdade

Merleau-Ponty propõe um deslocamento do sujeito para a situação, da subjetividade para a intersubjetividade e a intercorporeidade. Isso implica descentrar do sujeito a origem do sentido, exigindo abdicar da busca de objetividade ou clareza, e assumir a ambiguidade inerente ao campo-mundo, ao qual tanto eu quanto o outro copertencemos (Alvim, 2019).

O filósofo combate o pensamento de sobrevoo para abraçar a ambiguidade como uma "relação de circularidade" (Merleau-Ponty, 2000a), que possibilita compreender o movimento produzido pelas várias relações entre as coisas que diferem entre si. A hiperdialética permite, segundo ele, enfrentar a pluralidade das relações, ou seja, a ambiguidade que impulsiona o filosofar em busca da verdade.

1 A hiperdialética é proposta por Merleau-Ponty como uma dialética sem síntese, ou seja, um processo de tese e antítese que não resulta em uma síntese realizada pela consciência, mas implica justamente a impossibilidade de totalização do sentido.

O sentido está sempre se refazendo de modo intersubjetivo e intercorporal, não podendo ser transformado em tese: é preciso conviver com a ambiguidade. Não há certeza, mas movimento e transformação, justamente na produção de configurações espontâneas que reúnem presente e passado, natureza e cultura, eu e outro. Assim, ele borra várias fronteiras entre atividade e passividade, consciente e inconsciente, eu e outro, natureza e cultura.

Pensar no filosofar como uma recusa a um pensamento de sobrevoo, que se dê como saber absoluto, e na ambiguidade como condição inerente a um olhar que considera os fenômenos estruturas vivas, configurações espontâneas e pluridimensionais, estabelecendo relações diferentes entre si, nos aproxima da atividade clínica. Esta, por sua vez, também implica essa mesma recusa, como discutiremos adiante.

O problema do ser e da verdade está intimamente ligado às discussões que Merleau-Ponty desenvolveu ao longo dos anos 1950, as quais culminariam em um livro interrompido por sua morte súbita e prematura. Organizado postumamente por Claude Lefort, com base nas anotações deixadas pelo filósofo francês, *O visível e o invisível* (Merleau-Ponty, 2000b) apresenta uma proposta que é considerada sua ontologia e nos traz elementos para refletir sobre nosso tema.

4. Visível e invisível: a ontologia da carne ou do ser bruto

A ontologia de *O visível e o invisível* reposiciona o problema do ser e da verdade pensando na ideia e no sensível entrelaçados numa dimensão carnal. Ao considerar o mundo visível e invisível, Merleau-Ponty se refere a uma dimensão invisível de profundidade do mundo que sustenta o visível, dimensão que está aí, mas de modo silencioso.

A ideia habita esse fundo e é a carne que compartilhamos, o estofo do mundo sedimentado, que está na linguagem, nos modos de ser, pensar, sentir e agir que se tornaram automatizados, habitualidades, e estão ali informando nossos processos de produção de sentidos, que podemos pensar em termos gestálticos como formações de forma, ou *Gestaltung*. A carnalidade, considerada um estofo comum, permite considerar uma continuidade ontológica entre sujeito e mundo (Alvim, 2019).

O único modo de explorar essa dimensão invisível é pelo corpo. O corpo é potência exploratória, visão, tato, movimento. A reabilitação do sensível é fundamental para explorar essa dimensão e transformar a si e ao mundo, buscar o sentido e a verdade que se apresentam. Entretanto, essa exploração não nos permite transformar em uma tese reflexiva aquilo que conhecemos sensivelmente. Porque o sentido nos escapa, o sentido é sempre a busca do sentido. Nossa condição existencial é marcada pela ambiguidade e pela impermanência. Nossa percepção é uma fé perceptiva. "Ao contrário de um dogmatismo da reflexão que nos promete uma certeza — falsa, já que a reflexão nunca nos permitiria ter esse mundo efetivo — a fé perceptiva nos dá o 'há' do mundo efetivo" (Alvim, 2020b, p. 27).

A fé perceptiva está, desse modo, implicada com um tipo de abertura ao mundo que inclui sua ocultação e "onde o vínculo de visível e invisível, de sensível e inteligível, manifesta e esconde ao mesmo tempo, na profundidade da carne, suas dimensões e linhas de força" (Alvim, 2020b, p. 27).

Merleau-Ponty concebe o inconsciente como o sentido sedimentado, como existenciais que constituem o sentido daquilo que dizemos. Eles são inconscientes porque são invisíveis e não são objetos: são uma espécie de armadura do mundo que impregna nossos modos de perceber. Essa dimensão a ser procurada na busca do sentido e da verdade não está no interior de nós mesmos, mas no campo. Tenho pensado, a partir daí, nos fenômenos sociais estruturais, como o racismo e a branquitude, a transfobia e a homofobia, temas muito relevantes para a psicologia e a clínica.

A ideia de compreender o inconsciente como uma articulação do campo guarda grande coerência com a perspectiva gestáltica, que, em sua origem, se desviou de uma compreensão do sujeito baseada na clássica divisão em instâncias psíquicas, que concebe o id como psíquico e inconsciente. A noção gestáltica de id da situação (Alvim, 2018) mantém a noção de indeterminação do "isso", mas a desloca do interior, subjetivo e profundo, para o campo.

A fé perceptiva nos oferece um tipo de reflexão encarnada com o mundo, com sua dimensão profunda e silenciosa. A exploração corporal permite movimentos e gestos que expressam aquilo que está presente na dimensão invisível do campo. Merleau-Ponty considera a verdade como expressão do mundo que há, que está aí e pode ser explorado. Essa é a nossa quinta pista, que discutimos a seguir.

5. A arte e a verdade como expressão (do mundo que há)

No prefácio da *Fenomenologia da percepção*, escrito posteriormente à sua primeira publicação, Merleau-Ponty (1994, p. 1) afirma: "O mundo fenomenológico não é a explicitação de um ser prévio, mas a fundação do ser; a filosofia não é o reflexo de uma verdade prévia, mas, assim como a arte, é a realização de uma verdade. [...] o único logos preexistente é o próprio mundo, e a filosofia que o faz passar à existência manifesta".

Aqui estão os elementos fundamentais para pensarmos um método: a verdade como algo que se realiza, assim como um trabalho de arte, e revela uma dimensão do mundo — a verdade como busca e tentativa de compreensão do mistério do mundo, como expressão que visibiliza ou dá voz ao silêncio do mundo que há.

A linguagem expressiva é aquela que faz falar o silêncio. Como afirma Merleau-Ponty (2000b, p. 46), ela exige de nós "um esforço, talvez difícil, que as emprega [as palavras] para exprimir além delas mesmas nosso contato mudo com as coisas, quando ainda não são coisas ditas". É interrogando essa dimensão silenciosa do mundo por meio da experiência de olhar, ver, tatear que sou capaz de ouvir, em meu próprio corpo, aquilo que o mundo quer dizer.

O artista, a partir dessa interrogação, dá visibilidade ao invisível por seus gestos corporais e expressivos, que respondem aos clamores do mundo. Ele faz falar o silêncio por uma linguagem indireta.

Ressaltamos que a noção de expressão não significa em absoluto colocar fora algo que estaria pronto no pensamento ou na interioridade do sujeito. A expressão é resposta ao campo, um gesto corporal que institui algo, que faz surgir uma forma portadora de sentido. É a partir de um desequilíbrio diante da novidade do mundo que nos interroga e nos retira de nossa certeza que criamos algo, transgredindo e ultrapassando a antiga forma, dando novos contornos, outra "forma-sentido" à experiência no mundo com o outro, ao mundo e a nós mesmos. Considero essa a tarefa primordial da clínica.

Em sua ontologia da carne, essa discussão é central. É na coexistência que posso comungar com o outro, de modo intercorporal, da carne do mundo e expressar algo como resposta ao campo, ao que já está aí, de modo silencioso e invisível. A expressão é falante, dá voz ao silêncio e visibilidade ao invisível.

Para Merleau-Ponty, a arte é expressão e o artista, livre das imposições institucionais, não tem compromisso com o *statu quo*. Ele responde sensivelmente ao que está aí, com seu estilo pessoal, que germina na experiência e vai deixando em sua obra os rastros que o identificam. Assim, a criação artística não é pensada como subjetividade, mas como expressão que revela "de que modo estamos entranhados no universal pelo que temos de mais pessoal" (Merleau-Ponty, 1991, p. 53).

Essa compreensão de uma singularidade ou pessoalidade compondo com uma universalidade oblíqua, como vimos, oferece uma compreensão coerente com a teoria do sujeito da Gestalt-terapia e contribui para ampliá-la. Compreendendo o *self* como um sistema de contatos, a Gestalt-terapia concebe o processo de subjetivação ou *selfing* como dado a partir do contato, ou seja, do encontro com o novo ou o diferente. Esse encontro provoca um desequilíbrio e exige um movimento de reequilibração denominado ajustamento criador. O contato é, assim, um processo de desdobramento temporal dado a partir do campo, onde o sujeito transita de um estado de indiferenciação para o de diferenciação, emergindo e se diferenciando, produzindo sentidos e integrando o novo ou o diferente ao seu fundo de vivências e, em seguida, retomando o estado de indiferenciação.

O fundo indiferenciado é uma dimensão intersubjetiva e intercorporal que compartilhamos com o outro; é uma dimensão comum que, no entanto, não prescinde de tensão e movimento. Essa dimensão, invisível, sustenta a visibilidade dos gestos na ação do eu diferenciado. Assim, eu e outro coexistimos sem sermos idênticos; somos, ambos, variantes na comunalidade.

6. O outro em coexistência como variação

O problema do outro é fundamental na perspectiva fenomenológica, sendo a alteridade tema já desenvolvido desde Husserl, quando se colocava o problema do solipsismo e do *cogito* cartesiano. Merleau-Ponty traz em sua obra uma consideração central a esse problema e propõe compreender que o outro coexiste comigo numa relação lateral e compartilha comigo de dimensões intercorporais e carnais, havendo entre nós parentesco e filiação. O outro, com seus gestos, é uma espécie de variante de nossa relação fundamental com o mundo; os outros com os quais coexisto aparecem na carne do mundo: "estão lá como relevos, desvios, variantes de uma única Visão da qual participo. Pois eles não são ficções com que eu povoaria meu deserto, filhos do meu espírito, possíveis para sempre inatuais, e sim meus gêmeos ou a carne da minha carne" (Merleau-Ponty, 1991, p. 15).

A intercorporeidade envolve uma capacidade sensível geral que nos permite comunicar a partir dessa dimensão, que parece pertencer à minha vida estritamente privada. Mas, como afirma o filósofo, isso que percebo primeiro é outra sensibilidade e somente depois, a partir daí, outro homem e outro pensamento.

"O sensível, que se me anuncia para mim em minha vida mais estritamente privada, interpela nela qualquer outra corporalidade. Ele é o ser que me atinge no que tenho de mais secreto, mas que também atinjo no estado bruto ou selvagem, num absoluto de presença [...]" (*op. cit.*, p. 188).

Assim, na relação com o outro se dá um tipo de comunicação nesse campo intercorporal. É com o outro, no diálogo e na operação expressiva, que abrimos a carne e movimentamos a história, o que nos leva a nosso último ponto.

7. O estético-político e a história

Para Merleau-Ponty, a história é um processo de criação e dissolução de formas estáveis, sendo os acontecimentos que perduram e assumem uma dimensionalidade aqueles que poderão ser retomados pelos sujeitos ou por outros, compondo um conjunto histórico. Ele aproxima política e ontologia, sendo a noção de expressão como instituição o coração da ação política (Alvim, 2020a).

De acordo com o filósofo, a ação política também pode ser compreendida como um lugar de nascimento e criação que está além de cada consciência individual, mas implica o outro, os sujeitos em coexistência, e tem relação com a expressão e a linguagem, havendo uma potência falante na linguagem. Para Merleau-Ponty, a fala falante é aquela fala expressiva e instituinte capaz de colocar no espaço público, visível, novas formas que fazem mundo e história no campo intersubjetivo e intercorporal.

Nesse sentido, ele afirma ser o sentido histórico imanente ao acontecer inter-humano e frágil como ele, o acontecer assumindo o valor de gênese. O acontecer é, tal como compreendemos, aquilo que nos "pro-voca", afeta e exige uma resposta na expressão. O pintor é aquele que, em um laço sensível em que o olho se comove com o impacto do mundo, o restitui ao visível através dos traços da mão. Nesse mesmo sentido, um acontecimento histórico pode nos comover, impactar e assumir valor de gênese (Alvim, 2020a).

Em suma, o método filosófico de Merleau-Ponty pressupõe um movimento que ele próprio denomina hiperdialético, pois não resulta jamais em uma síntese que reuniria dois termos opostos. Sustentando uma perspectiva de campo, ele afirma noções como copresença e copertencimento, o que é diferente de fusão ou redução de um termo a outro.

O filósofo entende que é em uma condição hiperdialética que invisível e visível, consciência e inconsciência, interioridade e exterioridade se relacionam de modo reversível, sem se fundirem ou se reduzirem um ao outro. É no seu entrecruzamento ou quiasma que algo surge como sentido, quando é exigido um gesto de expressão que visibiliza o invisível e abre a carne. "A perspectiva estético-política implica, em última instância, considerar a carne do social como dimensão invisível, uma rede de estruturas de sentido invisíveis que ganham visibilidade a partir da expressão, fenômeno da ordem do corpo e do sensível, sem estar centrado no sujeito" (Alvim, 2020a, p. 1243).

É no mesmo sentido que concebemos a subjetividade como corpo e obra expressiva e buscamos inspiração nesse pensamento para nosso método clínico em psicoterapia. Também nos apoiamos nela para os modelos de pesquisa-ação que temos desenvolvido em atividades extensionistas com moradores de favelas do Rio de Janeiro, numa proposta de clínica ampliada (Alvim e Molas, 2017).

Em ambas as perspectivas clínicas — clássica e ampliada —, temos como fundamentos a Gestalt-terapia em diálogo com Merleau-Ponty e a arte, buscando construir diálogos inter e transdisciplinares sobre a temática do sentido. O cerne de nosso trabalho com processos de subjetivação ou *selfing* (como nomeia a Gestalt-terapia) é a problemática da produção de sentidos para si e para o mundo.

As crises são essencialmente crises de sentido que exigem reconfigurações, ou seja, a criação de novas formas-sentido como respostas nossas às crises. A ressignificação da vida e da existência é um trabalho do corpo, entendido aqui como espontaneidade criadora e instituinte. Trabalho que se dá sempre no mundo com o outro.

O trabalho clínico é um trabalho de cocriação que emerge de uma situação de crise, sempre uma crise de sentido. Da perspectiva da Gestalt-terapia, esse trabalho visa *resgatar a capacidade de criar* a partir da situação no mundo com o outro. Assim, a produção de sentidos deve ser pensada a partir do descentramento da noção de subjetividade, o que implica despsicologizar a psicologia, pensar a partir de um campo de interação e não a partir de um sujeito psíquico, interiorizado.

Como seres-no-mundo, situados, pertencemos a um campo organismo/ambiente. Isso significa reconhecer que as dimensões socioculturais, econômicas, políticas são partes intrínsecas desse campo, de nossas formas de existir, pensar, sentir e agir.

Pensando a Gestalt-terapia dessa perspectiva crítica e estético-expressiva, passaremos a fazer alguns apontamentos sobre o método e seus fundamentos.

A Gestalt-terapia como proposta estético-expressiva

Partindo de uma perspectiva gestáltica, podemos pensar a clínica como uma situação de pesquisa e ação em que, como vimos discutindo, há um trabalho de subjetivação em andamento que envolve a busca de sentidos, processos de significação e ressignificação existencial.

O âmbito do sentido

Ao nos perguntarmos pelo âmbito do sentido, é necessário, antes de tudo, recusar a distinção entre fato e essência. Seguindo Merleau-Ponty, entendemos que as essências estão inseridas na existência, sendo inseparáveis dos fatos objetivos. Assim, a busca de sentido implica a dimensão invisível que sustenta o visível dos acontecimentos narrados, e nosso olhar deve se voltar para essa dimensão na compreensão dos fenômenos que emergem no espaço clínico.

Como discutimos, a ideia e o sensível estão entrelaçados em uma dimensão carnal, nesse estofo do mundo que compartilhamos com os outros no âmbito do invisível e implica o sentido histórico. Nossa busca não pode prescindir dele, imanente ao acontecer inter-humano, no campo intersubjetivo e intercorporal.

Além disso, é essencial reconhecer a ambiguidade inerente à verdade e ao sentido, o que exige uma segunda recusa: a do pensamento de sobrevoo e da busca de clareza e objetividade. O deslocamento que a Gestalt-terapia propõe — do sujeito para o campo ou situação, do subjetivo para o intersubjetivo e intercorporal — implica assumir a ambiguidade inerente ao campo, com sua pluralidade de relações. O sentido está em constante transformação no campo intersubjetivo e intercorporal. Não é tarefa da consciência de um sujeito, mas borra as fronteiras de consciente e inconsciente, eu e outro.

O sujeito é encarnado, coexiste com outros, e ambos emergem como diferenças ou variantes de um fundo carnal, habitando essa dimensão de profundidade, invisível e silenciosa que sustenta o visível. Assim, ele é parte de uma rede de sentidos sedimentados, inconscientes, que impregnam nossos modos de ver e sentir — essa espécie de constelação que nos conecta em um intermundo, produzindo forças que agem silenciosamente na produção de subjetividades e de mundo.

A perspectiva de campo da Gestalt-terapia, que antes aproximamos da noção de estrutura, amplia-se com a perspectiva que situa no campo, de modo mais explícito, essa constelação de sentidos sedimentados que agem nos processos de subjetivação ou *selfing* — o que nos permite avançar na proposta de uma clínica implicada mais efetivamente com as forças do mundo sócio-histórico.

A dimensão estético-expressiva da ação: ouvir o silêncio, ver o invisível, responder na expressão

A dimensão invisível a ser explorada não está separada do visível, mas é um fundo que o sustenta. Habitamos o mundo como corpos sensíveis e moventes. E, na condição de encarnados no mundo, é o corpo a potência exploratória do invisível, o que se dá de modo sensível.

Vimos com Merleau-Ponty que esse fundo invisível do qual fazemos parte não pode ser reduzido a representação. Pode ser sentido, mas não transformado em tese, uma vez que é movimento e transformação, um desdobramento temporal que está além de um sujeito. Não podemos compreendê-lo por meio de um dogmatismo reflexivo, mas por uma adesão sensível que nos revela o mundo efetivo.

A visão é encarnada e está inscrita no corpo, compreendido como visão encarnada que, sentindo, é capaz de ver o invisível e ouvir o que está presente de modo silencioso, visto que ainda não tem contorno, forma e, portanto, não foi pronunciado. Por isso, Merleau-Ponty se volta para a arte, compreendendo-a como linguagem indireta. Isso tem grande ressonância com a visão da Gestalt-terapia, que entende a forma como expressão de um sentido presente de maneira implícita.

A utilização dos critérios estéticos como diretrizes do trabalho terapêutico implica a atenção à forma, ao "como" da experiência no laço sensível de terapeuta e cliente. É nesse laço que somos "co-movidos", e é nesse estado de coexistência e coafetação que podemos ouvir o silêncio, ver o invisível e produzir expressões que respondam ao campo. Assim, reafirmo a importância de compreender que a expressão não acarreta um movimento de exteriorização de algo do interior do sujeito, mas uma resposta ao campo, à convocação das vozes do silêncio que murmuram na profundidade da experiência.

A dimensão política da clínica estético-expressiva

Compreender a expressão como linguagem indireta, que no entrecruzamento de visibilidade e invisibilidade dá a ver algo, implica um tipo de ação política que abre a possibilidade de ouvirmos em nós os rumores do mundo, deslocando-nos da ilusão solipsista da interioridade para nos situar no campo intersubjetivo.

A expressão indica de que modo estamos entranhados no universal pelo que temos de mais pessoal, visibilizando estruturas sedimentadas de sentido invisíveis e inconscientes que impregnam modos de ser, ver, sentir e agir. Identificar as forças do mundo que agem na produção de subjetividades é tarefa primordial de uma clínica política.

Partindo da perspectiva de campo, que propõe ser a dimensão sócio-histórica intrínseca aos nossos modos de perceber, é tarefa da Gestalt-terapia visibilizar "determinações históricas, políticas, econômicas na base das vivências singulares e coletivas, nas relações sociais, pessoais que vão tecendo formas de subjetivação ou *selfing*" (Alvim, 2022, p. 285). Isso permite o desenvolvimento de um tipo de escuta clínica que enfatiza as forças normativas que oprimem e violentam (Alvim, 2022), como o racismo, a transfobia, a homofobia e o sexismo.

Na operação expressiva que responde a essa escuta das forças silenciosas e invisíveis, podemos fazer mundo e história no campo intersubjetivo e intercorporal, com o outro, na coexistência encarnada, na proximidade dada no sensível e no diálogo.

Terapeuta e cliente, eu e outro: pesquisando na relação e no diálogo

O método clínico da Gestalt-terapia está centrado na interação no campo organismo/ambiente, na estrutura concreta da situação aqui e agora (Perls, Hefferline e Goodman, 1997). O Gestalt-terapeuta não é compreendido como um sujeito neutro ou desinteressado, não busca um olhar de sobrevoo. Ele é parte do campo, engajado e situado com o outro no mundo sócio-histórico, e sabe que, quando questiona, é ele próprio posto em causa pela questão.

> O diálogo clínico envolve, assim, a experiência intercorporal, onde o terapeuta, longe de instalar-se na posição de espectador de uma cena que se desenrola à sua frente narrada pela fala do outro, está implicado como partícipe da cena e da narrativa, sendo um outro corpo capaz de encontrar-se com ele (cliente-outro) nessa dimensão sensível e pré-reflexiva originária, onde sentidos se fazem e refazem a partir do diálogo. (Alvim, 2019, p. 168)

Quando utilizamos a imagem da clínica como pesquisa-ação, entendemos que a perspectiva gestáltica da relação e do diálogo implica pesquisar com o outro, não sobre o outro. Isso nos remete à noção de implicação proposta por René Lourau no contexto do desenvolvimento da análise institucional, noção inspirada no pensamento de Merleau-Ponty. Essa ideia aborda a subjetividade do pesquisador, propondo que as forças da situação também o afetam.

Nesse sentido, a comunicação só é possível se há engajamento de ambos na situação; a relação intersubjetiva é mediada por um terreno comum de pertença. Acrescentamos que a relação intercorporal permite a comunicação no sentir, oferecendo uma certeza injustificável, que não podemos transformar em tese, mas podemos ver, sentir e compartilhar.

Eu e outro somos dois corpos, não duas consciências puras, cada uma reivindicando a exclusividade da própria perspectiva. Entre nós há uma espessura das coisas sensíveis, dos utensílios e da cultura, sendo nossa relação da ordem da coexistência e reciprocidade. Dessa perspectiva, pesquisar seria *pesquisar com o outro na ação dialógica*.

Andrea Bonomi (2004) coloca duas questões simétricas muito interessantes para refletirmos sobre essa questão. Ele pergunta: como abordar outra subjetividade ou cultura sem reduzi-las preliminarmente às nossas coordenadas? Como preservar sua diferença sem transformá-la em algo insignificante para mim? E responde: *reconhecer a experiência do outro em sua especificidade e explicitar o quanto há de comum entre nós*. Compreendo que é apenas nessa reciprocidade que podemos pensar no sentido como gênese, como algo que eu e outro construímos juntos, a partir de uma coafetação sensível.

Reconhecer a experiência do outro em sua especificidade significa acolher sua singularidade e diferença, não o transformar em objeto situado à minha frente, mas reconhecer sua posição ao meu lado, como semelhante e diferente, capaz de outros pontos de vista. A Gestalt-terapia, ao propor a noção de fronteira de contato, enfatiza o encontro com a diferença do outro e a vivência do estranhamento como aquilo que produz excitamento e crescimento.

Abrir-me ao outro, em uma relação horizontal e dialógica, pode produzir um movimento vertical, em profundidade, em que nos encontramos e compartilhamos desse fundo carnal e intercorporal. Essa comunalidade com o outro só pode ser encontrada na dimensão estética e intercorporal, o que nos remete à noção gestáltica de id da situação (Perls, Hefferline e Goodman, 1997), um domínio de indiferenciação originária na origem de toda experiência, ponto de partida do diálogo terapêutico.

Esse é um diálogo de corpos, que se dá na dimensão estética da experiência irrefletida, produzindo, nos gestos do corpo e na fala espontânea, um movimento reversível. Esse movimento faz emergir uma "linguagem conquistadora, ativa e criadora" (Merleau-Ponty, 2000b, p. 148), capaz de transformar a si e ao mundo.

O diálogo, compreendido dessa maneira, é sempre um processo de coconstrução, dado em um movimento de vaivém, de mim para o outro e do outro para mim, identidade e diferença. Nesse espaço, algo se expressa sem que se possa identificar claramente uma autoria; o movimento expressivo implica um e outro como variações.

É nessa direção que Buber (2009, p. 42) aborda um tipo de diálogo que é um modo de conhecimento íntimo, dado quando o outro "fala algo que se introduz dentro da minha própria vida", o que se aproxima da compreensão husserliana da empatia (Alvim, 2019) e da compreensão merleau-pontiana do diálogo: "um autêntico diálogo me conduz a pensamentos de que eu não me acreditava, de que eu não era capaz, e às vezes sinto-me seguido num caminho que eu próprio desenhava e que meu discurso, relançado por outrem, está abrindo para mim" (Merleau-Ponty, 2000b, p. 24).

Dimensões do método

Em nosso método clínico estético-expressivo, propomos cinco dimensões principais que nos permitem destacar os elementos diretores da experiência: corporeidade, temporalidade, espacialidade, alteridade e dialogicidade (Alvim, 2017). Existimos como corpos no mundo, temporais e espaciais, coexistindo com o outro em sua identidade e diferença, estabelecendo relações de diálogo que nos permitam trabalhar na produção de sentidos para nós e para o mundo, a partir do movimento expressivo e criador. Esses cinco elementos nos oferecem parâmetros para conhecer os modos de fazer contato que alimentam o trabalho clínico.

A questão orientadora de nossas pesquisas-ação clínicas implica a forma e o como: como é viver e existir aqui e agora, nesse espaço-tempo vivido. Nosso olhar precisa estar constantemente voltado para a situação contemporânea, o sujeito concreto no mundo da vida, em situação: situação-trabalho, situação-escola, situação-adolescência, situação-favela, entre outras.

As questões emergentes do campo são aquelas que animam o trabalho de subjetivação, voltado para enfrentar as crises de sentido. Essas crises constituem quebras na estrutura temporal, estando ligadas à perda da capacidade plena de atualização dos hábitos, da plasticidade da forma e da capacidade de criação.

As formas fixadas implicam corpos rígidos, sem plasticidade e espontaneidade nos movimentos, dirigidos por automatismos involuntários que respondem a lógicas homogeneizadoras da subjetividade. Também resultam na objetificação de si e do outro, impedindo o reconhecimento e o acolhimento das diferenças.

O trabalho clínico gestáltico é movido por uma política da criação, em que a atualização do corpo habitual e da singularidade, ou estilo próprio, são objetivos de nossa ação. Essa ação visa recuperar os movimentos expressivos e vivos do corpo, que, ativado na sua capacidade sensível e expressiva, pode dialogar com o outro, visibilizando estruturas invisíveis, criando e recriando sentidos para a vida e para a existência.

Considerações finais

Sendo a Gestalt-terapia uma abordagem de fundamentação fenomenológico-existencial, venho buscando no diálogo com Merleau-Ponty elementos para ampliar os fundamentos teóricos e metodológicos da clínica.

Como filósofo que aprofunda o movimento fenomenológico na direção da ligação sujeito-mundo e radicaliza o lugar do corpo e do outro na produção de sentidos, o pensamento de Merleau-Ponty entrelaça as dimensões ética, estética e política na tarefa do filosofar.

Ao produzir uma proposta clínica sustentada na perspectiva de campo, que preconiza a experiência no mundo com o outro, a Gestalt-terapia corrobora esse pensamento. A própria noção de *Gestalt* — que não foi traduzida, mas cujo sentido pode ser entendido quase como sinônimo de configuração e estrutura — indica um caminho metodológico descentrado tanto do sujeito quanto do mundo sócio-histórico. Colocando o centro da produção de sentidos na configuração espontânea da experiência, ela contempla nosso mais importante referencial metodológico.

Tal modo de pensar está expresso na teoria do *self*, na proposta de que o sistema *self* de contatos funciona no modo médio, nem ativo nem passivo. O que significa dizer que não há determinações de nenhuma parte e que o contato — que implica o encontro com a diferença ou novidade do outro ou do mundo, um desequilíbrio dado a partir desse encontro e um movimento de reequilíbrio ou ajustamento criador que se segue — se dá com ações que emergem do campo de interação como configurações espontâneas, nem ativas nem passivas, indicando o sentido que está nascendo daquela experiência.

O espaço terapêutico é, igualmente, um campo de interação onde o psicólogo é parte intrínseca dos fenômenos ali emergentes, afastando-se da posição criticada por Merleau-Ponty de uma psicologia que coloca o psiquismo como objeto e mantém o psicólogo distanciado do fenômeno. Na relação terapêutica, o centro é o campo, e tanto cliente quanto terapeuta são um e outro em coexistência.

Preconizando uma relação horizontal, no diálogo aqui e agora, o princípio de abertura para acolhimento da diferença do outro coloca a Gestalt-terapia em um tipo de prática pautada por uma ética da alteridade. O diálogo sensível permite a ambos uma vivência intercorporal que acessa a dimensão invisível, regiões selvagens — no sentido de ainda não domesticadas pela razão — exigindo respostas nos gestos expressivos que dão forma e visibilizam dimensões do mundo efetivo que agem sem serem percebidas.

Essa leitura merleau-pontiana amplia consideravelmente a compreensão das propostas gestálticas para a prática clínica, sobretudo no que diz respeito à consideração, em nosso trabalho, de dimensões estruturais da sociedade — como racismo e branquitude, transfobia, homofobia e cis-heteronormatividades — que permanecem invisibilizadas, formando um campo de duração pública que subjaz aos modos dominantes de perceber, falar e pensar. Uma clínica que não se debruce sobre questões estruturais está fadada a permanecer em uma postura psicologizante e individualizante que não responde aos apelos do mundo contemporâneo, o qual vem desvelando problemáticas históricas e exigindo novos rumos para a psicologia.

Ressaltamos o aspecto da potência falante da expressão e da linguagem como capaz de transformação, ou seja, colocação no espaço público de novas formas que produzem mundo e história. Pensar a clínica como expressão e "trans-forma-ação" está no cerne da compreensão que vimos construindo em nossas pesquisas ao colocar a Gestalt-terapia em diálogo com Merleau-Ponty e aproximá-la ainda mais de uma proposta clínica estético-expressiva e política.

Referências

Alvim, M. B. *A poética da experiência: Gestalt-terapia, fenomenologia e arte.* Rio de Janeiro: Garamond, 2014.

______. "O projeto de extensão Expressão e Transformação". *In:* Alvim, M.; Molas, A. (orgs.). *A potência política do corpo expressão e trans-form-ação: arte e clínica com crianças e jovens na Mangueira.* Curitiba: CRV, 2017.

______. "O id da situação como fundo comum da experiência". *In:* Robine, J.-M. (org.). *Self: uma polifonia de Gestalt-terapeutas contemporâneos.* São Paulo: Escuta, 2018. p. 333-354.

______. "Intercorporeidade, id da situação e diálogo clínico: o gesto fenomenológico como *pathos* e movimento expressivo". *In*: Feijó, A. M. L. C. de; Lessa, M. B. M. F. (orgs.). *O gesto fenomenológico: corpo, afeto e discurso na clínica.* Rio de Janeiro: Ifen, 2019. p. 167-186.

______. "O estético-político em Merleau-Ponty e a fenomenologia crítica: notas preliminares sobre relações raciais. *Estudos e Pesquisas em Psicologia*, Rio de Janeiro, v. 20, p. 1232-1252, 2020a. Disponível em: https://dx. doi. org/10.12957/epp.2020.56659. Acesso em: 17 jun. 2025.

______. "Arte e vida entre visibilidade e invisibilidade". *Arquivos Brasileiros de Psicologia*, v. 72, n. 1, p. 25-39, 2020b. Disponível em: https://www.e-publicacoes.uerj.br/revispsi/article/view/56659. Acesso em: 17 jun. 2025.

______. "A perspectiva ético-estético-política da clínica da Gestalt-terapia". *In:* Dutra, E. (org.). *Sofrimento e historicidade.* Rio de Janeiro: Via Verita, 2022.

Alvim, Mônica; Molas, Adriana (orgs.). *A potência política do corpo — Expressão e trans-form-ação: arte e clínica com crianças e jovens na Mangueira*. Curitiba: CRV, 2017.

Bonomi, A. *Fenomenologia e estruturalismo*. São Paulo: Perspectiva, 2004.

Buber, M. *Do diálogo e do dialógico*. São Paulo: Perspectiva, 2009.

Chaui, M. *Experiência do pensamento: ensaios sobre a obra de Merleau-Ponty*. São Paulo: Martins Fontes, 2002.

Critelli, D. *Analítica do sentido: uma aproximação e interpretação do real de orientação fenomenológica*. São Paulo: Brasiliense, 2006.

Merleau-Ponty, M. *Signos*. São Paulo: Martins Fontes, 1991.

_______. *Fenomenologia da percepção*. São Paulo: Martins Fontes, 1994.

_______. *Parcours deux, 1951-1961*. Paris: Verdier, 2000a.

_______. *O visível e o invisível*. São Paulo: Perspectiva, 2000b.

_______. *A estrutura do comportamento*. São Paulo: Martins Fontes, 2006.

Perls, F.; Hefferline, R.; Goodman, P. *Gestalt-terapia*. São Paulo: Summus, 1997.

4 FENOMENOLOGIA, HIPNOSE E PSICOTERAPIA: SOBRE A DEMOCRACIA DO SABER

MAURÍCIO S. NEUBERN

Um dos pontos centrais na discussão sobre a psicoterapia é o problema da rivalidade entre suas diferentes escolas, fazendo que a denominada "guerra das ciências" (O'Donohue, 2013) tenha uma versão intradisciplinar nesse campo. Não é novidade na psicoterapia o problema no qual uma nova abordagem se anuncia em tom messiânico como unificadora futura do campo, ao mesmo tempo que desqualifica as rivais, sendo ressaltado e discutido em diferentes gerações de terapeutas (Delourne, 2001). As análises sobre essa questão variam. Alguns autores enfatizam a noção de escola e sua tendência à dogmatização (González Rey, Martínez e Goulart, 2019), enquanto outros destacam disputas de poder (O'Donohue, 2013) e o triunfo narrativo das correntes dominantes na comunidade psicoterapêutica. No entanto, essas reflexões raramente aprofundam um ponto essencial: os fundamentos comuns entre as diferentes abordagens da práxis denominada psicoterapia. Afinal, o que justificaria reunir perspectivas tão distintas sob um mesmo termo? Essa questão importante costuma ser ignorada, permanecendo à margem de discussões mais amplas, que acabam dominadas por disputas inconciliáveis.

Nesse sentido, a proposta de uma fenomenologia, tal como concebida por Charles S. Peirce (1997), constituiu uma valiosa contribuição. Isso porque a fenomenologia se estabelece como ciência formal voltada para o estudo de como as coisas aparecem à mente (Liszka, 1996). Ela se situa, portanto, além dos planos teórico e metodológico, nos quais os diálogos entre abordagens distintas encontram consideráveis obstáculos, quando não são mesmo impossíveis. Esse alicerce apresenta três grandes categorias — primeiridade, segundidade e terceiridade —, que, em termos lógicos, precisam ser compreendidas em sua proposta conceitual (Liszka, *op. cit.*), mas, na prática, articulam-se em combinações variadas, dada a considerável heterogeneidade da experiência humana.

Assim, indo além de uma proposta explicativa sobre a origem e a constituição da psique, como o fizeram as psicoterapias modernas (Andersen, 2003), a fenomenologia constitui um esforço descritivo dessa apreensão da experiência, situando-se num plano superior às teorias e capaz de lhes oferecer sustentação e coerência lógica.

A primeiridade refere-se à experiência como qualidade pura, campo do sentimento, da potencialidade (o que ainda não existe) e também do presente. A segundidade remete a uma dimensão reativa, do existente singular e concreto que inaugura uma perspectiva de história. Já a terceiridade remete ao plano do pensar, aos símbolos, aos hábitos[1], às leis e às convenções, que introduzem a questão do futuro. De modo geral, não seria exagero afirmar que cada abordagem parece privilegiar uma dessas dimensões em suas práxis, embora todas estejam de algum modo sempre nelas presentes (Neubern, 2016).

Tal consideração sobre a fenomenologia é relevante quando se considera o amplo e conflituoso panorama das psicoterapias, mas não deve se restringir a um mero esforço classificatório, como se cada abordagem psicoterápica pudesse ser categorizada. Sua importância se dá muito mais pela possibilidade de identificar pontos comuns em suas bases conceituais e práticas, que permitam aproximá-las, colocá-las em diálogo e construir alternativas, seja por meio de transformações internas (nas quais uma abordagem possa, por exemplo, superar certas limitações), seja pela criação de novos modelos.

Dito de outro modo, esse chão fenomenológico comum da experiência humana pode revelar como cada abordagem nele se situa, em que parte desse grande campo se movimenta e distâncias e obstáculos podem ser superados para viabilizar o diálogo com as possíveis interlocutoras.

A ideia de interlocução, entendida como a possibilidade de transitar do conflito para o diálogo, remete, por sua vez, a um campo de considerável pertinência para a presente discussão: a hipnose, especificamente na acepção de Milton Erickson (Erickson e Rossi, 1980) e de seus comentadores (Neubern, 2018). Além de uma poderosa abordagem terapêutica, a hipnose, em suas implicações epistemológicas, constitui um processo fundamental das relações humanas, que se desdobra tanto em um modo heterogêneo de comunicação ou influência quanto como num estado diferenciado de experiência, denominado transe.

No tocante à influência, a relevância da hipnose para a presente discussão reside em seu caráter hipnogênico (Stengers, 2001), ou seja, cada teoria reproduz em seu interlocutor seus próprios conceitos e cosmovisões. Esse processo promove narrativas que imprimem uma marca teórica específica nos temas, nos acontecimentos e nas figuras importantes da vida daquela pessoa. De certa forma, a hipnogênese evidencia como

1 Hábitos são disposições para que um sistema aja de certa forma, sob dadas circunstâncias. Para Peirce, estão presentes não apenas na mente humana, mas na natureza em geral (Nöth, 2016).

o interlocutor é marcado pela teoria do psicoterapeuta (Nathan, 2014), o que situa o primeiro como um testemunho importante dessa relação e confere ao segundo grande responsabilidade ética quanto àquilo que veicula nesse processo, em diferentes níveis.

Por outro lado, como fenômeno natural e cotidiano da experiência humana (Erickson e Rossi, 1980), o transe também é um tema comum das abordagens psicoterapêuticas, sendo capaz de ressaltar importantes pontos de aproximação entre elas. Trata-se de um fenômeno em que as referências entre ego e mundo são relativizadas, o que permite a emergência de processos até então subjacentes ou inibidos (Neubern, 2018).

Elementos como tempo, espaço, matéria e corpo, assim como os polos comuns de consenso das realidades sociais — belo/feio, certo/errado, humano/divino, masculino/feminino, loucura/sanidade —, assumem novas configurações: tira-se o ego de seu pretenso lugar de controle para dialogar com outras construções, como o tu (alguém íntimo do passado), o nós (um ser que fala em nome de uma coletividade, como um santo), o ele/ela (alguém, humano ou não, ao qual se refere), o isso (ligado, por exemplo, à herança filogenética e animal da pessoa, como no caso de uma anestesia gerada no transe).

A relevância do transe nesse contexto não reside na tentativa de induzir formalmente outras pessoas a essa condição, mas em seu reconhecimento como processo natural do ser humano (Erickson e Rossi, 1980), presente tanto nas diversas psicoterapias como nas próprias relações humanas. Mais especificamente, o transe evidencia quais vozes e personagens habitam a subjetividade do psicoterapeuta e como podem, sobretudo por meio da hipnogênese, ser trazidas para um contexto de diálogo.

Quem são esses seres subjetivados pelo psicoterapeuta ao longo de sua trajetória — mestres fundadores, antigos professores, colegas? O que lhe dizem quando estão em seu papel profissional? Que tipo de relações estabelecem — amizade, devoção, sofrimento, conflito, segurança, parasitismo, escravidão, amor? Esses são alguns dos elementos que podem emergir no transe e se mostram fundamentais para esta discussão. Isso porque, uma vez identificados, torna-se possível dialogar com essas figuras internas e, caso necessário, promover mudanças significativas na própria subjetividade dos terapeutas, em especial no que diz respeito à sua disponibilidade para lidar com pensamentos diferentes dos seus.

Desse modo, o presente trabalho visa, por meio da fenomenologia e da hipnose, destacar elementos comuns entre as diferentes abordagens psicoterapêuticas, a fim de criar as condições iniciais para um diálogo entre elas. Tal proposta configura uma tentativa preliminar de transformar as relações entre essas abordagens, para que seja possível reconhecer a legitimidade (cidadania) de cada uma delas e a interação baseada na negociação (democracia), em vez de guerra.

Para isso, serão apresentados os conceitos fundamentais que sustentam essa perspectiva, seguidos da análise de um estudo de caso em hipnose (Erickson e Kubie, 1941), que servirá de base para discutir e aprofundar os pontos comuns necessários a esse modelo de relação.

Self semiótico, hipnose e psicoterapia

A compreensão do papel da fenomenologia como eixo de reflexão sobre a psicoterapia passa, necessariamente, pela noção de *self* (Petrilli, 2017), o que demanda a concepção de outra ciência desenvolvida por Peirce: a semiótica, ou estudo dos signos. Os signos são aquilo que substitui dado objeto e produz um efeito (interpretante) na mente do interlocutor. Perpassados os diferentes campos do universo, não se pode afirmar que tudo são signos. Ao mesmo tempo, porém, o ser humano não consegue pensar sem eles, o que evidencia sua ubiquidade na experiência humana.

É por motivos como esse que a semiótica, concebida por Peirce como lógica, mostra-se importante e profundamente articulada com a fenomenologia. Apesar da multiplicidade de classificações existentes (Liszka, 1996), adota-se aqui a mais conhecida, que considera os signos em suas relações com os objetos. Assim, os ícones (como imagens, *emoticons*, hieróglifos) referem-se a seus objetos por meio de qualidades e semelhanças, sendo associados à primeiridade. Os índices, por sua vez, estabelecem essa relação por meio de conexões causais (como pegadas) ou funcionais (como as marcações do termômetro de mercúrio), situando-os como signos de segundidade. Já os *símbolos* se vinculam a seus objetos por meio de leis, hábitos e convenções, caracterizando-se como signos de terceiridade. Em suma, esse pequeno sistema, que em tudo existe, é indissociável dos modos de apreensão da mente de alguém que os lê, seja humano ou não.

Nesse sentido, sendo a subjetividade humana integrante da natureza, e não uma entidade dela separada, ela também se constitui semioticamente, ou seja, como um complexo sistema de signos ou *self*, que se organiza a partir de alguns princípios (Petrilli, 2017).

Primeiro, rompe com a noção de uma psique individual e interna, concebida como entidade alojada no crânio, para situá-la como um complexo sistema processual, altamente organizado em função da alteridade. Embora seja possível pensar em aspectos individuais, como a identidade, o *self* é um sistema poroso que estabelece várias trilhas de trocas semióticas com o mundo social, gerando processos contínuos de semiose. Dessa forma, as diferenças entre "meu" e "seu" podem variar de acordo com o contexto social.

Assim, cada pessoa carrega em si as marcas relacionais de seus encontros, que se iniciam como interpretantes e se desenvolvem por meio de complexos processos de agenciamento que organizam os desdobramentos da semiose. É desse modo que uma pessoa pode trazer signos que fazem referência, por exemplo, a figuras importantes de suas relações concretas (como um professor, um parente ou um amor) ou do seu universo cultural (como um santo, um ser folclórico ou um personagem de cinema). No entanto, esses signos se articulam de maneira singular para cada pessoa, produzindo significados únicos.

Ao se referir à psique individual como uma "pegadinha"[2], portanto, Peirce ressalta que essa noção de indivíduo fechado em si é útil para que as pessoas se conduzam no mundo social, mas está longe de corresponder a uma concepção semiótica.

Em segundo lugar, o *self* humano se caracteriza pela capacidade de pensar, observar e criticar a si mesmo, ou seja, a pessoa pode ser objeto da própria reflexão. Tal processo — apontado por Peirce (1997) como autocontrole, autocrítica e autointerpretação — é fundamental para o protagonismo do sujeito nos processos de construção de sentidos diante das diferentes temáticas presentes em sua trajetória de vida.

Se, por um lado, a semiose se dá por meio das relações triádicas que compõem o signo — como o objeto, o próprio signo e o interpretante —, por outro, tais signos comumente se originam das diferentes formas de diálogo que o *self* desenvolve, seja em seu meio social, seja em seu universo subjetivo, no qual se encontram diferentes signos originários de uma multiplicidade de relações. A reflexividade é, desse modo, um processo de *metassemiose*, capaz de promover mudanças significativas nos hábitos ou até mesmo de hábitos que modificam outros hábitos.

Esse protagonismo, no qual a intencionalidade da pessoa, enquanto signo, desempenha um papel importante, situa o *self* como um leitor ou intérprete do grande poema cósmico que é o universo (Peirce, 1997). Há nesse ponto um aspecto duplo da construção do sentido, cujas facetas se alimentam ao longo do processo de semiose: por um lado, ele emerge da interpretação à qual naturalmente o sujeito é levado; por outro, ele também é construído, sobretudo, pela reflexividade.

Entre emergência e construção, o sentido carrega um frescor e uma novidade que lhe conferem vida curta, levando o *self* a novas buscas de significação. Esse dinamismo é inclusive intensificado pelos desafios e contradições que a vida cotidiana e a própria perspectiva de futuro lhe trazem.

Tais questões são centrais no contexto da psicoterapia, pois remetem ao problema da reflexividade, no qual a pessoa se concebe de diferentes modos em seus contextos

2 Em inglês, *practical joke*, ou seja, "pegadinha" ou "brincadeira de mau gosto". [N. E.]

concretos e imaginários e pode ensaiar e efetuar diversos tipos de mudança, como na modificação de hábitos mais específicos que, por sua vez, reconfiguram outros hábitos.

Diante dessas considerações, a hipnose se revela um terreno comum entre diferentes abordagens da psicoterapia, basicamente por duas questões. Primeiro, sua perspectiva de influência guarda muitas afinidades com a noção de um *self* poroso e constitutivo a partir da alteridade (Petrilli, 2017). Nas próprias relações humanas, essa influência atua de forma marcante, deixando impressões semioticamente estruturadas nas pessoas, ou seja, gerando nelas sistemas de interpretantes que se tornam signos e desencadeiam complexos processos de semiose.

De modo geral, todas as terapias permitem, portanto, que o psicoterapeuta, enquanto sistema de signos desse *self* (sua voz, imagem, seu modo de ser e de falar) integrado a influências coletivas (a teoria da qual se utiliza, os conceitos que compartilha com outros terapeutas, suas instituições), se faça presente no universo subjetivo daqueles com quem interage na atuação clínica.

Na hipnose, ao contrário de muitas abordagens psicoterapêuticas, tal fenômeno é considerado pressuposto técnico de trabalho, como o mostram as célebres passagens de Milton Erickson com a sugestão "minha voz irá contigo" (Zeig, 1985), dirigida a pessoas já em estado de transe. Nesses processos, os signos, subjetivados no *self* das pessoas em diferentes configurações, tendem a se associar aos sistemas de agenciamento, promovendo importantes processos de mudança. Nesse contexto, o hipnoterapeuta, como parte de um vínculo positivo, insere-se de algum modo no universo subjetivo do paciente, auxiliando o processo terapêutico.

É claro que, além das questões de teor técnico, essa perspectiva tem um forte apelo ético, dada a responsabilidade que o hipnoterapeuta assume perante seu interlocutor. Além de um contexto protegido, que reduza os riscos de iatrogenia, é importante que a autonomia e a integridade do sujeito sejam consideradas — afinal, embora o vínculo permita que se conceba um "nós" nessa relação, é fundamental que a pessoa seja protagonista e, portanto, autora de seus novos sentidos e trajetórias.

Em segundo lugar, a experiência de transe se mostra de grande pertinência, pois, por meio da reflexividade, o *self* pode estabelecer relações distintas consigo mesmo, em suas variadas facetas. Se o transe permite, em certa medida, um acentuado foco do sujeito no hipnoterapeuta, ao mesmo tempo que parece ignorar o que se passa em volta (Erickson e Rossi, 1980), ele altera a porosidade do *self*, ampliando-a em relação ao hipnoterapeuta e reduzindo-a em relação a outras influências com as quais a pessoa não esteja em responsividade.

Assim, é por intermédio desse vínculo, caracterizado por intensa troca semiótica, que as referências ego-mundo se modificam, permitindo que o hipnoterapeuta adentre, como vimos, o universo subjetivo do paciente. Por outro lado, essas alterações, nas quais o ego é descentrado, também favorecem a emergência de outras formas semióticas presentes no *self*, ligadas a relações passadas com pessoas ou outros personagens. Estes podem também emergir para revelar quem são nesse universo, como influenciam o indivíduo, os tipos de relação que desenvolvem com ele e quais são suas intenções.

Em diferentes tramas e cenários, os personagens podem emergir nesse processo, seja em função de um discurso histórico concreto ou de um discurso mítico sem aparente relação com os fatos sociais — o que demanda da hipnoterapia a criação de um contexto seguro e baseado nas possibilidades de negociação. Daí a ideia segundo a qual o transe permite que se dê voz e, mais que isso, se mostre todo um universo plural e coletivo presente na subjetividade que precisa ser não apenas considerado, mas sobretudo convidado para a negociação por conta de necessidades terapêuticas. Dessa forma, o transe favorece novas formas de conexão consigo mesmo, nas quais o *self* não apenas aprofunda o acesso a aspectos potenciais de sua psique até então pouco conhecidos, como também constrói recursos e possibilidades para lidar com temáticas centrais de sua vida.

Embora a psicoterapia não reconheça o transe como elemento constituinte de suas práticas, tais perspectivas são deveras pertinentes para promover elementos comuns a um possível diálogo entre suas abordagens. Por motivos históricos e epistemológicos diversos, a maioria das abordagens tem dificuldade de reconhecer o transe como um fenômeno natural, no qual as fronteiras ego-mundo são flexíveis e elusivas, variando do devaneio cotidiano a estados intensos de êxtase. No entanto, esse tipo de experiência, típico do *self*, é, a bem dizer, ubíquo, compondo um campo comum das psicoterapias, tanto em relação à experiência clínica do paciente quanto ao que ocorre com o psicoterapeuta durante seu trabalho.

De maneira geral, enquanto no *self* do paciente há a necessidade de que tais formas semióticas também se façam conhecidas em seus modos de relação e intenção, no caso do psicoterapeuta essas formas também estão presentes, sejam elas ligadas à sua história e a suas inserções sociais, seja por ele próprio se constituir como um signo das instituições e das ideias coletivas, inclusive teóricas, que representa. Assim, se do sujeito se espera que a reflexividade permita o acesso, o conhecimento e a negociação dessas formas, do psicoterapeuta se intenciona que as formas ligadas à sua comunidade teórica se revelem e se façam perceber em seus modos de influência sobre o processo terapêutico em questão.

Em outras palavras, além de ser fundamental uma indagação sobre as fontes do que transmitirá aos outros, é de grande valia que a reflexividade do psicoterapeuta o ajude a perceber a qualidade de sua relação com esses processos coletivos, sobretudo se ele se posiciona (e é posicionado) como mero reprodutor de um sistema de ideias e práticas ou se permite ser sujeito, criativo e protagonista, em seu modo de promover a psicoterapia.

A jovem em depressão

Em um curioso caso de hipnoterapia, Erickson e Kubie (1941) descrevem a situaa ção de uma jovem de 23 anos que sofria de grave depressão, com várias tentativas de suicídio. Ela aceitou participar de psicoterapia com Lawrence Kubie, eminente psicae nalista e colaborador de Erickson, e apresentou leve melhora, mas ainda corria sérios riscos. Além disso, mostrava-se extremamente avessa à possibilidade de procurar ajuda por meio da hipnose. Em seu histórico, relatava que, aos 5 ou 6 anos de idade, sua mãe a advertia com veemência para que não permitisse que os meninos a abordassem para fazer "aquelas coisas nojentas" com ela.

Quando teve a primeira menstruação, aos 13 anos, sua mãe faleceu, o que a deixou profundamente abalada. Por volta dos 18 anos, ela e sua melhor amiga se apaixonaram pelo mesmo homem, mas ele acabou correspondendo à amiga, com quem se casou em seguida. A jovem, embora triste, afastou-se para não criar problemas para a amiga. Contudo, dois anos depois, sua amiga faleceu e, logo depois de sair do luto, o viúvo passou a procurá-la, demonstrando interesse por ela. A partir desse momento, a jovem mergulhou em uma depressão acentuada, sendo internada em um hospital psiquiátrico e passando por algumas tentativas de suicídio. Foi então que a família sugeriu que ela buscasse ajuda psicoterapêutica.

Considerando a possibilidade de ajudá-la, Erickson adotou a seguinte estratégia. Primeiro, convidou a companheira de quarto dela para um trabalho com hipnose, de modo que a jovem pudesse acompanhá-la em um estudo sobre o tema. Erickson foi extremamente acolhedor e respeitoso com ambas, sabendo, no entanto, que as mensagens que endereçasse a uma chegariam à outra. Ele estava ciente da profunda rejeição da jovem à hipnose e sabia que, por sua própria dinâmica, ela necessitava de um considerável acolhimento afetivo.

Assim, o primeiro encontro foi pontuado por sugestões de relaxamento e bem-estar, até que a jovem percebeu estar mergulhada em uma agradável experiência de transe. Nesse momento, Erickson perguntou se ela aceitaria vê-lo algumas vezes para algumas sessões de hipnoterapia, ao que ela respondeu positivamente, reconfirmando a afirmação quando retornou ao estado de vigília. A partir desse contrato, foram realizadas mais três sessões de hipnose. Nas duas primeiras, Erickson a induziu a observar tudo apenas com o pensamento, de maneira leve e fluida. Em seguida, ele a levou a um estado regressivo, no qual a jovem relatou as instruções de sua mãe para não permitir a aproximação dos meninos para não fazerem "coisas nojentas" com ela. Erickson afirmou na primeira sessão que a mãe havia feito muito bem, pois a estava protegendo quando ela era criança, mas, por não estar mais presente, haviam faltado seus conselhos para a mulher que ela se tornara.

Na segunda sessão, Erickson partiu da ideia de que, como médico, poderia explicar à paciente o desenvolvimento psicossexual de uma pessoa, o que fez como se estivesse dando uma aula a alguém. Na terceira sessão, ele a impediu de simplesmente correr atrás de seu pretendente, pois era necessário que ela aguardasse o tempo certo para as coisas acontecerem. Durante as sessões, sempre induzia amnésia, permitindo que a jovem, em sua própria reflexividade cotidiana, chegasse a conclusões próprias.

Sua melhora foi bastante acentuada e, com a continuidade da psicoterapia com Kubie, ela se casou com o pretendente e teve dois filhos. Anos depois, contatou Erickson para dizer que estava bem e agradecer por ele não a ter deixado seguir o impulso de procurar o jovem, pois a virgindade era um valor importante para ela.

Fenomenologia como campo comum

Primeiridade

Uma leitura atenta do caso apresentado poderia sugerir que seria impraticável a discussão sobre a primeiridade, dada a ênfase técnica de Erickson, muito voltada para um plano de existentes, típicos de uma segundidade. Contudo, é possível conceber que a própria narrativa desse autor sobre o caso constitui um diagrama que, ao que parece, foi vivenciado de dentro pelos protagonistas (Jappy, 2013). Nesse roteiro, há toda uma dimensão indireta que se contrapõe ao teor prescritivo da hipnose clássica, cuja reatividade poderia, sem dúvida, ser situada como segundidade.

Entretanto, ao convidar a colega de quarto para participar e propor uma indução hipnótica explicitamente para ela, mas voltada, no fundo, para a jovem, Erickson favoreceu o chamado modo indireto de comunicação (Erickson e Rossi, 1980), o qual promoveu um mergulho da jovem em seu próprio mundo, ao mesmo tempo que a situou de modo mais livre e participativo na sessão.

Além disso, ao assumir uma postura paterna, sábia e protetora como hipnoterapeuta, Erickson se transformou em uma espécie de ícone e, por suas atitudes, em uma figura parental que parecia preencher uma grande lacuna na trajetória da jovem. De maneira suave, afetiva e gentil, ele se tornou um signo no universo dela, cujo impacto poderia trazer importantes desdobramentos nos processos de semiose da jovem.

Pode-se considerar que o tipo de sessão hipnótica que caracterizou esse caso é profundamente marcado pela iconicidade[3] (Neubern, 2016), tanto no mostrar das ações, como vimos, quanto em signos de teor qualitativo e indefinido, como a sonoridade da voz (geralmente mais pausada e suave), a forma difusa e a coloração das imagens (muitas vezes diáfanas, com brilhos e tons diferentes dos estados de vigília). Embora tais processos semióticos sejam relevantes, principalmente por sua capacidade de evocar sentimentos, torna-se difícil analisá-los aqui por se dispor apenas dos registros escritos. Todavia, ao considerar os diversos atendimentos e os princípios técnicos propostos por Erickson, é perfeitamente razoável supor que esses sistemas de signos estivessem presentes nas sessões e tenham contribuído para a criação de uma atmosfera afetiva e de confiança.

Tais processos são também profundamente marcados por uma atitude de estar presente com o outro (Rogers, 1957), vivenciando o agora na relação, de modo bastante receptivo a tudo que vem do outro, com um olhar disponível e acolhedor. Diferentemente de uma proposta de escuta, essa condição se mantém como um estar presente, sendo uma receptividade a diferentes vias de influência semiótica, bem como um modo de construção de transe. É esse estar presente que permite, de certa maneira, que o hipnoterapeuta adentre os limites do *self* do outro enquanto interpretante.

Foi nesse contexto afetivo e protetor que ele lhe propôs um contrato, aceito durante o transe e logo após o retorno à vigília. Tal perspectiva é de grande relevância, pois o contrato pressupõe uma ligação afetiva, no sentido da etimologia das palavras "acordo" e "concórdia", nas quais as partes se sentem unidas pelo coração. Uma forma de iconicidade semelhante favorece um nível de experiência em que a cena imaginária e vivida se torna central, permitindo à pessoa lidar com diferentes paisagens de sua trajetória. Assim, ao mesmo tempo que ela estava ali, naquela sala, com o hipnoterapeuta, também se viu criança ao receber as marcantes instruções de sua mãe, que se configuravam episódios da mais alta pertinência em sua subjetividade.

Essa mãe, mesmo que moldada e remoldada ao longo do tempo, afigurou-se ali presente como um poderoso hábito durante suas crises, principalmente porque a jovem, de algum modo, permaneceu fiel às suas prescrições, a ponto mesmo de cogitar renunciar à própria vida. Ao mesmo tempo, Erickson também se tornou um ícone ao se inserir nesse cenário como alguém capaz de explicar o ocorrido e propiciar, com os devidos cuidados, outras instruções necessárias ao seu desenvolvimento e à sua integridade, sobretudo no tocante à sexualidade. É possível considerar que foi graças à in-

3 Ligada ao termo "ícone", trata-se da condição dos signos que permite que transmitam as qualidades semelhantes de seus objetos.

serção desse novo signo — Erickson como alguém que cuida, protege e explica — que a mudança foi possível, resultando na saída da depressão e na retomada de sua vida ao lado de um homem por quem nutria afeição e desejo, o qual em sua vida se configurava tanto como signo quanto como objeto.

O acesso a esse nível de experiência é da mais alta relevância em hipnose e psicoterapia. Isso porque tal dimensão é profundamente atravessada pela primeiridade, envolvendo imaginação, sentimentos e potencialidades. Alguns psicoterapeutas, sob o ímpeto da busca de resultados concretos, talvez não considerem sua pertinência, uma vez que tais processos se ligam muito mais a consequências e implicações do que a resultados. Entretanto, essa dimensão é fundante da constituição do *self*, de maneira que nenhuma mudança em qualquer nível pode ser alcançada sem uma base primeira, de onde brotam, em termos lógicos, os demais processos, sistemas e agenciamentos da subjetividade, como a própria intencionalidade da pessoa.

Trata-se de um campo de experiência semelhante a um teatro, no qual a pessoa pode ensaiar inúmeras vezes uma cena, ocorrida ou não na realidade consensual. Ao se distanciar dessa realidade, como no transe, ela pode experimentar um tema, uma fantasia, uma cena ocorrida, em suma, qualquer processo, dos mais diferentes ângulos, com elementos sem proximidade alguma com as referências dessa realidade compartilhada socialmente, mas que tem grande pertinência por causa dos sentidos desenvolvidos subjetivamente pela pessoa.

Por meio da intencionalidade, que não se restringe à simples deliberação, a pessoa pode adentrar o *play of musement*[4] (Peirce, 1997), no qual se mantém focada e receptiva no jogo desse universo, atenta ao que ele lhe pode apresentar, mas sem a pretensão de procurar controlá-lo por racionalizações e explicações. Esse aspecto imaginativo está na base da dissolução e formação dos mais diversos hábitos e, embora concretamente não implique resultados, permeia os diferentes processos do *self*. Como diria Sartre (2005), o imaginário tem um amplo leque de conexões envolvendo a corporeidade, os sentimentos e o simbólico.

Em tais experiências, a condição do ego é bem coerente com a perspectiva de Peirce (1997), que o concebe como alguém que surfa nos oceanos do *self*, com uma intencionalidade que, a princípio, se coloca receptiva e parece absorver algo dessa observação, ao mesmo tempo que se deixa levar pelos movimentos internos desse pro-

4 O "jogo do devaneio" foi um termo usado por Charles Peirce em 1908 no artigo "O argumento negligenciado sobre a existência de Deus". Trata-se de um estado meditativo, um devaneio no qual a mente se sente livre, sem propósito ou lei, a não ser a da liberdade. Essa condição, essencial na filosofia realista de Peirce, está voltada tanto para o reconhecimento do novo como daquilo que já está lá, mas não é notado. De certo modo, embora seja uma condição de liberdade, o *muser* mantém algum grau de controle de sua racionalidade, seja no ideal ligado à sua investigação (como Deus no texto de Peirce), seja no próprio reconhecimento do novo.

cesso. A deliberação ali é mínima, sendo voltada muito mais para manter a fluidez e aproveitar esse estado, que pode ser descrito como meditativo.

É possível que surjam *insights*, mas nem mesmo estes devem prender a atenção da pessoa, funcionando mais como um chamariz (índice) para considerações posteriores. A reflexividade aqui é, portanto, de uma ordem aparentemente passiva, numa atitude de ego que se permite ser conduzido por outros movimentos, tanto do seu imaginário quanto do hipnoterapeuta. O ego utiliza a própria deliberação para continuar fazendo parte do jogo.

Desse modo, a jovem pôde repassar diante de si uma série de ideias e pensamentos, até chegar a uma sequência de cenas das quais participava tanto como atriz quanto como espectadora, enquanto ouvia os comentários pertinentes de Erickson. As cenas das instruções de sua mãe, enquanto diagramas, foram associadas a outros signos que modificaram amplamente sua produção de sentidos e seus hábitos. Ao mesmo tempo, as aulas de desenvolvimento promovidas pelo professor-terapeuta, já signo em seu mundo, pareceram tocar, acessar e mobilizar desejos até então profundamente reprimidos.

O ego, em seu descentramento, adotou a postura de uma observadora-participante do *play of musement* (Peirce, 1997), mais ou menos atenta às cenas que transcorriam, pois sua única preocupação parecia ser permitir que os processos fluíssem, mantendo-se como alguém que desliza ao sabor dessas ondas. Tal dimensão foi uma espécie de preparação de terreno, gerando possibilidades que, mais adiante, levariam a consideráveis processos de mudança, fosse sobre os sentidos ligados à figura semiótica de sua mãe (ali um hábito), fosse quanto a seus desejos sexuais e sociais (como, possivelmente, o de se casar e ser mãe).

Segundidade

A imagem amplamente difundida do relógio preso a um pêndulo em movimento em alusão à hipnose, embora desacreditada como técnica (Erickson e Rossi, 1980), carrega um significado relevante: remete a uma dimensão fundamental da indução hipnótica: a fixação da atenção. Esse processo, tipicamente associado à segundidade, viabiliza o paradoxo do transe, no qual a pessoa concentra intensamente seu foco em um ponto específico, o que permite a flexibilização de suas referências ego-mundo e favorece a emergência de processos inconscientes.

De certa forma, a fixação também se manifesta como um ponto central da subjetividade daquela jovem, pois é sua profunda lealdade aos ditames da mãe que a coloca em conflito com os desejos naturais de sua sexualidade enquanto mulher jovem, adulta e biologicamente saudável. Esse nível de conflito, essencialmente reativo, faz que ela pareça viver aprisionada entre dois mundos temporais. De um lado, o da criança obediente a uma mãe forte, criança essa ainda muito presente em seu *self*. De outro, uma mulher que, vivendo no tempo de sua idade adulta, sentia desejos sexuais intensos sem poder assumi-los diante de um homem de seu interesse.

Esse descompasso entre o presente e um passado vivido fazia sua experiência de tempo, em termos existenciais, andar de modo arrastado, produzindo intenso sofrimento. A jovem não conseguia fluir e se sentir integrada consigo mesma. Entre passado sofrido e, a bem dizer, traumático e presente com dificuldades de acontecer, a segundidade iniciou uma linha histórica, com lógica específica que necessitava ser decifrada e tratada. Não seria exagero considerar que seus sintomas depressivos constituiriam índices de semelhante conflito, assim como suas tentativas de suicídio — reações também tidas como índices da impossibilidade de resolver tal impasse vivido no agora, atormentada pelo passado feito presente. Nesse sentido, o contrato terapêutico proposto por Erickson teve grande relevância, pois partiu inicialmente do modo como ela fixava sua atenção na colega de quarto. Em outras palavras, qualquer tentativa de envolvimento direto com ela, logo no início da sessão, poderia desencadear reações que inviabilizassem a proposta de ajuda terapêutica.

Assim, à medida que se fixou em uma das poucas figuras de sua confiança — a colega de quarto —, ela gradualmente se permitiu experimentar o transe. Em suma, foi por meio de sua atenção fixa na colega que ela se permitiu uma aproximação cordial com o hipnoterapeuta, a ponto de aceitar, tanto em transe quanto fora dele, a proposta de um contrato terapêutico. Nesse processo, Erickson viria a fazer parte, como signo, do *self* dela.

O aspecto técnico da hipnose é particularmente relevante aqui (Neubern, 2016), pois é ele que possibilita uma ação concreta de influência sobre o *self* enquanto existente. A princípio, como preconizado por Erickson (Erickson e Rossi, 1980), a técnica deve considerar a particularidade de cada pessoa em suas diferentes expressões e modos de ser, o que se refere, portanto, ao *self* como singular e a uma intencionalidade em produzir nele alguma mudança. Modos de fixar a atenção, sentidos físicos dominantes, formas de relação, expressões corporais, construções de sentido relevantes e processos imaginativos — em suma, o universo visível e invisível produzido pelo *self* podem constituir os sistemas de signos a serem contemplados, em sua singularidade, na construção técnica. Mais do que isso, esse trabalho, a bem dizer artesanal, está voltado para a criação de soluções, exigindo o envolvimento da pessoa como protagonista.

Entretanto, em vez de uma tentativa de imposição por meio de prescrições diretas, típica das modalidades clássicas de hipnose, Erickson desenvolveu técnicas indiretas de comunicação — diagramas (como histórias), metáforas, repetição de frases, pausas e intercalação de frases (entremeamento) —, que situam a pessoa numa condição ativa e criativa no processo terapêutico. Assim, ao invés de simplesmente responder a determinada ordem, ela se engaja, sem o constrangimento da ordem, na evocação de diversos processos que viveu ao ouvir uma história contada pelo hipnoterapeuta. Portanto, a reatividade característica da segundidade tende a ocorrer de modo mais suave, sendo associada comumente a sistemas internos de agenciamento que, ao longo da terapia, podem promover a autonomia do indivíduo.

No caso em questão, Erickson parece ter percebido que a influência deveria ocorrer com suavidade, pois, caso a jovem se sentisse julgada ou criticada, não apenas poderia abandonar a terapia, mas também aprofundar a própria crise, a ponto de se colocar em risco. Além da fixação na colega, a técnica foi talhada para permitir que ela visualizasse as cenas sem se conectar emocionalmente com elas, possivelmente para evitar o risco de irrupção de intensos núcleos de sofrimento, índices de várias tentativas de suicídio. Assim, ela pôde revisitar essas experiências e ser tocada por elas sem que isso implicasse, ao menos em ampla medida, maiores riscos à sua integridade.

Além disso, a própria aula sobre desenvolvimento psicossexual do ser humano, no contexto da segundidade, parece ter trazido duas grandes contribuições significativas. Por um lado, deslocou seu foco da cena repressiva e das instruções impactantes da mãe para uma visão mais ampla e natural do desenvolvimento sexual. As relações com o próprio corpo, as diferentes zonas erógenas, os contatos e os interesses naturais por outras pessoas ao longo da vida passaram a compor um leque de possibilidades que poderiam ser vivenciadas e sentidas no próprio corpo. Por outro lado, permitiu que a fixação emocional saísse do passado, passasse pelo presente (como ali no transe) e se projetasse, em diferentes possibilidades, para o futuro, fazendo que as ameaças do presente ligadas à corte de seu pretendente se tornassem o início desse novo porvir. Não sem razões, logo se iniciou o relacionamento amoroso e, alguns anos depois, ela pôde vivenciar a chegada dos filhos.

A ação individual e premeditada do ego também desempenha papel fundamental nesse processo. Isso porque, em casos como o da jovem, o ego frequentemente fica ao sabor de poderosos movimentos internos desconhecidos que se impõem sobre ele, levando-a a apenas reagir, mas também a sempre encontrar algum tipo de obstáculo que lhe traga a forte sensação de estar paralisado perante algum impasse.

O processo hipnoterápico propiciou uma fluidez maior nas ações da jovem, permitindo-lhe sair do impasse e seguir os caminhos da vida, em razão do seu próprio desenvolvimento. Embora as ideias possam se originar no inconsciente, em recônditos campos do *self*, o ego passa a escolher aos poucos uma qualidade nas ações que propiciem maior leveza em sua movimentação pelo mundo, o que desfaz, cedo ou tarde, a sensação de paralisia e também o teor irreconciliável do conflito.

Há aqui certa reflexividade, desenvolvida gradativamente e voltada para a escolha de ações, implicando também novas possibilidades de movimento no mundo. O caráter reativo dos índices acaba funcionando como um modo de *feedback* desses movimentos, auxiliando na construção de novas inferências sobre a relação consigo e com o mundo, preparando, assim, o terreno para a terceiridade.

Terceiridade

Ligada logicamente ao pensar, a terceiridade se refere sobretudo a novas possibilidades reflexivas, permitindo a consideração de diferentes perspectivas de análise. Na visão de Peirce (1997), o símbolo está associado a hábitos, leis e convenções, não se restringindo a processos de linguagem falada, como muitos terapeutas costumam interpretar. Fenômenos como regularidades, sistemas, saberes, agenciamentos, leis, convenções e instituições humanas são alguns exemplos.

Para o hipnoterapeuta, a terceiridade implica, por um lado, pensar os princípios, aplicá-los àquela pessoa e refazer a leitura e a aplicação em função do desenrolar da terapia e de um saber coletivamente constituído. Se um princípio técnico é algo que remete a uma generalidade, portanto um terceiro, ele também se insere num mundo de processos singulares e existentes, o que deve exigir um processo recursivo para que se corrija e se relacione com tal realidade de modo pertinente. No caso aqui abordado, é possível identificar esse tipo de reflexão nas diferentes mudanças de sentido promovidas na jovem. Talvez a mais ilustrativa delas tenha sido relativa à figura materna, viabilizada pelo uso de técnicas de reenquadramento. Com base em conversas com Kubie, Erickson deduziu que não seria pertinente, nem mesmo produtivo, adotar uma postura de confronto com a mãe da jovem, que, na perspectiva de muitos, seria vista como moralista e repressora, mas, para a paciente, era alguém muito importante a quem ela deveria se manter fiel. Ao mesmo tempo, dada essa relevância, ignorar o tema poderia ser interpretado como uma omissão do hipnoterapeuta, o que também acarretaria riscos. Desse modo, utilizando-se de truísmos — sentenças óbvias para a jovem —, Erickson asseverou que as instruções da mãe tinham o objetivo de protegê-la, mas haviam sido dirigidas a uma criança. Com sua morte, ninguém poderia afirmar com certeza o que ela diria a uma mulher adulta.

Essas intervenções, realizadas durante o transe, provavelmente favoreceram o tipo de relação com a mãe — mãe de criança que não estava mais —, sem deixar de validá-la como alguém que buscou fazer o melhor para a filha (proteção). Dito de outro modo, a mãe poderia continuar como símbolo de alguém importante, com valores e lealdade, sem que tais significados a impedissem de tentar contemplar suas necessidades de mulher adulta.

Por outro lado, a reflexividade também se manifesta na necessidade de o hipnoterapeuta refletir sobre a relação terapêutica, especialmente a respeito dos papéis desempenhados por ambos e à direção em que o processo está caminhando. Essa reflexão nem sempre ocorre por meio de uma conversação explícita e deliberada (Andersen, 2003), mas costuma se dar como um processo dramático sujeito a diferentes experiências fenomenológicas e semióticas, no qual o mostrar e os modos indiretos de comunicação desempenham papel essencial.

Outro aspecto relevante dessa reflexividade é a possibilidade de o hipnoterapeuta — assim como os terapeutas em geral — refletir sobre as diferentes formas semióticas que o habitam, sejam elas vozes, imagens, personagens ou ideias, e compreender como o influenciam (Neubern, 2018). Esse processo lhe permite refletir tanto sobre suas relações clínicas quanto sobre o próprio pertencimento, construído a partir das múltiplas relações que constituem seu *self*.

Para a pessoa em terapia, essa reflexividade também abrange campos distintos, a começar pela própria temporalidade, que, na terceiridade, implica uma projeção para o futuro. Em geral, as novas "leis internas" de seu universo subjetivo, ligadas a hábitos e sistemas de agenciamento, promovem a projeção de seu *self* no porvir, processo altamente gerador de sentido.

No caso da jovem, essa mudança ocorreu sobretudo por meio da perspectiva desenvolvimentista apresentada na história contada como aula, que enfatizava ser a sexualidade um processo natural e inevitável ao longo da vida, da infância à idade adulta. Tal tipo de técnica, amplamente utilizada por Erickson e Rossi (1980), tem grande caepacidade de promover a mudança de hábitos, o que, nesse no caso, se manifestou na transição de uma fixação no passado para uma maior abertura ao presente — permitindo-se vivenciar sua sexualidade sem ferir seus valores — e na construção de planos futuros significativos, como o casamento e a maternidade.

É possível cogitar que esse procedimento a tenha ajudado a modificar a significação do sexo, antes visto como algo "nojento", para algo natural e prazeroso, passível de conciliar com sua ética pessoal. Atestado pela autoridade científica de um médico, o amplo panorama sobre o desenvolvimento humano — os diferentes aspectos da sexualidade, sua relevância biológica e psíquica e sua legitimidade natural — deve ter sido fundamental para a mudança, ligando sentido e temporalidade.

É com semelhante leque de experiências evocadas pela história, de modo bastante particular, que a pessoa pode se conectar a novas possibilidades de significação, permitindo a emergência de sentidos que muitas vezes escapam à suas deliberações.

Nesse sentido, a reflexividade na hipnoterapia é tanto quanto particular: não há uma tentativa de traduzir processos do *self* para o ego, como muitas vezes se concebe um *insight*. De modo geral, a hipnoterapia tende a promover amplas reconfigurações no *self*, cujos processos semióticos permanecem, em ampla medida, distantes das deliberações do ego. Trata-se, portanto, de uma espécie de preparação do terreno para que o ego estabeleça novas conexões com sua experiência de *self* e, a partir dessas conexões, geralmente mediadas pela via emocional, novos sentidos e narrativas possam emergir.

Se, como aponta Petrilli (2017), é o *self* que oferece sustentação ao ego, não seria exagero considerar que o terreno se modifica sem que o ego compreenda exatamente as razões desse processo. Ainda assim, isso não o impede de ensaiar e desenvolver novos modos de movimento nesse terreno: saindo da analogia, criações semióticas de sentidos, relações, autoimagem e perspectivas de futuro.

Assim, os principais temas que se modificaram primeiramente num nível inconsciente favorecem posteriormente novas possibilidades de ação, uma vez que os sistemas semióticos são bastante potentes na formação da conduta. Uma mãe opressora tornou-se protetora; de uma fixação no passado, a atenção se voltou para o futuro; de algo nojento, o sexo se transformou em experiência natural, inevitável e prazerosa; um pretendente, antes percebido como ameaça, passou a ser objeto de desejo; de uma vida interrompida, sua trajetória se configurou como um campo de novos projetos.

Tais aspectos foram, de certa maneira, introduzidos na experiência da jovem como interpretantes e, mesmo que a jovem não fosse consciente de sua inserção nesse universo, os diferentes sistemas em que se integraram, por semiose, foram a base pela qual ela pôde tomar decisões, gerar novas narrativas e se engajar em ações fundamentais para transformar sua vida.

Longe de implicar um imperialismo da fala, a reflexividade toma a intencionalidade como ponto central. É certo que, em muitos casos de transe, pode-se recorrer a um psicodrama interno, no qual a pessoa conversa e negocia diretamente com outra forma semiótica de seu universo. Entretanto, permanecer nessa perspectiva poderia fixar o hipnoterapeuta numa ótica rígida, como se a conversação fosse o modo exclusivo de estabelecer novas formas de relação e geração de sentido com tais formas, o que nem sempre se torna viável.

A constituição diagramática dessas cenas permite um considerável teor de vagueza (Peirce, 1997), que abre um grande leque de reconfigurações de sistemas e caminhos interpretativos, os quais, contudo, não prescindem da intencionalidade. Assim, em vez de dizer à mãe o que sentia ou o que ela representava para si, a jovem a visualizou, repetiu suas falas e ouviu as explicações de Erickson, que respeitaram sua afetividade para com a mãe e destacaram o cuidado com que esta agia.

Tal processo não deixou de se mostrar dramático e teve fortes implicações na mudança, inclusive na relação com a mãe subjetivada em seu mundo. A jovem, por sua vez, pôde se conectar intencionalmente com essa figura materna e vivenciar processos inteiramente distintos. Pelo que o texto sugere, a dimensão do cuidar foi o que parece ter permanecido entre elas.

Psicoterapia e democracia

A possibilidade de troca entre as diferentes abordagens em psicoterapia tem configurado historicamente um grande desafio (Delourne, 2001). A ausência de um dispositivo capaz de acessar a realidade — como ocorre com o laboratório nas ciências duras (Stengers, 2001) — e de neutralizar as diferenças de perspectiva torna o campo excessivamente plural para os padrões do paradigma moderno de ciência. O expressivo número de abordagens, que gira em torno de 500, é um exemplo significativo disso (Holanda, 2012).

Ao mesmo tempo, a lógica de escola tem se revelado um problema considerável, pois, na medida em que situa a figura de um mestre fundador como referência unívoca de saber, esquece-se de um diálogo aberto com as complexas realidades das pessoas. Não por acaso, o dogmatismo característico das escolas frequentemente se opõe ao interesse por disciplinas como a epistemologia (Neubern, 2018), ao mesmo tempo que se torna um dos principais instrumentos de doutrinação de discípulos e de conquista de espaços institucionais. Nesse contexto, a guerra das ciências (Hacking, 1999; O'Donohue, 2013) ganha um capítulo à parte.

Diante desse cenário, a tendência parece ser evitar um pensamento aberto sobre temas polêmicos que possam expor fragilidades — como epistemologia, espiritualidade e hipnose —, enquanto se eleva o mestre-fundador a uma condição mitológica, isenta de questionamento. Essa condição divina confere aos representantes da escola a autoridade para falar em seu nome e tutorar a mente de discípulos que, embora não reconheçam explicitamente, aderem a essa causa de maneira quase religiosa.

Semelhante contexto faz o campo da psicoterapia se assemelhar mais à barbárie do que à pólis, pois, enquanto a *pólis* reconhece seus membros como cidadãos, com voz e direito a negociação, a barbárie se caracteriza por relações bélicas, pela força bruta e até pela trapaça. Entretanto, a ideia de cidadania é aqui de grande relevância, seja no âmbito político, ao reconhecer que as diferentes abordagens podem ocupar um lugar legítimo na discussão, como cidadãs, seja no âmbito epistemológico, por considerar que cada uma corresponde a um recorte específico da realidade e, portanto, pode ter alguma razão de ser em suas afirmações.

Não raramente, tal aspecto leva muitos psicoterapeutas a tentar a integração de contribuições distintas de escolas em sua prática cotidiana (Holanda, 2012), mesmo que o façam de modo marginal e escondido do policiamento imposto pelas próprias escolas. Além de fonte de conforto, por permitir um enriquecimento da prática, essa atitude, apesar dos riscos, constitui um poderoso índice de uma necessidade fundamental do campo: a criação de condições para um diálogo entre diferentes abordagens, distanciando-se do teor hegemônico e por vezes tirânico das escolas.

É nesse sentido que se pode cogitar uma forma de democracia na psicoterapia, uma condição civilizatória na qual as diferentes abordagens sejam reconhecidas como cidadãs, tendo reconhecida a sua legitimidade, apesar das próprias fragilidades, e possam se engajar em diálogos construtivos com perspectivas distintas. Trata-se, portanto, não da dissolução das identidades das abordagens, mas de um enriquecimento mútuo que permitiria explorar as suas fragilidades, seja por meio do conflito, seja por uma lógica mais compreensiva do diálogo. Essa proposta também é extremamente pertinente para estimular o protagonismo dos indivíduos e da coletividade, que, em vez de defenderem a qualquer custo a figura do mestre fundador, interpelariam conjuntamente os mesmos campos, gerando questões fundamentais para tanto.

A proposta de uma fenomenologia como a de Peirce (1997) é de grande importância nesse contexto por algumas razões. Em primeiro lugar, ela se refere a um campo anterior a duas instâncias de conhecimento que, tradicionalmente (González Rey *et al.*, 2019), têm sido os focos centrais das reflexões em psicologia e nas psicoterapias em particular: teoria e método. Alçadas a essa condição, com frequência se transformam em grandes fetiches dentro das escolas, seja pela reificação das teorias em corpos doutrinários, como as teorias, seja por fornecerem evidências autoexplicativas, como no instrumentalismo.

Todavia, a fenomenologia, ao mesmo tempo que se coloca num campo anterior a essas instâncias, situa-se como um saber que alimenta as ciências práticas (Liszka, 1996) e como um campo comum de reflexão, que as unifica em torno de algo além do próprio termo "psicoterapia". Esse solo comum firma-se como condição fundamental para o diálogo, pois toca em zonas de sentido, a bem dizer, universais às psicoterapias, a processos que, de alguma maneira, parecem presentes em todas elas. Por outro lado, o diálogo só se torna possível em virtude das diferenças entre seus protagonistas — aspecto representado pelas próprias categorias fenomenológicas que, embora estejam sempre presentes, tendem a apresentar algum tipo de dominância em determinados campos mais explorados e aprofundados por determinadas abordagens.

Em suma, se a fenomenologia oferece a perspectiva de um solo comum, ela também contempla a diversidade de psicoterapias, caracterizadas pelos diferentes modos de se apropriarem das categorias fenomenológicas típicas da experiência humana.

Em segundo lugar, ao se associar à semiótica, a fenomenologia produz um olhar que se afasta da necessidade de confirmação imposta pelo dogmatismo, centrando-se, em vez disso, na contemplação e na interpelação da realidade a partir da experiência dos indivíduos. Isso implica, por um lado, um protagonismo na lida com a realidade, em que cada *self* se engaja na busca da verdade, tarefa da semiótica ou lógica (Peirce, 1997). Assim, as diferentes vozes teóricas presentes nesse *self* tornam-se pertinentes e falíveis, devendo ser questionadas para que o conhecimento avance, em vez de tratadas como diretrizes inquestionáveis de semideuses que exigem obediência.

Em termos coletivos, tal pressuposto favoreceria discussões da mais alta relevância para um processo de investigação (o que Peirce chama de *inquiry*), colocando a reflexão sobre a realidade e o próprio conhecimento como foco central. Além disso, dado que o *self* não consegue prescindir dos signos para refletir (Seif, 2019), a semiótica se estabelece como um saber fundamental nesse processo. A proliferação de signos que emerge de tais processos não apenas exige possibilidades de classificação significativas, mas também promove o debate, a negociação e o estabelecimento de consensos em torno dos signos públicos ligados a esses campos de experiência. Isso permite inferências em torno de sua constituição, seus sistemas e seus acontecimentos.

Em síntese, além de oferecer um bom exercício classificatório para compreender a lógica inerente a cada sistema de signos presente no processo terapêutico — com suas diversas combinações e implicações inferenciais —, tal discussão também envolveria os processos coletivos de negociação[5] em torno de tais campos típicos na psicoterapia, tirando desses grupos a condição de escolas para colocá-los como comunidades.

No que diz respeito à viabilização desse diálogo, a hipnose desempenha papel crucial, sobretudo por sua proximidade com a noção semiótica de *self* (Peirce, 1997; Petrilli, 2017). Isso porque, de um lado, a hipnogênese presente nos diferentes modos de influência tem estreita relação com a porosidade do *self*, a qual permite que conceitos, teorias, figuras, vozes, imagens e cenas, em meio a outras formas semióticas, adentrem o mundo do outro e se insiram em diferentes sistemas de signos.

Trata-se de um fenômeno comum às terapias em geral (Nathan, 2014), sejam as inspiradas no paradigma moderno, como a psicoterapia, sejam as ligadas a outros saberes culturais, como oráculos, contrafeitiços e até as chamadas terapias complementares. No caso das psicoterapias, é possível que seus representantes e interlocutores ofereçam informações de grande valia para mapear tais processos de influência, seus modos de ação e suas consequências para cada indivíduo.

5 A semiótica peirciana é subdividida em três outras ciências (Liszka, 1996): a gramática especulativa, a lógica crítica e a retórica universal.

Na esfera etnopsicológica (Nathan, 2014; Neubern, 2018), os usuários dos serviços têm grande importância nesse estudo, por constituírem testemunhas e laboratórios vivos desses processos. Seus relatos oferecem contribuições significativas para a reformulação e o aprimoramento das abordagens com que trabalham.

De outro lado, o transe, mesmo que não reconhecido por um grande número de abordagens, também desempenha um papel significativo, na medida em que remete ao caráter polifônico do *self*. Aqui, a perspectiva de um transe natural, cujas variações de referência com o mundo são comuns no cotidiano, tem muito para oferecer ao diálogo entre as diferentes terapias, uma vez que pode explicitar com certa facilidade as diferentes vozes e influências presentes na subjetividade de um terapeuta, que, contudo, nem sempre está consciente delas.

Neste ponto, é importante destacar que, embora a polifonia também possa ser acessada por outras técnicas, como a conversação e a dramatização, o transe tem uma particularidade clínica: ele evidencia um universo explícito e vivido no corpo que transcende os filtros e as deliberações do ego. Trata-se de uma dimensão imaginária, por vezes inconsciente, que parece contar com uma intencionalidade própria, capaz de surpreender o ego e o próprio terapeuta, e precisa ser reconhecida como protagonista do processo.

Estar presente

Se a fenomenologia, acompanhada da semiótica e da hipnose, se oferece como um solo comum para o diálogo democrático entre as diferentes abordagens de psicoterapia, torna-se necessário destacar alguns aspectos sobre o papel de suas categorias nesse processo. No caso da primeiridade, a profunda aceitação do outro se configura como um aspecto central, não apenas por estar presente em diferentes abordagens (Rogers, 1957), mas também pelas implicações numerosas que desencadeia. No caso aqui discutido, Erickson não propôs um diálogo conversacional, mas apresentou uma série de atitudes que, diferentemente da tendência de muitas abordagens, não foram traduzidas em palavras. Em vez disso, organizaram um poderoso modo de comunicação, em larga medida calcado na iconicidade.

Apresentada de diferentes modos conforme a abordagem, essa atitude primeira constitui um campo importante de diálogo, pois favorece a base afetiva do contrato terapêutico e representa o primeiro passo para que o terapeuta, como signo, adentre o mundo do outro. A assertiva "minha voz irá contigo" (Zeig, 1985) é profundamente favorecida por essa atitude e, no caso aqui destacado, foi por meio dela, em muitos aspectos, que Erickson pôde acessar o universo da jovem como protetor, professor e médico. Dessa posição, ele lhe oferecia narrativas de grande importância para que sua temática fosse acessada e trabalhada de maneira protegida. Também é digno de nota que, nessa atitude contemplativa do universo do outro, o psicoterapeuta pode captar, mediante uma sensibilidade aguçada, afetiva e específica, delineamentos da experiência do outro que não seriam perceptíveis em um estado comum.

Não por acaso, muitas abordagens de psicoterapia destacam a importância do estar presente na relação com o outro (Rogers, 1957). Trata-se de uma condição primordial para que os demais processos ocorram, o que a constitui um campo típico da primeiridade e de signos como os ícones. O estar presente situa o terapeuta na dimensão espaço-temporal do aqui e agora, fazendo que ele próprio e suas ações sejam perpassadas pela iconicidade. Ao mesmo tempo que se torna receptivo a um registro de iconicidade, ou seja, ao que é mostrado pelo outro, ele também recebe o embate concreto dos índices que fixam sua atenção e das complexas influências simbólicas vindas desse outro, de modo deliberado ou não. Por esse motivo, a proposta não é exclusivamente de uma condição de escuta, como se preconiza na psicanálise e em outras abordagens psicodinâmicas, mas de uma presença ativa e receptiva, capaz de acolher o que surge do outro em diferentes processos semióticos.

Outro aspecto importante da primeiridade refere-se ao papel mais voltado para o polo de observador do que interventor que o ego assume em certos momentos. No entanto, algumas ressalvas são necessárias, dada a sutileza característica de tal processo.

Primeiro, embora nem todas as abordagens tenham categorias e técnicas capazes de reconhecer esse campo, é fundamental que ele seja produzido a partir da relação psicoterápica, pois essa passividade, que lembra o devaneio, funciona como palco imaginário que se oferece como um ensaio para a mudança, constituindo-se um vasto manancial de recursos e potencialidades. Ainda que não ofereça um resultado concreto, ele se assemelha a uma navegação sem destino nem caminhos precisos para seguir, a não ser acompanhar o movimento das ondas (Seif, 2019). Embora não seja, por si só, um agente de transformação, nenhuma mudança pode ocorrer sem que esse plano seja mobilizado e disponibilizado para o processo. Os momentos em que a jovem parece visualizar a cena são marcados por atitudes de passividade, na qual apenas observa o desenrolar dos acontecimentos e escuta as instruções de Erickson. Tal passividade logo contrastaria com uma série de ações bastante decididas da jovem, nas quais agiu com afinco por ideais importantes em sua vida, como a busca do pretendente, do casamento e a vinda dos filhos.

O "deixar vir", pelo qual os movimentos imaginários e inconscientes chegam ao ego, é outro ponto comum a inúmeras abordagens psicoterápicas, além de ser temática frequente na prática clínica. Ele se manifesta, por exemplo, em pessoas que se entregam a excessivo controle do ego ou apresentam falta de espontaneidade, assim como no transbordamento dessa dimensão, muito presente nas formas clínicas caracterizadas pela primazia dos problemas de humor.

Nesse contexto, a contribuição talvez mais interessante ligada à primeiridade se refere a uma série de cuidados que facilitam a fluidez desse movimento, sem a necessidade de traduzi-lo em palavras. Em suma, tomando como analogia a proposta de Peirce (1997), para o ego é fundamental voltar a surfar nas águas do *self*, em vez de tentar direcioná-las ou se desconectar delas. Ou seja, trata-se de um fenômeno mobilizado pela psicoterapia no qual o *self* se intensifica e se movimenta de outro modo em relação ao ego, que necessita reconhecê-lo e aprender a receber suas influências.

Técnica e interação

A segundidade, em termos gerais, liga-se à dimensão técnica, aos processos interativos e aos demais existentes da psicoterapia, como os *selves* e os próprios acontecimentos enquanto singulares. Nos processos de interação, há uma troca semiótica atravessada por índices cuja expressão leva o interlocutor a uma reatividade característica, profundamente enraizada na corporeidade dos protagonistas, sobretudo no que diz respeito à geração de processos semióticos. Ao mesmo tempo que introduz uma dimensão histórica, devido à sequência de reações que se moldam no tempo, a interação facilita sobremaneira a fixação de atenção e consequentemente o *rapport*[6]. Mesmo quando os movimentos, construções verbais e expressões da interação são espontâneos, eles podem alçar a relação a algum nível de experiência, o que será de grande importância para o processo psicoterápico.

Não sem motivo, na hipnose esses processos são incorporados a técnicas e dotados de intencionalidade, fazendo da influência um processo em grande medida intencional. Já a técnica propriamente dita é uma espécie de agente que concretiza os conceitos da teoria (terceiridade) e altera a realidade subjetiva dos interlocutores, sendo um foco de atenção para muitos psicoterapeutas (Neubern, 2018). Sendo o veículo, por excelência, da hipnogênese, é a técnica quem, a bem dizer, abre as portas do mundo do outro, favorecendo ainda mais a interpenetração que já acontece em razão da própria natureza do *self* (Petrilli, 2017), o que coloca uma questão-chave para o psicoterapeuta — o problema da liberdade. Mesmo que de modo sutil, o psicoterapeuta pode impor suas cosmovisões sobre o universo do outro, a fim de promover uma intensa desqualificação de tal universo ao reputá-lo inferior em diversos aspectos, além de situar seu próprio

6 "*Rapport*" é uma palavra francesa que significa "relação", tendo sido adotada pelos hipnotizadores para indicar um tipo específico de relação hipnótica, na qual se verifica uma intensa responsividade entre os participantes dessa relação. Trata-se de um processo que antecede o transe e se mantém durante ele.

saber em um patamar considerado mais confiável e correto, por se considerar científico (Nathan, 2014). É nesse sentido que o paradoxo da hipnose — segundo o qual sua influência é descrita como "o sono que desperta" ou "o controle que liberta" — é de extrema pertinência para a presente discussão.

No caso de Erickson, o uso de uma série de técnicas tidas como indiretas — ou seja, sem um objetivo definido a ser deliberadamente cumprido pela jovem — foi fundamental para trabalhar sua singularidade. Tal perspectiva foi construída considerando tanto a singularidade de suas expressões quanto os modos de comunicação, como os diferentes sistemas de autonomia e a busca de resolutividade ligada às suas demandas. Esse tipo de abordagem é problemático para muitas psicoterapias que, embora preconizem a singularidade do indivíduo, frequentemente apresentam noções universalistas e padrões mais rígidos (González Rey *et al.*, 2019). Nesse sentido, a perspectiva de um *self* singular, mesmo que perpassado pelo simbólico, é de grande relevância por proporcionar uma leitura particularizada do conjunto de signos trazidos por cada sujeito.

A construção de sentidos que tem lugar nesse cenário, ao mesmo tempo individual e coletivo, é de grande importância, pois remete a um conjunto de sistemas fluidos e de limites nem sempre muito precisos que constituem essa subjetividade, principalmente a partir do encontro com outras pessoas e dos processos complexos de semiose. Ela também remete a uma dimensão importante do processo terapêutico: o conjunto de processos semióticos que compõem esses sistemas e podem gerar modos distintos de significação de acordo com a pessoa e o contexto relacional no qual ela está inserida.

Tal diversidade, sistêmica, complexa e recursiva, exige do terapeuta um delineamento técnico que considere a especificidade do cenário, em vez de temáticas reificadas, gerais e impostas pela teoria. Foi assim que Erickson desenvolveu uma linguagem muito específica para *aquela* jovem, garantindo que ela não se sentisse confrontada e que sua tendência a explosões emocionais fosse evitada, sob o risco de comprometer qualquer possibilidade de ajuda. Essa leitura foi tecida a partir da tendência a uma espécie de transbordamento emocional que a levava, de modo abruto, a tentativas de suicídio, sem que outra reconfiguração fosse possível.

Outro ponto importante para a psicoterapia, do ponto de vista técnico, é a própria condição de autonomia do sujeito que se busca promover. Na terapia proposta por Erickson, este assume um papel bastante ativo, mas sua influência poderosa não se impõe à jovem. Pelo contrário, em diversos momentos suas técnicas implicam uma proposta emancipatória. De certa maneira, a autonomia já se manifesta no próprio contrato terapêutico, estabelecido tanto em transe quanto em vigília, pois representa uma aspiração constante da jovem, seja diante dos impositivos da mãe, seja diante da tirania do próprio sofrimento que a paralisava e a impedia de seguir com sua vida.

Ao adotar uma postura de autoridade e contar histórias, o hipnoterapeuta sem dúvida estabeleceu certos limites para ela, mas ao mesmo tempo a incentivou a buscar e suas potencialidades e criações. Assim, em vez de responder a dada resposta exigida por outro situado em posição de poder, ela se voltou para seu universo subjetivo, povoado por figuras semióticas de seus diversos encontros, e criou alternativas bastante particulares para seus dilemas. Essa linguagem aberta — pobre em diretrizes, mas capaz de introduzir temas relevantes para a pessoa e destacar, de modo implícito, seus movimentos de autonomia — aciona não apenas processos deliberados e conscientes, mas também ativa diferentes níveis de agenciamento presentes na constituição subjetiva do *self* (Gallagher, 2012).

Já a questão da potencialidade e da busca de soluções também costuma ser outro ponto de divergência e contradição em psicoterapia (Delourne, 2001). Por um lado, em certo número de abordagens, o patológico parece ser ressaltado como base da condição humana, e a potencialidade nem sempre recebe um reconhecimento técnico e conceitual. Por outro lado, há abordagens que parecem cair no extremo oposto, idealizando excessivamente o ser humano e mostrando-se incapazes de lidar com aspectos da subjetividade marcados por processos como violência, medo, desonestidade e busca de poder.

Em ambas as situações, a hipnogênese, concretizada na técnica, poderia ser desastrosa para a paciente de Erickson. Se atacasse a mãe, confrontasse a jovem diretaemente ou contasse uma história negativista, o suicídio poderia ser desencadeado sem grandes obstáculos. Ao mesmo tempo, caso ele recorresse a uma história romantizada, a iatrogenia também se faria presente, pois a jovem poderia interpretar essa abordagem como descaso ou como um sinal de que o hipnoterapeuta tinha receio de acessar o sofrimento dela.

De modo geral, para evitar tais problemas, as intervenções técnicas precisam ser pertinentes, ou seja, contemplar as construções de sentido daquela pessoa e apontar simultaneamente caminhos possíveis e viáveis em seu processo psicoterápico. Entretanto, embora seja importante que a pessoa esteja conscientemente engajada em certas metas, a busca de soluções não deve ser concebida como obra de um ego todo-poderoso e desvencilhado de seu *self*.

É preciso que as técnicas também alcancem essa dimensão anterior e imaginária, rica em sentimentos e potencialidades, permitindo que ela sirva de base para a construção de soluções. Como diria Seif (2019), ainda que se cogitem e se busquem soluções concretas, é fundamental esse mergulho no *play of musement*, em que não há busca de soluções, mas uma exploração livre de si mesmo, processo possibilita ao ego se conectar com seu o *self*, promovendo maior integração entre si, sem um destino predeterminado.

É isso que pode não apenas favorecer a construção de soluções concretas, mas sobretudo o engajamento em uma trajetória de vida na qual as ações tenham sentido.

Portanto, é correto considerar que a técnica tenha um direcionamento duplo, que em certo sentido se torna triplo. Isso porque, primeiro, ela se dirige ao ego, reforçando-o e integrando-o para que possa tomar boas decisões. Antes disso, no entanto, desempenha um papel importante ao ativar e evocar dimensões profundas do self, explorando sua potencialidade criativa, simbólica e emocional. O terceiro aspecto diz respeito aos modos de integração de ambos, favorecendo um contato mais fluido e enriquecedor para eles. Entretanto, longe de se cogitar uma visão paradisíaca e idealizada do inconsciente ou do *self*, é importante que a técnica privilegie uma linguagem que favoreça a potencialidade e a construção de caminhos viáveis para aquela pessoa, evitando o fatalismo, que não raro estaciona o sujeito em uma lógica calcada no sofrimento. Boa parte de tais focos pode ser viabilizada por meio de uma linguagem de redefinição, na qual os signos propiciem uma estrutura de interpretantes capazes de promover a releitura de uma situação complexa, como no caso da mãe da jovem que, de uma condição a bem dizer tirânica, é qualificada como protetora de uma criança que ainda não estaria pronta para lidar com sexo. Na mesma redefinição, a própria inclusão da morte da mãe (ponto importante para a jovem) reforça ainda mais a tese da proteção, por destacar a impossibilidade daquela mãe orientar a filha já mulher.

Também se compreende essa redefinição em uma leitura temporal. Enquanto a segundidade está logicamente ligada a um aspecto histórico e até causal, a técnica é capaz de beneficiar a experiência vivida do *self* ao introduzir uma perspectiva de futuro, de algo por esperar do porvir, o que introduz a questão da terceiridade. Não por acaso, Erickson iniciou seu processo com a jovem por uma regressão, que logo em seguida foi desdobrada em uma leitura de desenvolvimento. Dessa forma, ele a conectou com perspectivas de futuro com as quais ela se identificasse e, mais do que isso, desejasse.

Teoria, sujeito e reflexividade

O pensar, como dimensão fenomenológica de terceiridade, assume implicações da mais alta relevância na psicoterapia, sobretudo devido aos desafios teóricos enfrentados por diversas abordagens com relação à teoria. Muitas delas tornam-se escolas justamente porque transformam a teoria em um corpo reificado e absoluto, que reflete incessantemente a figura do mestre fundador, em vez de concebê-la como um corpo de conceitos capazes de oferecer um diálogo com o mundo do outro. Nas escolas, as teorias tornam-se doutrinas, ou seja, fontes de autoevidência, sempre confirmando os próprios pressupostos independentemente das variadas contradições e oposições presentes na realidade subjetiva dos interlocutores. Tornam-se, na verdade, tutoras do pensamento do psicoterapeuta, cujo papel fica reduzido a obedecê-las e reproduzi-las, em vez de se conectar, sentir, perceber e refletir com a pessoa a quem presta serviço.

É daí que costumam nascer narrativas impostas que, por meio da hipnogênese, passam também a tiranizar o universo do outro, apresentando a teoria como superior, acabada e absoluta em detrimento das diversas cosmovisões que habitam o mesmo universo. Eis, portanto, um problema que interessa a todas as abordagens de psicoterapia que pretendem evitar o caminho doutrinário das escolas: como dispor de um pensamento teórico que permita o diálogo sem que se torne doutrinário nem colonize o universo subjetivo dos interlocutores?

Nesse ponto especificamente, nomes importantes da hipnose, como Erickson e Roustang, oferecem alternativas ao se classificarem como a-teóricos e questionarem a primazia das escolas no pensamento dos psicoterapeutas. Cada um reconhece a seu modo que as trocas humanas, assim como a subjetivação, presentes em processos hipnóticos são extremamente elusivos e escapam à lógica moderna das teorias universalistas, geralmente enraizadas em saberes que colonizam a própria noção de subjetividade (González Rey *et al.*, 2019). Todavia, em vez de proporem algo anárquico, concebem determinados princípios terapêuticos que norteiam o diálogo do hipnoterapeuta com a complexa realidade que emerge de seu paciente.

Numa leitura semiótica (Peirce, 1997), tais princípios podem ser considerados hábitos, exatamente por constituírem disposições para pensar processos elusivos, contraditórios e sistêmicos de semiose, e não determinismo ou ponto final a ser confirmado para a segurança do psicoterapeuta. Em consequência quase imediata, tem-se uma considerável flexibilidade para o diálogo com essa realidade, capaz de conceber, por exemplo, a particularidade da situação da jovem do caso aqui discutido.

Vale ressaltar, porém, que o princípio da singularidade, segundo o qual cada pessoa é única, já é uma espécie de hábito, pois aponta para uma dimensão de generalidade do ser humano e, especialmente para Erickson, configura importante pressuposto clínico. De modo similar, os princípios relacionados à potencialidade, à utilização, às relações entre consciente e inconsciente, à busca de soluções e às perspectivas de futuro, muito utilizados no caso analisado, também se vinculam à terceiridade e se apresentam como princípios ericksonianos.

Outra consequência inevitável é a própria condição de sujeito do psicoterapeuta, uma vez que a teoria ganha vida (Morin, 1990) nos processos de semiose inerentes a seu *self*. Embora essa noção seja controversa para importantes autores da psicologia (Gonzalez Rey *et al.*, 2019), ela é fundamental para engendrar o protagonismo, a criação e a autonomia do psicoterapeuta na geração de pensamento sobre os processos com os quais dialoga e, ao mesmo tempo, cria.

Há aqui um paradoxo importante, muito próximo dos paradoxos da hipnose (Neubern, 2018): ainda que a dimensão consciente do sujeito seja mínima diante das inúmeras determinações que escapam a suas deliberações, escolhas e ações, por menores que sejam, desempenham papel decisivo no andamento do processo psicoterápico. A polifonia de múltiplos processos de semiose que têm lugar no *self* afeta esse sujeito, mas sua ação diante do outro é decisiva para dialogar com sua complexidade, interagir com seus movimentos e tecer compreensões e técnicas capazes de levá-lo a uma condição emancipatória.

Longe de um ego todo-poderoso, esse sujeito, tal como aqui concebido, atua como uma espécie de médium — um signo ou intermediário — entre o saber que representa, suas próprias raízes de pertencimento e o intrincado campo de sistemas semióticos do *self* do outro, no qual se insere e pelo qual também é atravessado. No entanto, é essencial sustentar que esse signo é pensante e que seu pensar exerce papel central no desenrolar da psicoterapia.

Assim, ao depararmos com a criatividade presente nos textos biográficos sobre Erickson (Zeig, 1985), conhecemos um modo de pensar deliberado, criativo, refinado e detalhista sobre signos que comumente passariam despercebidos para grande parte dos psicoterapeutas. Observamos também uma tenacidade extraordinária na tentativa de propor caminhos para situações complexas, o que o levava a dedicar inúmeras horas ao estudo dos casos de seus pacientes. Ao mesmo tempo, ele mantinha firme resistência aos constantes apelos de alunos e colegas para fundar uma escola ou elaborar uma teoria. Tais posturas partem, certamente, de elementos profundos do *self*, mas são também dirigidas e projetadas por uma firme deliberação de sua condição de sujeito, que o consagrou como um dos terapeutas mais brilhantes e criativos do século 20. Em casos como o aqui discutido, é possível cogitar que seu mergulho em processos como o *play of musement* — nas inferências abdutivas, dedutivas e indutivas — partiram também de atos deliberados, sobretudo quando ele, como hipnoterapeuta, reconhecia a necessidade de aprofundar certas dimensões de seu pensamento. Mesmo que isso não seja explicitamente detalhado aqui, é perfeitamente verificável pela observação atenta de seu modo de trabalhar e pensar a respeito das diversas situações clínicas com as quais lidou em sua longa carreira profissional (Erickson; Rossi, 1980).

Em suma, a concepção da teoria como um sistema de hábitos é de considerável relevância por proporcionar à psicoterapia a possibilidade de avançar sobre aspectos problemáticos de suas organizações comunitárias e epistemológicas. De certa forma, abre espaço para que os conceitos funcionem como disposições para pensar um problema, pondo a teoria como ponto de partida, não como ponto de chegada (Morin,

1990). Ao mesmo tempo, introduz a questão do psicoterapeuta como sujeito, como um ser-signo pensante que se torna protagonista nessa leitura que desenvolve com o outro e partindo das relações que o atravessam e a seu interlocutor. Se a semiose implica a base triádica do signo (objeto-signo-interpretante), a produção semiótica do psicoterapeuta — ideias, intenções, focos, emoções e expressões físicas — também integra esses processos e neles desempenha papel fundamental.

Outro aspecto importante, muito próximo da noção do sinequismo[7] de Peirce (1997), é que a concepção da teoria como hábitos consiste no princípio de que o ser humano conhece a natureza por também ser parte dela. Assim, os hábitos que compõem a construção teórica podem dialogar com os diferentes hábitos que se configuram no *self* das pessoas. Tal proposta talvez preencha a considerável lacuna ontológica existente na psicologia (González Rey *et al.*, 2019) de qual é a realidade da subjetividade e quais são suas exigências para se fazer conhecida.

Ao se analisar o caso da jovem, percebe-se que a questão do pensamento assume um papel relevante na psicoterapia, à qual muitas pessoas recorrem por terem problemas que talvez considerem ilógicos (ridículos, bizarros, pueris, absurdos), mas se sentem impotentes para resolvê-los. No caso em questão, seria provavelmente improdutivo dizer-lhe, por exemplo, que as prescrições maternas eram rígidas e puritanas demais e que ela deveria permitir-se viver seus desejos sexuais livremente com o homem que escolhesse. Improdutivo porque tais crenças estavam enraizadas em dimensões profundas e inconscientes do *self*, onde sua mãe-de-criança permanecia viva. Logo, o processo psicoterápico deve auxiliar a pessoa a decidir e pensar bem, mas considerando esse bem como algo ligado a suas referências de mundo, não como prescrição alheia a seus significados. Se, de acordo com Peirce (1997), essas crenças profundas moldam a conduta da pessoa ao longo do tempo, é papel da psicoterapia atuar na reconfiguração das crenças que gerem sofrimento, como fez Erickson. Além disso, é seu papel promover novas formas de conexão entre o ego e o *self*, permitindo que o sujeito desfrute de novas modalidades de conexão consigo e avalie a coerência entre o que pensa (nas crenças profundas e nas ideias mais comuns), faz, diz e sente.

É de tal ponto de vista pragmático que se pode fomentar novas formas de reflexividade, sobretudo quanto a uma ética de relação consigo e com os outros diante das diferentes situações de vida. Isso não significa, por outro lado, que essa reflexividade não conte com duas práticas também adotadas por Erickson, a conversação e os conselhos práticos, as quais, em muitas situações, tiveram grande relevância para seus pacientes.

7 Conceito de Peirce segundo o qual existe uma continuidade entre as coisas, mesmo que haja diferenças entre elas. Espírito e matéria seriam um exemplo disso.

A questão do pensamento na psicoterapia não deixa de ser polêmica para diferentes abordagens e escolas. Algumas rejeitam fortemente qualquer tipo de instrução que o psicoterapeuta possa sugerir, temendo que sua prática se reduza a mero aconselhamento. Outras defendem a ideia de que o pensamento deve se submeter exclusivamente a uma busca de *insights*, preconizando uma interferência mínima do psicoterapeuta, sob o risco de macular ou prejudicar um processo inteiramente particular do paciente.

Entretanto, é importante destacar que o pensamento é uma das dimensões essenciais do ser humano, e a psicoterapia não deve negligenciá-lo, pois muitos dos problemas trazidos para a sessão terapêutica são profundamente alimentados por formas específicas de pensar as situações cotidianas e as questões centrais da vida. Assim, trabalhar o pensamento não se limita a instruções dirigidas ao ego, mas a todo um contexto indireto de comunicação, como propôs Erickson. Isso pode envolver metáforas, repetições, entremeamentos, dramatizações e prescrições desde que esses recursos promovam a autonomia e a criatividade do sujeito. Nesse sentido, a capacidade reflexiva e a conexão consigo mesmo, sob a perspectiva semiótica (Petrilli, 2017), estão intimamente relacionados.

A reflexividade, em termos teóricos, também consiste em um processo fluido e comprometido da própria figura do psicoterapeuta, e aqui as ciências normativas de Peirce (1997) — estética, ética e lógica — assumem papel fundamental. Por certo, não se pode atribuir ao psicoterapeuta o papel de um super-homem, dotado de poderes e desvencilhado das necessidades comuns das pessoas, nem o de um santo, cuja renúncia e devoção exigiriam um esforço impensável, que só poucos conseguiriam realizar. No entanto, a própria dimensão de um *self* semiótico, na qual o psicoterapeuta adentra o mundo desse outro (e também é penetrado por ele), não implica salvar vidas. Não que situações mais simples de psicoterapia envolvam necessariamente grandes transformações, nem que o psicoterapeuta seja uma espécie de herói, cujos poderes superariam perigos e obstáculos para salvar pessoas inocentes. Entretanto, seu papel é sem dúvida crucial para auxiliar o encontro da pessoa consigo mesma, de modo que sua vida volte a ter sentido.

Ressalte-se que, ao se colocar em um plano ideal, a estética se apresenta como diretriz ou chamamento, não como meta a ser atingida. No entanto, essa distinção nem sempre é compreendida por psicoterapeutas que buscam arduamente resultados ou se intitulam defensores exclusivos da ciência. É certo que o ideal estético necessita ser inatingível em sua integridade, exatamente por se situar num plano de saber distante das trocas sociais cotidianas concretas onde as pessoas vivem. Entretanto, é esse ideal que aponta para o que molda as condutas, no sentido de crenças profundas que precisam ser consideradas por um método pragmático em suas influências cotidianas (Peirce,

1997). É desse modo que ele leva a resultados extremamente práticos, uma vez que o psicoterapeuta necessita questionar-se sobre as crenças que o habitam e, em vez de se tornar um ser mitológico e transcendente à sua história e às suas trocas sociais, precisa se "re ligar" a seus nichos de pertencimento ou *ethos* (Neubern, 2018). De tal perspectiva, a reflexão sobre "quem eu sou" passa inevitavelmente por "meus encontros", promovendo uma integração e colocando-o em diálogo com as formas semióticas que habitam seu *self*, sejam elas concretas, sejam imaginárias.

Essa perspectiva abrange não apenas seus pertencimentos teóricos — geralmente mais amplos do que o de uma abordagem —, mas também aspectos como família, etnia, religião, gênero, classe social e econômica, entre outros. Semelhante propósito é de grande relevância para o psicoterapeuta que, a exemplo de grandes nomes da área, como Erickson, Akstein, Frankl e Nathan, permite a presença de sua ancestralidade em suas construções de pensamento. Mais que isso, tal psicoterapeuta assume uma condição especial em países como o Brasil, onde a diversidade étnica, a miscigenação, a história, a religião e as desigualdades socioeconômicas nem sempre se coadunam com modelos importados de outras épocas, culturas e países.

A busca do ideal demanda logicamente uma ética — daí o termo *ethos* —, pois essa jornada implica um encontro consigo mesmo. Esse ideal não deve ser estranho ao universo do *self*, sob o risco de se transformar em uma forma sutil de colonialismo (Nathan, 2014). Assim, há aqui a implicação de um esforço constante nessa busca, aquele que guie as ações nas quais o ego passe a servir ao *self* em suas dimensões estéticas (Peirce, 1997). Naturalmente, as contradições e incoerências fazem parte desse processo. No entanto, segundo a reflexividade proposta pelo pragmatismo, o processo está sujeito a importantes sistemas de autorregulação. Em suma, em vez de um moralismo rasteiro, a ética aqui implica uma proposta de coerência integral entre ego e *self* (Seif, 2019).

Todavia, esse esforço ético também se manifesta nas interlocuções na psicoterapia, pois o psicoterapeuta, ciente de que sua influência adentra o universo do outro com considerável poder de transformação (Petrilli, 2017), precisa se questionar sobre os impactos de sua influência. Se, de certa forma, toda terapia é uma forma de invasão — e, portanto, uma espécie de violência (Nathan, 2014) —, torna-se necessário questionar o teor integrativo e emancipatório dessa intervenção. Esse questionamento é constituinte-chave da atitude ética a ser cultivada ao longo de uma práxis viva do psicoterapeuta, não restrita à apreciação das normas de um código profissional escrito.

Do ponto de vista da democracia, a ética preconiza uma abertura ao pensamento alheio a fim de avaliar o que o outro tem para dizer como algo digno de ser considerado (Andersen, 2003). Em outras palavras, é importante que o representante de uma abordagem se interesse por aquilo que seu interlocutor pensa, compreendendo suas ideias com base em suas referências de mundo e, sobretudo, reconhecendo sua relevância na subjetividade dos psicoterapeutas que adotam tal abordagem.

Uma vez que essa atitude seja possível, as divergências podem ser tratadas com maior fluidez, impulsionadas pelo puro interesse em manter o diálogo (Seif, 2019), em vez de tentar desqualificar as ideias do outro ou até mesmo combatê-las. Esse solo afetivo de valores comuns — o *commens* de Peirce (Liszka, 1996) —, ainda que pareça utópico para muitos, torna-se bastante necessário na atualidade, quando muitos psicoterapeutas procuram integrar abordagens distintas em virtude do próprio trabalho. Em vez da marginalidade que eles adotam para fugir ao olhar inquisidor de colegas e instituições, tais buscas podem ser feitas à luz do dia, como recurso legítimo daqueles que procuram conciliar contradições trazidas por suas práxis.

Por fim, a questão do verdadeiro, ligada diretamente à semiótica, em parte já se destacou aqui ao considerar as verdades do outro nas diferentes construções de sentido. No caso da jovem, sua verdade estava, em certa medida, ligada a uma terrível relação entre morte e sexo, entre a fidelidade à mãe e um desejo natural de seu desenvolvimento, aspectos que foram devidamente reconfigurados com as intervenções de Erickson.

Por outro lado, o problema da verdade também se insere, no contexto da psicoterapia, em uma dimensão comunitária, na qual a investigação se desenvolve coletivamente partindo de pressupostos, valores e ideais comuns (Liszka, 1996). Trata-se, de certa forma, de um processo no qual as escolas se tornem abordagens, abandonando a perspectiva doutrinária comum a elas para assumirem o papel das teorias entendidas como hábitos, conforme afirmamos. *Grosso modo*, é a condição de cidadania para que cada uma possa exercer seu papel na pólis da psicoterapia e das ciências correlatas. Nesse sentido, a partir desse solo comum construído pela fenomenologia e pela própria hipnose, possibilita-se o diálogo entre abordagens, considerando pontos e compromissos compartilhados na busca do verdadeiro, passível de se mostrar em diferentes facetas. Semelhante ideal precisa estar acima de questões que tradicionalmente têm fomentado os conflitos entre abordagens, como as disputas institucionais e por nichos de mercado, sem contar o próprio teor ideológico, que, por vezes, pode associar algumas abordagens a sistemas políticos opressores.

É essencial ir além de discussões centradas nas comunidades de psicoterapeutas e considerar sobretudo as influências políticas, sociais, culturais e econômicas que as atingem, questionando os contextos mais amplos adequados para a realização dessa investigação coletiva. A lógica produtivista, por exemplo, em suas variadas facetas, parece expressar muito mais as metas da entidade substancializada e onipresente do mercado do que o ideal aparentemente desinteressado do conhecimento na forma de aventura.

Se o *commens* implica o solo afetivo comum que pauta a possibilidade dessa investigação, é o interesse pela verdade que se coloca como valor maior capaz de pautar relações e promover maior conexão entre elas. A democracia pressupõe que as abordagens, ao se comportarem como *selves* coletivos (Petrilli, 2017), se percebam como seres coletivos em constante interação como outros *selves* que nascem, crescem, se enriquecem, envelhecem e morrem. Em suma, é por meio da alteridade e da negociação entre os cidadãos desse campo — os quais, de certa forma, constituem o grande *self* da *pólis* — que se torna possível dialogar com a verdade.

Referências

ANDERSEN, T. *Processos reflexivos*. São Paulo: Noos, 2003.

DELOURNE, A. (org.). *Pour une psychothérapie plurielle*. Paris: Retz, 2001.

ERICKSON, M. H; ROSSI, E. L. *The collected papers of Milton Erickson, M. D.* Nova York: Irvington, 1980.

Erickson, M. H.; KUBIE, L. "The successful treatment of a case of acute hysterical depression by a return under hypnosis to a critical phase of childhood". *The Psychoanalytic Quarterly*, v. 10, n. 4, p. 583-609, 1941.

GALLAGHER, S. "Multiple aspects in the sense of agency". *New Ideas in Psychology*, v. 30, p. 15-31, 2012.

GONZÁLEZ REY, F.; MARTÍNEZ, A. M.; GOULART, D. M. (orgs.) *Subjectivity within cultural-historical approach*. [*S. l.*]: Springer, 2019.

HACKING, I. *The social construction of what?* Cambridge: Harvard University Press, 1999.

HOLANDA, A. (org.). *O campo das psicoterapias*. Curitiba: Juruá, 2012.

JAPPY, T. *Introduction to Peircean visual semiotics*. Nova York: Bloomsbury Academic, 2013.

LISZKA, J. *A general introduction to the semeiotic of Charles Sanders Peirce*. Bloomington: Indiana University Press, 1996.

MAY, R.; ANGEL, E.; ELLENBERGER, H. F. *Existence*. Oxford: Jason Aaronson, 2004.

MORIN, E. *Science avec conscience*. Paris: Fayard, 1990.

NATHAN, T. *Nous ne sommes pas seuls au monde*. Paris: Seuil, 2014.

NEUBERN, M. da S. "Iconicidade e complexidade na comunicação hipnótica". *Psicologia: Teoria & Pesquisa*, v. 32, p. 1-9, 2016. Disponível em: http://dx. doi. org/10.1590/0102-3772e32ne217.

_______. *Clínicas do transe*. Curitiba: Juruá, 2018.

O'DONOHUE, W. *Clinical psychology and the philosophy of science*. [*S. l.*]: Springer, 2013.

PEIRCE, C. S. "Pragmatism as a principle and method of right thinking". *In:* TURRISI, P. A. (org.). *Pragmatism as a principle and method of right thinking: the 1903 Harvard Lectures on Pragmatism*. Nova York: State University of New York, 1997.

PETRILLI, S. *The self as a sign, the world, and the other: living semiotics*. Londres: Nova York: Routledge, 2017.

ROGERS, C. R. "The necessary and sufficient conditions of therapeutic personality change". *Journal of Consulting Psychology*, v. 21, p. 95-103, 1957.

SARTRE, J.-P. *L'imaginaire*. Paris: Gallimard, 2005.

SEIF, F. Y. *De-sign in transmodern world: envisioning reality beyond absoluteness*. Berna: Peter Lang, 2019.

STENGERS, I. "Qu'est-ce que l'hypnose nous oblige à penser?" *Ethnopsy*, v. 3, p. 13-68, 2001.

ZEIG, J. K. *Experiencing Erickson: an introduction to the man and his work*. Nova York: Brunner: Mazel, 1985.

5 O LEGADO DE ELSO ARRUDA PARA A FENOMENOLOGIA: UMA OBRA MONUMENTAL(MENTE) ESQUECIDA

PEDRO LUÍS TIZO SANTOS
ADRIANO FURTADO HOLANDA

O legado da fenomenologia é sabidamente difícil de relatar. Não apenas pelo fato de se haver estendido por tantas searas e tantas contribuições distintas, mas por não se ter constituído como um "movimento" ou como uma "escola" definida, refletindo uma liberdade de pensamento sem par que diluiu os reflexos de suas elaborações. Um dos grandes desafios na apropriação da fenomenologia é exatamente reconhecer essa multiplicidade e as diferentes interpretações que dela surgiram. Além disso, há a dificuldade de compreender plenamente o contexto e o processo de sua apropriação em solo brasileiro. A proposta deste capítulo é apresentar ao leitor um dos primeiros protagonistas do pensamento fenomenológico em nosso país.

No Brasil, a fenomenologia ingressa simultaneamente nos campos da filosofia, da psicologia e da psiquiatria por volta da década de 1940, embora seja tradicionalmente identificada como um "pensar" filosófico. Mas, como sabemos, desde 1912 — e com mais destaque a partir de 1913 —, sua relevância no contexto clínico já se fazia notar, em especial pelas contribuições de Karl Jaspers. Ademais, as vinculações com a psicologia sempre permearam as reflexões de pensadores como Husserl, Stein, Heidegger, Merleau-Ponty, Sartre, entre outros, o que evidencia sua estreita relação com essa área do conhecimento.

Assim, era natural que essa proximidade se refletisse em pesquisas similares no Brasil, o que de fato ocorreu. As primeiras menções ao nome de Edmund Husserl no país aparecem nos escritos de Wacław Radecki, psicólogo polonês convidado para organizar o Laboratório de Psicologia Experimental da Colônia de Psicopatas do Engenho de Dentro na década de 1920. Esses textos foram publicados pelo Laboratório em 1928 e 1929.

Nos anos de 1940, surgem as primeiras referências filosóficas da fenomenologia, com Euryalo Cannabrava e Vicente Ferreira da Silva. Ainda no final dessa mesma década, as pesquisas de Nilton Campos, que era assessor de Radecki, retomam o tema, culminando na publicação de sua tese em 1945.

O ator — e autor — que ora apresentamos, Elso Arruda, foi o responsável pela primeira grande elaboração do pensamento husserliano no Brasil, em suas reflexões sobre a clínica psiquiátrica. Sua trajetória profissional é acompanhada de uma série de produções que refletem tanto contribuições à prática clínica quanto seu protagonismo na consolidação da fenomenologia brasileira. Pretendemos aqui resgatar uma história, a de um personagem fundamental, e ao mesmo tempo compreender o contexto que moldou o cenário da fenomenologia no Brasil. Acreditamos que esse resgate não apenas nos permite reconhecer um legado, mas também oferece caminhos para enfrentar os desafios da complexidade dessa que foi a maior contribuição do pensamento filosófico do século 20.

Prólogo

Elso Arruda (1916-1995), nome ainda pouco conhecido do grande público, foi psiquiatra e psicólogo, além de autor profícuo, que atuou em diversas áreas e produziu conhecimento sobre os mais diversos temas concernentes à psiquiatria e à psicologia. Sua trajetória acadêmica começou cedo e sempre foi reconhecida pela excelência (Coutinho e Saback, 2007). Arruda lia em inglês, espanhol, francês e alemão, além de demonstrar certo domínio do grego e do latim. Essa erudição se reflete em sua obra, marcada por leituras e referências de diferentes períodos e tradições intelectuais ao redor do mundo. Apesar desse histórico, ainda são poucas as referências a seu trabalho no Brasil, e só muito recentemente tem ocorrido uma espécie de "redescobrimento" de seu legado, em meio a estudos sobre a construção, a constituição e o desenvolvimento da fenomenologia no Brasil (Holanda, 2016; Mota *et al.*, 2019; Holanda, 2022; Mota, 2022; Mota e Miranda, 2022; Santos, 2022).

É interessante notar, desde o início, a evolução do seu pensamento como autor. Arruda foi médico psiquiatra por quase 60 anos; graduou-se em medicina em 1938, mas já atuava na psiquiatria, como assistente do professor Henrique Roxo (1877-1969) (Arruda, 1995). Manteve-se ativo até o seu falecimento, ocorrido em 1995, ano em que publicou seu último escrito, *Resumo histórico da psiquiatria brasileira*. Além de atuar como psiquiatra, Arruda também é reconhecido como psicólogo e teve longa trajetória como professor, lecionando na Universidade Federal do Rio de Janeiro durante grande parte de sua carreira.

Cinquenta anos de experiência em psiquiatria moldaram tanto a produção literária quanto a prática profissional de Arruda. Essa trajetória se observa em seus escritos: inicialmente, ele abordava temas como o tabagismo crônico e a convulsoterapia como tratamento psiquiátrico. Em sua fase mais madura, sua escrita evoluiu para obras singulares, como *Patografia de Friedrich Wilhelm Nietzsche* (1985), que ainda não se replicaram na psiquiatria brasileira.

Buscamos arregimentar o maior número possível de obras de Elso Arruda — livros, artigos ou outros escritos — na esperança de esboçar um perfil autoral com base no material que ele deixou registrado, grande parte do qual está disponível. Esperamos que, ao final do capítulo, o leitor não apenas tenha uma base de referências para as obras de Arruda, mas também consiga compreender que tipo de autor foi, os temas que abordou com maior frequência e as questões que marcaram sua produção intelectual. Além disso, procuramos apontar sua representatividade em relação à fenomenologia em solo brasileiro.

Os primeiros escritos e suas características

Desde o início de sua carreira, Elso Arruda demonstrou uma produção acadêmica significativa. Ingressou na então faculdade de medicina da Universidade do Brasil em 1933, formando-se em 1938. Já no ano seguinte, publicou um de seus primeiros escritos, um artigo no periódico *Arquivos Brasileiros de Higiene Mental*. Essa publicação, cujo redator-chefe era Henrique Roxo, contava, entre seus redatores, com Adauto Botelho, mais tarde homenageado por Arruda (1947) e citado como amigo e conselheiro. Ambos são reconhecidos como figuras de destaque na psiquiatria brasileira.

Nesse periódico, Arruda publicou o artigo "O método de Meduna nas doenças mentais", no qual relatava suas primeiras experiências com a administração precoce de cardizol. Essa substância, aplicada por injeção, levava à inconsciência pacientes que haviam tido uma crise convulsivante e começavam a demonstrar sintomas que remetiam a transtornos mentais, de acordo com os critérios nosológicos observáveis na época (Arruda, 1939a).

Na época, Arruda enfatizava o caráter profilático do tratamento, apresentando os "sucessos" obtidos nos tratamentos precoces de crises em quatro pacientes distintos. Destacava ainda a visão positiva do tratamento naquele momento, afirmando que "doentes que até bem pouco tempo estavam predestinados a vida de completo alheamento da sociedade, a uma verdadeira 'reclusão sem crime', encontram hoje seus sofrimentos minorados pelo tratamento convulsivante" (Arruda, 1939a, p. 33). E acrescenta (p. 35):

> Não é sómente por este lado que se pode avaliar a importancia da questão, mas tambem pelo fato de permitir que o doente seja tratado antes de entrar na fase de falta de dominio sobre seus atos. Além de evitar que o individuo receba um diagnostico psiquiatrico. Para estes o diagnos-

> tico constitue um estigma dificil de ser afastado. Um esquizofrenico curado será sempre 'um esquizofrenico' que melhorou.[1]

O autor faz ainda uma declaração importante e reveladora:

> Evitando-se o diagnóstico, livra-se o doente desta inferioridade para com seus semelhantes. Isto devemos fazer porque na mentalidade do povo está arraigado o preconceito de que 'um louco sempre é um louco'. Evite-se o diagnóstico, mas de um modo ativo, evitando a doença! (Arruda, 1939a, p. 35)

Esses parágrafos chamam a atenção sobretudo pelo destaque social que Arruda confere à doença e pela escolha cuidadosa das palavras. Sua abordagem sugere que, em sua visão, o ser doente, o ser louco, resulta tanto do estigma social criado na comunidade em torno do sujeito quanto dos sintomas que ele manifesta. Essa posição está em consonância com as contribuições que a fenomenologia traz para a psiquiatria, de seus primórdios às suas implicações nos movimentos revisionistas contemporâneos (Puchivailo, Silva e Holanda, 2013).

O autor não deixa de fazer alguns apontamentos sobre como os pacientes, em grande parte, lidavam com o tratamento convulsivante, cujo próprio nome já sugere. Arruda destaca o "pavor" que muitos pacientes sentiam ao saber que passariam pelo procedimento e salienta que seria desejável ocultar deles essa informação para evitar a "aflição" e a "angústia" (Arruda, 1939a, p. 36). Além disso, sua escrita demonstrava certo caráter descritivo notável na apresentação dos casos, refletindo uma perspectiva mais clínica — voltada para a relação intersubjetiva entre paciente e médico — do que estritamente técnica. Embora fosse um representante de sua época e, portanto, influenciado pelos paradigmas científicos de seu tempo, Arruda conseguiu antever e, em alguns casos, implementar formas de ação clínica que poderíamos considerar inovadoras. Além disso, foi colaborador direto e amigo pessoal de Nise da Silveira (Schleder e Holanda, 2015).

Ainda em 1939, publicou um breve artigo intitulado "A convulsoterapia nos estados de agitação epilética" (Arruda, 1939b), no qual estabeleceu paralelos entre o uso do tratamento convulsivante em pacientes esquizofrênicos e epiléticos submetidos ao cardiazol, destacando seu efeito aparentemente calmante. Uma característica recorrente nesses primeiros trabalhos é o uso constante de exemplos clínicos e uma tentativa de descrever o comportamento dos pacientes submetidos à convulsoterapia.

1 Conforme o texto original. Convém assinalar que a transcrição respeita a linguagem da época.

Ressalte-se que Arruda, atuando como assistente de Roxo, escreveu o artigo em nome da Clínica Psiquiátrica da Faculdade Nacional de Medicina. Deu continuidade à sua pesquisa na tese intitulada *A convulsoterapia nas doenças mentais*, pela qual foi aprovado com distinção no doutoramento. Nela, Arruda apresentou um panorama abrangente da convulsoterapia, prática comum à psiquiatria da época, que estava em plena expansão. Chama-nos a atenção que nesse trabalho o autor apontava os riscos do uso abusivo e indevido da convulsoterapia em determinadas situações. Em 1946, Arruda aprofundou essa discussão no artigo "Acidentes e complicações da convulsoterapia", publicado na revista *Arquivos Brasileiros de Neuriatria e Psiquiatria* (Cassília, 2011), a qual foi fundada, entre outros, por Juliano Moreira, autor de grande importância em sua trajetória. "Em tese divulgada em 1945, menciona o 'otimismo exagerado' que levou ao uso indiscriminado dessa terapia" (*idem*, p. 107). Embora tenha produzido diversos trabalhos nesse período inicial, sua quantidade extrapola o escopo desta análise.

A maioria dos primeiros escritos de Arruda se perdeu ao longo do tempo. Apesar de repetidos esforços, as tentativas de resgatá-los se mostraram infrutíferas. Com isso, apontamos para novos caminhos possíveis de pesquisa em torno do nome de Elso Arruda, os quais aguardam ser explorados e descobertos.

Mudança de ares: a ida à Bahia em 1947 e a contribuição fenomenológica para a psiquiatria

Esse período marcou uma fase de intensa produtividade para o autor. A fim de se preparar para o concurso de cátedra de clínica psiquiátrica, que se realizaria na Universidade da Bahia em 1947, e por ser uma das exigências do concurso, Arruda elaborou um trabalho inovador para o seu meio, que contrastava significativamente com suas publicações anteriores.

O *Ensaio de psicologia e psicopatologia husserlianas* (1947) é dividido em duas partes. Na primeira, Arruda apresenta a fenomenologia husserliana e a chamada psicologia fenomenológica. Na segunda, explora a possibilidade de uma psicopatologia também fenomenológica, apoiando-se em autores que beberam das concepções de Husserl, bem como em outros que seguiram nessa direção. Entre os pensadores que permeiam essa segunda parte estão Binswanger, Jaspers, Schneider, Pfänder e Heidegger, que coma partilham fontes semelhantes, além de nomes como Bleuler e Kraepelin, entre outros.

Mais especificamente, a primeira parte da tese, intitulada "Psicologia fenomenológica", compõe-se de 80 páginas e é subdividida nos seguintes capítulos: "Introdução à fenomenologia", "As vivências intuitivas", "A estrutura da consciência", "A consciência temporal", "O pensamento: análise do pensar" e "O juízo, a expressão e a significação".

Eles abrangem, de maneira devidamente ordenada, a definição do objeto da fenomenologia, os meios para sua obtenção, os "aparelhos" e as características dessa obtenção e, por fim, a análise fenomenológica propriamente dita.

Nesse primeiro momento da tese, Arruda procura fornecer ao leitor uma compreensão básica da fenomenologia tal como proposta por Husserl, introduzindo conceitos fundamentais como os de intencionalidade, *epoché*, *eidos*, a metodologia fenomenológica, a atitude fenomenológica e a reflexão fenomenológica, entre outros.

Em um esforço claro e justificado, uma das primeiras problematizações levantadas por Arruda é a necessidade de captar as influências dos movimentos que precederam a fenomenologia husserliana, distinguindo como esta se destacou ao escapar das armadilhas idealistas, psicologistas ou solipsistas daqueles. Para ele, a fenomenologia representa uma proposta de filosofia verdadeiramente rigorosa, que deveria servir de base para nossa perspectiva de fazer ciência (Arruda, 1947). Assim, o autor percorre, ainda que brevemente, grandes nomes com os quais Husserl fez questão de trabalhar para elabo-rar tais diferenças em suas *Investigações lógicas* (1900-1901), de Locke, Berkeley, Hume e Kant à influência mais direta e inquestionável de Franz Brentano.

A partir daí, seu interesse se volta para a análise das *vivências intuitivas*, segundo seu entendimento com base nas elaborações husserlianas de *percepção imanente e transcendente, atos intuitivos, vivências, intuição categorial ou das essências*. O objetivo é, posteriormente, refletir sobre a estrutura da consciência e sua constituição como consciência intencional, tema que Arruda detalha em suas discussões sobre dados *hiléticos, noéticos e noemáticos*.

Ele também analisa os problemas temporais da consciência abordados por Husserl, explorando o conceito de *tempo fenomenológico* para abordar o *eu puro*, a *consciência interna do tempo* e as *sínteses* que se dariam na consciência. Abre, então, o caminho para discutir as *vivências hipnagógicas*, que voltarão à cena quando Arruda falar de psicopatologia fenomenológica. Além disso, cria problematizações sobre o *pensar*, o *pensamento* e o *juízo*, deixando em aberto maneiras de abordar tais conceitos e evidenciando, em um primeiro momento, a influência de posturas naturalistas em sua análise.

A segunda parte da tese, intitulada "Psicopatologia fenomenológica", subdivide-se em uma "Introdução" e nos seguintes tópicos: "As vivências intuitivas mórbidas", "Perturbações das vivências espaciais", "Perturbações das vivências temporais", "Fenomenologia do autismo", "Psicopatologia fenomenológica da expressão", "Os pensamentos mórbidos", "Perturbações dos julgamentos" e, por fim, "Comentários em torno da psicologia e psicopatologia fenomenológicas".

Nesse segundo momento, Arruda, em primeira mão, propõe conceituar a *psicopatologia fenomenológica* a partir das proposições de Husserl e de psiquiatras que na época a chamavam de "fenomenologia psicopatológica", nomeadamente Binswanger e Pfänder. Ele articula os recursos conceituais e teóricos abordados na primeira parte da tese com as conceituações e os objetos clássicos da psiquiatria, como esquizofrenia, bipolaridade, autismo, delírio, vivências alucinatórias etc. Ao apresentar sua proposta de psicopatologia fenomenológica, Arruda tenta demonstrar a aplicação do rigor e do olhar fenomenológicos àquilo que denomina *vivências mórbidas*, bem como as características das vivências tipicamente encontradas nas psicoses ou em manifestações de tipo psicótico.

Arruda permaneceu na Bahia como chefe da clínica do Hospital Juliano Moreira de 1947 a 1953 (Arruda, 1995). Em 1950, a pedido do dr. Oswaldo Camargo, então diretor da instituição, e a mando do governador do estado da Bahia, foi enviado a Paris para participar dos dois Congressos de Criminologia e de Psiquiatria, realizados, respectivamente, de 10 a 19 e de 17 a 29 de setembro.

Como chefe da clínica do Juliano Moreira, Arruda levou trabalhos desenvolvidos "de conformidade com a orientação" (Arruda, 1951, p. 4) de Oswaldo Camargo e com a colaboração de outros colegas do hospital. Ao retornar, elaborou um relatório detalhado sobre os principais temas abordados nos congressos e transcreveu os trabalhos que apresentou representando a instituição (*op. cit.*).

De antemão, Arruda esclarece que "criminologia não é criminalística nem penalogia; ela tem por objeto o estudo das causas do fenômeno criminal e dos meios de o prevenir ou combater" e complementa afirmando que, "em termos gerais, a criminologia é mais causalista e individualista e a criminalística mais finalista e coletiva" (*idem*, p. 5). A seu ver, a criminologia se equipara a uma ciência pura e deve ser aliada da *política criminal* na formulação de estratégias de prevenção.

Arruda apresentou na Faculdade de Medicina da Bahia, no anfiteatro Alfredo Brito, uma exposição sobre o problema da criminogênese conforme fora discutido no congresso. Posteriormente, transcreveu essa exposição em seu livro *Alguns aspectos da criminogênese* (*op. cit.*), no qual destacou as contribuições de autores como De Greef, Kretschmer, Lagache e van Bemmelen, entre outros.

Com De Greef, fica explícita uma posição marcada de "salvar o criminoso", em vez de apenas puni-lo, promovendo uma visão mais abrangente que considera a sociedade como um todo. Esse pensamento apresenta consonância com o de Arruda, que afirma: "Há uma mútua influência e uma permanente interação que não pode ser esquecida quando se procura estudar os fenômenos que se passam com o homem no mundo" (*idem*, p. 16).

Mais importante e talvez mais demonstrativo seja o posicionamento dele em relação à moral da época:

> O maquinismo transformou o homem em mero acessório e a divisão do trabalho criou o especialista, ao lado do desemprego. Outra consequência da civilização é a progressiva *desumanização*; o progressivo desaparecimento do indivíduo. Como consequência os códigos morais individuais tendem a desaparecer, substituídos pelos códigos morais coletivos, bastante diversos. Não é mais preciso ser honesto; basta parecer honesto. O que num código individual rígido é crime, perante o código coletivo não é. Para que o indivíduo seja considerado honesto, basta agir de maneira a não ser pego em falta ou não infringir as leis penais. Somente quem tem a infelicidade de se deixar pegar é que é considerado delinquente. (p. 17)

O mundo não se descola do sujeito nessa afirmação, algo que se tornaria recorrente em trabalhos de Arruda ao longo de sua carreira. Nos próprios congressos foi fundado o Instituto Internacional de Criminologia, vinculado à Sociedade Internacional de Criminologia. A sede foi estabelecida em Paris, e todos os participantes, inclusive Arruda, foram admitidos como sócios (*op. cit.*).

Durante o congresso de criminalística, Arruda apresentou um trabalho coletivo realizado no Hospital Juliano Moreira, intitulado "Le psychodiagnostic myokinetique chez les psychopathes délinquants" [O psicodiagnóstico miocinético em psicopatas delinquentes] (*op. cit.*). O estudo descrevia a aplicação do teste miocinético, ou PMK, criado pelo professor Emilio Mira y López (1896-1964), em pacientes do hospital classificados como psicopatas delinquentes. O trabalho contou com a colaboração do dr. Oliveira Ferreira, integrante do Instituto de Seleção e Orientação Profissional (Isop), e de Nilza Brochado, auxiliar de psicotécnica.

Entretanto, Arruda voltou sua atenção sobretudo para o Congresso Internacional de Psiquiatria, onde apresentou não um, mas três trabalhos (*op. cit.*). Para ele, a realização do evento em Paris foi emblemática, representando um esforço dos franceses para resgatar o primado do conhecimento psiquiátrico que lhes fora tomado. Como ele observa (*idem*, p. 46), "a forma externa dos edifícios e ornamentos interiores são conservados e vemos estátuas dos grandes mestres. Podemos dizer que, de certo modo, a psiquiatria francesa vive do seu passado brilhante, porque, em realidade, há muito que o cetro da psiquiatria lhe foi tirado pela Alemanha"

O autor também fez observações sobre a estrutura e os recursos da psiquiatria francesa, salientando uma precariedade que, em alguns aspectos, era ainda maior do que no Brasil. Ele notou a ausência de instrumentos, o que pode ser explicado pelo fato de que a psiquiatria brasileira, desde o período Juliano Moreira, foi amplamente marcada pelo experimentalismo e instrumentalismo alemão. A França, ao contrário, ainda se apoiava largamente no modelo pineliano. Apontou, ainda, o estado envelhecido dos ambientes psiquiátricos, assim como a percepção de que o retorno financeiro da profissão na França ficava aquém do de seus colegas brasileiros. Ainda assim, reconheceu que, mesmo diante dessas limitações, os psiquiatras franceses atuavam com responsabilidade e empenho. Sobre os exames constatou: "O que eles podem fazer sem aparelho, o fazem. Não sofrem do mal americano de deixar tudo por conta dos aparelhos. O exame direto do doente pelo psiquiatra é levado muito a sério, fato que representa uma grande qualidade do ponto de vista médico" (Arruda, 1951, p. 147).

No dia 25 de setembro de 1950, durante o congresso, ocorreu uma sessão dedicada à análise existencial no anfiteatro Descartes, na Sorbonne. Uma mesa foi dirigida por Binswanger e por Minkowski, que fizeram suas exposições. Em seguida, Arruda apresentou o texto "Importance de quelques conceptions de Husserl pour la psychopathologie", que recebeu comentários do próprio Binswanger. Este se levantou para ressaltar a relevância do trabalho e a importância de um retorno a Husserl, reconhecendo que, mesmo para a *Daseins-Analyse*, a fundamentação fenomenológica era basilar (*op. cit.*). Posteriormente, Arruda apresentou um segundo trabalho, intitulado "Le problème de l'évolution en psychopathologie" [O problema da evolução em psicopatologia][2], o qual, segundo nossa análise, reflete bem o seu pensamento sobre o tema.

Sabemos que Arruda conheceu em 1954 o professor Mira y López, então diretor do Isop/FGV, dando início a uma amizade marcada por intensa colaboração (Arruda, 1995). Já em 1955, essa parceria começou a render frutos: Arruda realizou a primeira tradução do *Manual de psicologia jurídica* (original de 1945). No entanto, foi em 1967 que ele traduziu uma nova edição da obra e acrescentou a ela um apêndice, intitulado "Responsabilidade e capacidade na legislação brasileira". Nessa época, Arruda ocupava o cargo de docente de clínica psiquiátrica da Universidade do Brasil (futura UFRJ) e da Bahia.

Esse apêndice, que compõe as páginas 355-373 da obra de Mira y López, surgiu a convite do próprio autor e relacionava a legislação penal e civil brasileira com a psicologia jurídica. Nele, Arruda apresenta tanto o Código Penal quanto o Código Civil vigentes na época, tecendo comentários críticos sobre suas disposições.

Ao discutir as divergências que naturalmente devem existir na postura de como tratar o crime e o criminoso segundo o Código Penal, Arruda argumenta que essas diferenças decorrem do fato de o Direito ser uma ciência normativa, enquanto a Psicologia e a Sociologia são ciências naturais. Ele indica que um alinhamento seria mais provável quando psicólogos, psiquiatras e sociólogos passassem a integrar as comissões responsáveis pela elaboração das leis no campo da criminologia. Baseando-se nessa

2 Outro trabalho desenvolvido e publicado por Arruda em 1952, intitulado "Alguns aspectos da psicopatologia do pensamento esquizofrênico", publicado na *Revista Latino-Americana de Psiquiatria*, não foi encontrado por nós em nenhuma base de dados e deixa em aberto um conteúdo que poderia ser interessante para complementar a visão do autor.

perspectiva, Arruda (1967, p. 362-363) afirma que o "valor diagnóstico e prognóstico dos índices legais é pequeno", podendo contradizer "os sociais e médico-psicológicos". E complementa (*idem*, p. 363):

> A tendência da moderna criminologia é não só aos poucos suprimir a pena como medida retributiva, retaliativa, como castigo ou repressão, para em seu lugar instituir medidas reeducadoras, recuperadoras e protetoras do indivíduo e do meio em que vive, como também estabelecer normas que possibilitem uma profilaxia do crime de resultados práticos.

O autor postula que os recursos devem ser direcionados para a infância, a educação e a promoção de empregos, destacando que o combate à miséria contribuiria para a redução dos índices de criminalidade. Segundo ele, a assistência ao menor é uma tarefa fundamental a ser empreendida pelos profissionais da área: "Os futuros criminosos já revelam suas tendências desde cedo, e os motivos ecológicos, psicológicos e sociais que podem levar ao crime podem ser atacados muito antes de o ato criminoso ser desencadeado" (*ibidem*).

Esse posicionamento, todavia, não significa que ele fosse contra a punição nem que as medidas legais não devessem ser aplicadas. Significava, contudo, um entendimento de que a punição, por si só, não impediria a ocorrência de novos crimes, seja por outros indivíduos no mesmo contexto, seja em circunstâncias diferentes. Por isso, ele defendia a necessidade de medidas preventivas e profiláticas.

Além disso, Arruda também se mostrava sensível aos fatores familiares e sociais, bem como argumentava sobre a impossibilidade de um julgamento comum para os indivíduos que não estão em perfeito juízo, como os acometidos de loucura.

Em 1956, de volta ao Rio de Janeiro, ele apresenta um novo trabalho à Universidade do Brasil, concorrendo de novo a uma cátedra de Clínica Psiquiátrica. Intitulado "Tema da árvore em psiquiatria", reflete muitos dos relacionamentos e referências que Arruda já constituíra ao longo de toda a sua carreira. A pesquisa foi realizada no Hospital Pedro II, no Rio de Janeiro, e consistiu na coleta de desenhos de árvores feitos por uma série de pacientes, seguindo o formato do teste de Jucker-Koch. No entanto, segundo o próprio autor, sua abordagem não se limitou exclusivamente a essa influência[3].

Arruda estabelece um paralelo entre a produção artística dos doentes mentais e a pintura moderna, especialmente o expressionismo. Traz exemplos de como os quadros "altamente simbólicos de Van Gogh" mereceriam atenção e desvelariam a doença,

3 Arruda (1956, p. 31) mencionaria os trabalhos de "Max Pulver, como também os estudos que Jung vem efetuando há muitos anos sobre a psicologia do inconsciente".

procurando com isso demonstrar que uma expressão artística extremamente estilizada traz consigo grande valor simbólico. A diferença, segundo ele, é que na arte do "doente mental" essa estilização não é intencional.

> De acordo com Jaspers, a alma humana se exprime involuntariamente no corpo e nos movimentos; por seu turno, o homem se exprime em seu mundo pelo seu comportamento, seus atos e suas ações; finalmente, o homem torna objetivos seus conteúdos na linguagem, na atividade e na concepção biológica. (Arruda, 1956, p. 19)

Para ele, os testes — ou *tests*, como eram denominados na época — serviam para investigar os "vetores da personalidade" (*op. cit.*, p. 10), mas não exprimiam nada acerca das "necessidades" e "pressões" dos indivíduos. Talvez por isso mesmo ele tenha preferido adotar o termo "tema" ao se referir ao que antes era "teste da árvore", numa tentativa de abarcar questões que iam além do propósito inicial e englobavam "repercussões histórico-culturais, mitológicas, simbólicas, regionais, sociais e psicológicas sobre a pessoa humana, desde a mais remota antiguidade" (*idem*, p. 30).

Para ilustrar a relação histórica e simbólica entre o ser humano e a árvore, Arruda recorre a diversos exemplos, por meio de práticas cotidianas, da cultura ou do misticismo. Ele ressalta que "sobre a significação psicológica destas manifestações muito tem sido escrito. A *vox populi* também dá significado às mesmas" (p. 36). Essa afirmação antecipa uma obra seminal de Fritz Heider (1958) publicada dois anos depois, *Psicologia das relações interpessoais*, o que demonstra o engajamento e a percepção de Arruda quanto ao espírito científico e acadêmico de sua época.

A ideia de *vox populi* parece estar presente em sua obra desde o início de sua trajetória, permitindo traçar paralelos com escritos seus de quase duas décadas antes. Para reforçar suas reflexões, Arruda traz exemplos clínicos, como o de um paciente que escolheu desenhar uma árvore quebrada para representar sua condição. Ele afirmava ser um alienado que, mesmo que apresentasse melhoras, permaneceria assim para sempre (Arruda, 1956).

Sobre a interpretação dos desenhos, Arruda conclui: "Não se pode a rigor fazer um quadro completo de todas as possibilidades de impressão geral do desenho, pois variam ao infinito as formas como aparecem as árvores. Assim como não há indivíduos iguais, não há árvores iguais" (*op. cit.*, p. 59).

A influência da fenomenologia toma grande proporção em sua exposição da obra, demonstrando que essa abordagem realmente se enraizou no pensamento e na prática psiquiátrica de Elso Arruda, mesmo quase dez anos após sua primeira tentativa de aproximar a psiquiatria da patologia fenomenológica (Arruda, 1947). O autor cita os estudos de Nilton Campos de 1945 e o próprio de 1947 como referência para aqueles que desejam se aprofundar nos métodos que considera "adequados ao objeto da psicologia" (Arruda, 1956, p. 6), referindo-se à fenomenologia husserliana. A passagem que talvez demonstre de maneira mais clara a perspectiva que Arruda (*op. cit.*, p. 26) adotava naquele momento seja a seguinte:

> Estamos cada vez mais convencidos de que a melhor maneira [de o] psiquiatra conhecer perfeitamente os doentes e a doença mental é, concomitantemente, se aprofundar no estudo das pessoas sãs. A psicologia normal é o maior repositório de conhecimentos para aqueles que desejam conhecer a psicopatologia, pois só então vemos que aquelas manifestações mórbidas que considerávamos típicas de determinada doença também são encontradas entre os indivíduos sãos, em grau menor ou de maneira velada.

Autores como Koch, Pulver, Jung, Husserl, Campos, além de Bleuler, Minkowski, Jaspers, Mira y López, entre outros, formam a base utilizada por Arruda para as suas interpretações e descrições ao longo de toda a obra. Sinais de uma antropologia, de uma pesquisa profunda da vida, da biografia e das interações sociais dos pacientes parecem estar presentes na escolha de autores que contribuíram para outros trabalhos seus com esse teor.

Com seu colega Nelson Osório Duarte, Arruda cria e publica em 1957 o artigo "Um novo modelo de mesa para o psicodiagnóstico miocinético". Nele, os autores demonstram interesse em aprimorar a aplicação do teste PMK, entendendo que as mesas até então utilizadas eram repletas de "deficiências". O intuito era facilitar o manuseio do teste. As características da nova mesa são demonstradas em 13 figuras que ilustram desde o seu esquema estrutural, em etapas que demonstram seu funcionamento, suas articulações etc., até a mesa em si, concreta, e em aplicação prática. Nas considerações finais, os autores comentam sobre a utilização do novo modelo em setor do Isop, "com resultados satisfatórios" (Arruda e Duarte, 1957, p. 70).

Nota-se que o envolvimento de Arruda com o Isop se aprofundou ao longo do tempo e que a ideia da psicotécnica, aplicada por meio de *tests* como o teste da árvore ou o diagnóstico pelo PMK — contribuiu significativamente para sua produção intelectual. A possibilidade de uma reflexão fenomenológica a respeito da doença mental não o afastava do mundo empírico nem das práticas desenvolvidas nos principais centros de pesquisa da época, como o Isop. É interessante notar que aquilo que poderia ser considerado incoerente — ou seja, uma abordagem dita "fenomenológica" associada a outra mais técnica — parece ter uma função complementar no pensamento de Arruda.

Em 1958, Arruda publicou um artigo em espanhol intitulado "Esquema corporal y esquizofrenia", no qual transcreveu sua comunicação preliminar ao 2o Congresso Internacional de Psiquiatria. A pesquisa, baseada nos estudos de "Machover, Bender, Goodenough, Schilder, Lhermitte y otros" (p. 57), analisou as noções de corpo próprio e do fenômeno projetivo em dois grupos: um composto por indivíduos considerados "normais" e outro formado por pacientes com diagnóstico de esquizofrenia.

Mesmo antes da discussão dos resultados dos testes, Arruda aponta que indivíduos normais já se portam diferentemente antes do teste e muitos deles utilizam conhecimentos prévios para manipular a pesquisa ou fugir dela. Ademais, os participantes normais mostraram maior desconforto diante de perguntas menos diretas, do tipo "como é seu corpo por dentro" ou "qual é o órgão que mais lhe parece importante" (*ibidem*). Para o autor, esse aspecto não é irrelevante e toma ainda mais forma quando ele constata que os sujeitos doentes tendem a desenhar órgãos dentro do desenho do corpo humano. Segundo Arruda, "este fenômeno da transparência é, segundo nosso critério, uma manifestação importante nos protocolos da prova, considerados 'patológicos'" (*op. cit.*, p. 58).

Após a coleta de dados, que incluiu sujeitos considerados normais, 33 enfermos esquizofrênicos e também dez sujeitos que sofriam de outros males, o autor afirma que "desde o princípio nos chamou a atenção um feito que parece importante a nós: o desenho da figura humana e a do próprio corpo não são (a nosso ver) decisivos para um possível diagnóstico de esquizofrenia" (*ibidem*). Isso porque, segundo ele, muitos esquizofrênicos apresentaram desenhos considerados absolutamente normais e não ilustrativos para fins diagnósticos. Ao mesmo tempo, foi comum observar deformações e desproporções em desenhos de pessoas sem diagnóstico psiquiátrico.

Apesar de apresentar algumas ponderações sobre como os doentes sentem diferentes partes do corpo — feitas com base em respostas fornecidas em formulários —, Arruda afirma que, na maioria dos casos, os grupos analisados apresentam respostas inexpressivas ou contraditórias. Esse achado parece corroborar as conclusões da avaliação projetiva dos testes, nos quais não foi identificada a consistência esperada, tomando como princípio os estudos de Machover.

Em última instância, Arruda destaca certos traços característicos nos sujeitos esquizofrênicos que se manifestam com frequência suficiente nos desenhos da figura humana para que ele os considere "patognomônicos" da esquizofrenia. Além disso, ele estabelece paralelos entre essas características e seu trabalho anterior, o *tema da* árvore, no qual utilizou, entre outros métodos, a aplicação do *Test de Jucker-Koch*.

Em 1959, Arruda volta a publicar nos *Arquivos Brasileiros de Psicotécnica*, algo que se tornaria frequente até 1968. Dessa vez, apresenta o trabalho intitulado "Preferência e animadversão por certas tarefas e a higiene mental", transcrição de um relatório apresentado na 1a Jornada de Medicina e Higiene Mentais, em 11 de maio do mesmo ano. No artigo, ele defende a noção de que a higiene mental deve abranger todas as esferas que compõem a saúde mental do indivíduo, inclusive o trabalho. Sugere ainda que medidas de higiene mental sejam implementadas em empresas e instituições como um indicador social da adaptação do indivíduo ao ambiente profissional, utilizando suas características referidas pessoais como parâmetro.

Isso fica evidente quando ele propõe que, "anexos aos grandes departamentos de natureza pública, haja serviços de higiene mental destinados à orientação, assistência e reajustamento de pessoal, o que, sem a menor dúvida, redundaria em acentuada melhora dos serviços" (Arruda, 1959, p. 70). Nesse ponto, o autor parece ecoar as ideias do professor Mira y López, trazendo-as concretamente à tona ao sugerir uma escolha mais minuciosa das profissões, levando em conta aptidões, vocações e a satisfação pessoal que o trabalho pode proporcionar. Dessa forma, a psicotécnica se revela claramente a precursora dos modernos recursos humanos.

Em nova exposição no 2o Congresso Internacional de Psiquiatria de Zurique, em 1957, Arruda apresenta o trabalho intitulado "Tema da árvore e esquizofrenia", posteriormente transformado, em coautoria com Liette Franchi, em artigo nos *Arquivos Brasileiros de Psicotécnica*. Os autores (Arruda e Franchi, 1959, p. 1) afirmam que o estudo da esquizofrenia exige cada vez mais um "perfeito entrosamento entre a psicologia e a psiquiatria clínica com objetivos práticos de diagnóstico e de pesquisa". Argumentam que o teste de Koch pode ser uma ferramenta produtiva quando aplicado em esquizofrênicos, especialmente se associado a outros instrumentos de investigação psicológica.

Afirmam também que, tanto com indivíduos saudáveis quanto com esquizofrênicos, o tema da árvore permite a coleta de dados sobre a "maneira de ser" de cada um. Porém, admitem que a habilidade artística pode influenciar a produção do desenho e, consequentemente, os dados coletados. Para mitigar esse fator, recomendam que o sujeito realize diversos desenhos, que permitam identificar as características recorrentes. Apesar disso, concluem "ser possível um diagnóstico da síndrome esquizofrênica apenas utilizando o tema da árvore" (*op. cit.*, p. 3), ao perceberem coerência nos traços "patológicos identificados nos resultados de suas pesquisas".

Isso chama a atenção por contrastar com uma das afirmações de Arruda de que os testes projetivos, como o desenho do próprio corpo e da figura humana, não seriam suficientes para a realização de um diagnóstico. No entanto, o próprio autor reconhece a existência de coerência entre alguns dos traços apresentados por indivíduos esquizofrênicos. Para reforçar essa posição, Arruda e Franchi (*idem*, p. 4) esboçam um perfil psicológico do esquizofrênico:

1. há um afastamento da realidade; passa a valer para o doente um mundo fantástico e irreal onde as coisas perdem as devidas proporções, ou se invertem, ou se transformam; então suas reações apresentam-se em função dessas concepções e consequentes vivências;
2. há acentuada regressão da vida afetiva; daí a agressividade oscilante, os impulsos, o esquematismo, a perda do juízo crítico, a ausência de autocontrole e o desinteresse pelas normas ético-sociais;
3. a angústia, a dificuldade de se relacionar com o ambiente, o ignorar o grupo social, a concepção do mundo que o cerca como algo pressionante, árido, instável, contra o qual ou se lança como um inimigo, ou é esmagado como um ser sem forças para superar tais condições — são também evidentes.

Com base nesse entendimento do perfil esquizofrênico, os autores apresentam exemplos de pacientes submetidos ao teste da árvore, descrevendo os desenhos, as características e as incoerências para então interpretar os elementos observados em cada caso.

No XI Congresso Nacional de Medicina, realizado em Brasília em 1962, Arruda realizou uma palestra denominada "Problemas psiquiátricos no serviço público", publicada no mesmo ano. Esse trabalho apresenta um dos temas que aparecem transversalmente na obra do autor, o uso e o abuso de bebidas alcoólicas. Ele já havia escrito sobre o assunto e discutido seus efeitos no Congresso de Psiquiatria de Paris, com destaque para os riscos do Antabus[4] em pacientes que faziam uso da substância.

Para Arruda, o abuso do álcool é sobretudo uma questão de saúde pública. Sua preocupação vai além dos impactos individuais, abrangendo as consequências sociais, suas influências no mundo do trabalho e, por consequência, na economia, aspectos que sempre estiveram presentes em suas análises. Além disso, ele enfatiza os fatores psicológicos e sociais do abuso da substância, ressaltando sua importância na recuperação dos pacientes. Citando estudos da época, salienta "as vantagens da psicoterapia de grupo e individual, na luta contra o mal [...] o ébrio, o alcoolista, é um *doente que necessita* de ajuda e assistência e não de punição, que, longe de corrigi-lo, agrava a sua situação e a de sua família" (Arruda, 1962a, p. 60-61).

É mister notar que Arruda não ignora — e raramente o faz em seus escritos — o consenso da medicina ou da psicologia da sua época. Como exemplo disso, na fala citada ele recorre à definição recente da Organização Mundial de Saúde do termo "alcoolismo" e identifica-se com suas proposições. Quanto ao tratamento, afirma que "o critério é individual e deve ser estabelecido pelo médico responsável" (*op. cit.*, p. 62), corroborando as posições complexas da OMS.

4 Nome comercial do medicamento cujo princípio ativo é o dissulferam, utilizado como auxiliar ao tratamento do alcoolismo crônico. [N. E.]

Porém, ele deixa claro que, embora reconheça a importância da reabilitação, não acredita que o Estado deva ser o único responsável pelos custos e esforços envolvidos. Para reduzir esse encargo, ele sugere a integração de exames psicológicos e psiquiátricos como requisito para a admissão de candidatos ao serviço público e salienta: "criamos o serviço de seleção psicológica do Instituto de Psiquiatria com grandes resultados práticos" (Arruda, 1962a, p. 62).

A questão da epilepsia também surge como uma preocupação de saúde pública com implicações no âmbito do trabalho. Arruda adota uma perspectiva otimista em relação à integração dos indivíduos considerados "epilépticos", desde que haja adequações e processos terapêuticos adequados: "Os progressos da terapêutica e das medidas reabilitadoras dia a dia vêm dando lugar à correção de certas atitudes contra a posição dos epilépticos na sociedade, que era, radicalmente, a de considerá-los incapazes" (*idem*, p. 65). Ele reforça essa posição ao argumentar que a avaliação dos "epilépticos" — e, em verdade, dos enfermos em geral — tem evidenciado que "a individualização da solução se torna cada vez mais necessária" (*idem*, p. 67).

Ainda em 1962, Arruda publica um livro que se insere na vanguarda da terapia ocupacional no Brasil (Arruda, 1995). *Terapêutica ocupacional psiquiátrica* resulta de sua relação próxima com Nise da Silveira, que lhe forneceu "material e dados do serviço de chefia" (Arruda, 1962b, p. 9). Além de reafirmar o seu aporte na fenomenologia, com base em autores como Jaspers, Binswanger e Minkowski, a obra dialoga com referências como Huizinga, Baumgarten, Eddy, Carrington, Dunton, Licht e Silvadon, entre outros, assim como se apoia fortemente nos trabalhos dos colegas Barahona Fernandes e Nise da Silveira. No entendimento de terapia ocupacional apresentado no livro estão práticas de arteterapia, musicoterapia, produção de artes plásticas, dramaterapia e biblioterapia, entre outras (*op. cit.*).

A obra também apresenta classificações das atividades realizadas na terapêutica ocupacional, considerando aspectos como grau de dificuldade, efeitos e o interesse despertado e grau de precaução, além de sua natureza e peculiaridades. Na verdade, o livro parece refletir o desejo de Arruda de que a terapia ocupacional psiquiátrica se tornasse parte indissociável da rotina hospitalar.

Sua paixão pela abordagem lúdica e artística, bastante simbólica, transparece na riqueza de detalhes com que descreve as diversas modalidades terapêuticas, sempre destacando os inúmeros benefícios que essas práticas proporcionam. No entanto, apesar dessa abertura, recorre frequentemente à linguagem médica e, em alguns momentos, situa a figura do médico no centro das atividades de terapia ocupacional.

Para Arruda, o poder da arteterapia é tão significativo que, no caso dos esquizofrênicos, "pelas produções, pode-se até acompanhar a recuperação do doente, ou mesmo sua regressão. Esta última possibilidade foi evidenciada em trabalhos de Freemann e de Nise da Silveira" (Arruda, 1962b, p. 155). O autor salienta a tendência humana à abstração diante das dificuldades da vida concreta e como essa característica pode se manifestar em produções artísticas geométricas ou extremamente estilizadas.

Percebendo a coerência entre seu estudo sobre artes plásticas em pacientes psiquiátricos e sua pesquisa anterior sobre o tema da árvore, Arruda apresenta um resumo desse último trabalho. Ele expõe alguns de seus fundamentos teóricos e dados coletados, analisando as características de grupos específicos. Assim como fizera antes, Arruda aplica sua investigação sobre o tema da árvore à obra de Van Gogh, recorrendo aos estudos de Koch, Leymarie e Jaspers, entre outros. Utilizando sete pinturas de árvores do artista, realizadas em diferentes momentos de sua trajetória, ele interpreta o estado emocional e a progressão de sua doença. As obras analisadas são *Études d'arbre* (1882), *Cyprès* (1889), *Poirier en fleurs* (1888), *L'arbre fleuri* (1888), *Les saules au soleil couchant* (1888), *Les oliviers* (1889) e *La route aux cyprès* (1890).

É notável que Arruda sempre conduza sua análise considerando o contexto social e a historicidade de Van Gogh. De fato, o autor caminha entre o fazer médico tradicional da análise da doença e um estudo antropológico da pessoa de Van Gogh utilizando seus quadros como referência. Esse trabalho se destaca, entre suas publicações, como aquele que mais enfatiza a participação da sociedade no processo de reabilitação do indivíduo. Para ele, atitudes estigmatizantes são frequentes, havendo um movimento separatista que ocorre tanto com os que se desviam para mais quanto os que o fazem para menos, o que é prejudicial à reabilitação. Para ele, "viver com e como os outros e participar da sociedade são objetivos inerentes à reabilitação" (*op. cit.*, p. 199). E reforça (p. 200):

> O hospital psiquiátrico moderno, que em nada se assemelha aos antigos e estáticos manicômios e asilos, procura desempenhar um papel ativo dentro da comunidade, utilizando o regime das portas abertas, e em sua vida participam não só os que nele trabalham ou nele estão internados, como também todos os membros da comunidade.

Nota-se, porém, que a proposta exposta por Arruda, embora enfatize a importância da família e da comunidade no processo de reabilitação do paciente, compartimenta sua atuação. Há uma divisão clara dos serviços: o atendimento médico se restringe ao ambiente hospitalar ou aos ambulatórios, com tendência semelhante nos serviços de enfermaria. Fora dos locais de atendimento, quem provia a atenção e a orientação era o serviço social, responsável por visitar o ambiente familiar e comunitário, manter contato com pacientes egressos e atuar como ponte para o tratamento continuado, inclusive consultas periódicas e a abordagem de outras dimensões da vida social.

Por fim, até mesmo a ideia do hospital-dia também aparece em sua obra como parte do tratamento, fundamentada nas reflexões de Derek Miller. Arruda adota a linha de pensamento de que "deve haver menos barreiras possíveis entre a enfermaria do hospital e o mundo externo" [e] "os doentes devem continuar a sentir que pertencem à sociedade, que suas relações interpessoais podem ser satisfatórias e que podem ser responsáveis por si e suas ações" (Arruda, 1962b, p. 214).

Em uma conferência realizada na seção conjunta da Sociedade de Psicologia S. Rorschach e do Centro de Estudos Franco da Rocha, em São Paulo, em 15 de março de 1962, Arruda proferiu a palestra "O papel da psicologia na seleção e na readaptação profissionais", reafirmando seu foco na relação do sujeito com o mundo do trabalho. Ele discorre sobre as características que considera essenciais para qualquer indivíduo que busque uma profissão: vocação, aptidão, adaptação, treino, aprendizado e o estudo das características da personalidade. No entanto, também ressalva as limitações geográficas, sociais e educacionais que dificultam a liberdade plena de escolha profissional. Talvez por isso suas declarações sejam mais ponderadas e menos deterministas:

> As capacidades do indivíduo quanto a determinada tarefa não representam tudo na real atividade no campo profissional. Suas aptidões podem ou não ser adequadamente utilizadas, de acordo com os motivos que as põem em marcha. Como disse Franchi, é tão importante descobrir os motivos que levam o indivíduo à máxima eficiência profissional como descobrir as razões que o estão impedindo de render aquilo de que é capaz. (Arruda, 1963, p. 55)

Características de ajustamento psicossocial e de higiene mental se fazem presentes no texto quando Arruda alerta para a necessidade de um escrutínio rigoroso de cada candidato. No entanto, deixa evidente sua crença nas potencialidades de cada indivíduo e na possibilidade de mediação dos profissionais da psicologia no processo de readaptação. Para ele, o próprio avanço das técnicas "foi exigência da amplitude que tomou o estudo das aptidões e capacidades individuais em seus aspectos psicodinâmicos e diferentes perspectivas e dimensões" (*op. cit.*, p. 57).

Em "Psicologia da criança: conceitos atuais", publicado em 1965 nos *Arquivos Brasileiros de Psicotécnica*, Arruda problematiza os avanços da psicologia da criança e sua incorporação na medicina e na educação. Ele destaca que "os trabalhos de Homburguer, Hanselmann e, antes um pouco, os de von Pirquet, Czerny, Sante de Sanctis, Shirley, Spitz, Gesell, Goodenough etc. selaram definitivamente os laços entre a psicologia, a psicopatologia e a pediatria" (Arruda, 1965a, p. 6).

Arruda atribui particular importância à relação mãe-filho, baseando-se em Escardó para detalhar as afecções da atitude materna no bebê. Além disso, apoia-se em Spitz e

Bowlby para afirmar que "a cura da neurose infantil só é obtida com a 'cura da família'" (*op. cit.*, p. 7). Para ele, a criança é um ser em formação e recebe informações do mundo desde o período embrionário. Em um primeiro momento, essas percepções se manifestam como "reações de massa", mas, com o tempo, adquirem um caráter "intencional" (*idem*, p. 8).

Ele também discute o desenvolvimento inicial da coordenação motora e da linguagem, apresentando as últimas conclusões dos estudiosos da área. No entanto, não deixa de relacionar esses aspectos ao desenvolvimento psíquico do "eu" em formação:

> Cabe assinalar, de passagem, a importância da *bipedestação* para a modificação da atitude da criança para com o mundo. Ela, que antes estava presa ao berço, que passou a engatinhar pela casa e depois andava segurando nos móveis ou pessoas, sente agora um prazer muito grande com a *autonomia*. (*idem*, p. 17)

Destaca também que, a partir do terceiro ano de vida, a criança, já dominando a fala e a movimentação, passa a se desenvolver ainda mais rapidamente nos quesitos mental e social. Ainda influenciado por autores como Kurt Lewin, Sherrington e Buytendijk, Arruda discorre sobre a relação da criança com seu meio.[5]

Sua exposição acompanha o desenvolvimento infantil até os 15 anos e, em alguns aspectos, os 20 anos. Grande parte da análise do autor apoia-se em referências da psicanálise, estabelecendo paralelos entre os estágios do desenvolvimento libidinal, sua relação com o ambiente e as possíveis consequências psicopatológicas. Para Arruda, "um dos grandes princípios de psicologia do desenvolvimento é o de que toda conduta é *motivada* por necessidades fisiológicas do organismo e, por isso, dirigida para a satisfação dessas necessidades" (Arruda, 1965a, p. 30).

Em uma breve resenha intitulada "Sigmund Freud traduzido", publicada em 1965, destaca-se uma coletânea de traduções de grandes obras, entre as quais figuravam trabalhos de Karl Jaspers e Ernest Hemingway (Arruda, 1965b). O que nos interessa nesse contexto é a postura de abertura demonstrada, evidenciando o interesse do autor em diferentes campos do conhecimento.

Convidado para organizar e dirigir o departamento de Psiquiatria e Psicologia da Universidade do Oriente, na Venezuela, Arruda embarca nessa nova missão em 1964 (Arruda, 1995). Ainda vinculado ao Isop e escrevendo sobre sua experiência para os *Arquivos Brasileiros de Psicotécnica*, ele redige um texto intitulado "Informe de la organio

5 Acreditamos que o último autor citado seja um erro de referência. Na verdade, pensamos que Arruda se refere a Kurt Goldstein pela sua associação com a *reação catastrófica*, conceito explorado neste trabalho e um autor que consta em outras obras de Arruda (1962b).

zación de un departamento de psicología y psiquiatría en la escuela de medicina de la Universidad del Oriente" (Arruda, 1966a). Nesse documento, relata ponto a ponto como propôs a organização dos departamentos, adotando uma divisão claramente igualitária entre as disciplinas de psicologia e psiquiatria, tanto no aspecto teórico quanto no prático. O autor reforça a ideia de integração do ensino das disciplinas de ambos os departamentos. Entre disciplinas como psicologia da personalidade, psicofisiologia, clínica psiquiátrica e tratamentos físicos estão a psicologia clínica, o diagnóstico psicológico e a psicopatologia geral — esta, uma das mais extensas da proposta.

Arruda (1966b) escreve uma breve resenha sobre o artigo "Prevention of mental retardation", de Joseph Wortis, publicado na *American Journal of Orthopsychiatry* em outubro de 1965. Wortis discorre sobre fatores socioeconômicos, culturais, educacionais e até práticas médicas como possíveis influenciadores do chamado "defeito mental", além de considerar aspectos fisiológicos.

No mesmo volume dos *Arquivos Brasileiros de Psicotécnica*, Arruda publica outra resenha, dessa vez sobre o livro *Visually perceived movement*, organizado por Irwing M. Spigel. Já no volume seguinte, escreve uma resenha sobre o trabalho de Hans Huber Bern e Ernst Klett, intitulado "Técnicas psicoterapêuticas em medicina", traduzido para o inglês por Michael e Enid Balint. Esse livro explora a inserção, a aceitação e os êxitos da psicoterapia na medicina, especialmente na psiquiatria, além de discutir a influência da psicanálise nesse processo de integração, a pesquisa em psicoterapia, as concepções sobre o ser humano e, por fim, a entrevista diagnóstica. A escolha dessa obra para resenha demonstra o interesse constante de Arruda pela psicologia e pela psicoterapia.

Arruda publica no mesmo ano o livro *Síndrome de opressão* (1966c), no qual inicialmente pretende explicitar as semelhanças nos sintomas de pacientes que viveram durante a Segunda Guerra Mundial e sofreram algum tipo de opressão. No entanto, sua análise logo se estende para compreender qualquer grupo ou indivíduo em situação de opressão.

Os pacientes analisados na pesquisa foram observados por Arruda em todas as suas funções profissionais naquele momento: psiquiatra clínico, docente e psicólogo do Isop. Quando da publicação do livro, a diretora do Isop era a dra. Ruth Scheeffer — personagem de destaque do aconselhamento psicológico no Brasil —, a quem Arruda expressa seu agradecimento, assim como aos colegas do Isop, ao Serviço Nacional de Doenças Mentais, a Lourenço Filho e ao dr. Alim Pedro, na época diretor executivo da Fundação Getúlio Vargas.

Para o autor, a opressão atinge a "alma, a existência e a mente; só indiretamente o corpo sofre as consequências. Do ponto de vista das consequências para o curso ulterior da vida, essas opressões causam tanto ou mais males do que a ofensa física, direta"

(1966c, p. 11). Além disso, ele afirma que o mundo da opressão "é o mundo da negação da cultura" (*idem*, p. 8).

Mais do que uma classificação de sintomas — ainda que esta esteja presente de forma descritiva — e mais do que uma nosologia tradicional, Arruda parece preocupado com a significância de cada uma das características observadas. Ele entra em uníssono com estudiosos como Trautman, Faust, Schulte, Petry e Rewert, entre outros, ao destacar os efeitos da opressão, argumentando que todas as manifestações, orgânicas ou psicossomáticas, derivam da marca deixada pela opressão na alma e na forma de existir no mundo. Diz ele: "O plano existencial não é objetivável, e sim compreendido, ou melhor, *autocompreendido*; é um protofenômeno irredutível, intencional e espiritual. Nele prevalecem o mundo dos valores, harmonia, o amor, o *logos*" (*op. cit.*, p. 79-80).

A fenomenologia aparece novamente como um referencial para o autor, manifestando-se em pensadores como Scheler, Sartre, Heidegger e Husserl, além da psicopad tologia de inspiração fenomenológica, representada por nomes como Binswanger e Jaspers. Ele evoca até mesmo Viktor Frankl como alguém capaz de apontar um caminho para a recuperação daqueles que sofrem da síndrome de opressão.

Com o livro recém-lançado e sua pesquisa ainda em destaque, Arruda parte no mesmo ano para o IV Congresso Mundial de Psiquiatria, em Madri, onde realiza uma palestra intitulada "Síndrome de opresión: nuevo tipo de 'neurosis' nuclear'" (Arruda, 1966d). Nessa apresentação, ele resgata o "núcleo bio-anímico-existencial do homem, de importância transcendental para o equilíbrio pessoal" e reafirma que "cada personalidade está situada em um tipo de cultura" (*op. cit.*, p. 122-123). Mais uma vez, defende a necessidade de uma abordagem terapêutica individualizada, atenta à cultura e aos valores que cercam cada sujeito.

Seu discurso começa a assumir certas características que identificamos em um Elso Arruda posterior, mais descolado da psiquiatria tradicional. O último artigo de sua autoria registrado nos *Arquivos Brasileiros de Psicotécnica* é "Estado atual da promoção e defesa da saúde mental" (Arruda, 1968). Nesse texto, ele reforça ideias já presentes em seus escritos ao longo das últimas duas décadas, as quais, entretanto, ganharam maior profundidade em suas produções mais recentes. Mais uma vez, o autor enfatiza que o homem "é a integração de múltiplos parâmetros em um contexto bio-psico-anímico-existencial, ligado ao mundo, histórica e culturalmente compreendido" (*op. cit.*, p. 35). Além disso, destaca a importância da antropologia, pois é ela que "permite uma apreciação desses fatores ao procurar uma definição integral de *saúde* e de *doença*" (p. 36).

Nesse ponto de sua obra, Arruda afirma que todas as medidas da medicina psiquiátrica e das instâncias envolvidas com a saúde mental devem priorizar a "reabilitação". No entanto, chama a atenção para o uso da expressão "recursos empregados na medicina em geral" ao se referir aos tratamentos indicados para pacientes psiquiátricos. Embora não especifique claramente quais seriam esses recursos, ele reafirma que o paciente, sempre que possível, deve ser tratado no próprio ambiente onde vive. Além disso, defende a posição de que "a tarefa de assistência psiquiátrica deve estar centralizada na comunidade, pois o hospital deixou de ser o centro da atuação psiquiátrica e a hospitalização é até considerada procedimento contra-reabilitador" (Arruda, 1968, p. 39).

A consolidação de ideias para uma psiquiatria diferente

Em 1970, na revista agora intitulada *Arquivos Brasileiros de Psicologia Aplicada*, Arruda publica um artigo sobre a "Integração das tarefas de saúde mental", transcrição de sua palestra no 9o Congresso Nacional de Neurologia, Psiquiatria e Higiene Mental, realizado no Rio de Janeiro no ano anterior. Ao apresentar dados sobre o crescimento dos dispositivos de saúde mental, com foco no aumento de internamentos entre 1963 a 1967, Arruda observa: "Verificamos que houve, também, aumento do número de doentes que permaneceram no hospital de um ano para outro" (Arruda, 1970b, p. 58). Seu objetivo é destacar que, embora a estrutura e a capacidade de atendimento tenham se expandido, também cresceu significativamente a demanda de serviços, inclusive nos ambulatórios.

Diante desse panorama, ele argumenta que os recursos destinados à saúde mental não foram priorizados adequadamente, chegando a considerá-los irrelevantes em alguns aspectos. Por isso, defende a necessidade de "mais recursos para a promoção e a prevenção que para o treinamento e a reabilitação. Atuar, ao mesmo tempo, em todas as etapas, estimulando o ensino e a pesquisa (básica e aplicada) numa ação integrada para saúde mental" (*op. cit.*, p. 63). Ressalta ainda a importância fundamental dos meios de comunicação para a percepção do público em relação à saúde mental. Para ele, os veículos de informação devem ser parte essencial do movimento de conscientização da população, com a devida orientação das autoridades: "todos os veículos de informação aumentam a capacidade do povo em conhecer e procurar ajuda para seus problemas psicológicos" (*idem*, p. 65).

Salientando a necessidade de formação de pessoal técnico, Arruda inclui todos os profissionais que, de alguma maneira, possam contribuir para a área e destaca a importância de eliminar "preconceitos, misticismos e fantasias ligadas à doença e ao doente mental" (*idem*, p. 64) em todos os âmbitos sociais. Para ele, "pela pesquisa básica chegaremos às causas das doenças mentais " (p. 66). À primeira vista, essa posição pode contrastar com sua busca de uma compreensão das vivências existenciais e ontológicas de cada indivíduo, mas, como assinalado, reflete a complementaridade entre a perspectiva fenomenológica e os modelos empíricos de pesquisa.

Todavia, essas relações podem, sem dúvida, servir de base para novos estudos, tanto da obra de Arruda quanto dos modos de apropriação, recepção e desenvolvimento do pensamento fenomenológico no Brasil. Sabemos que as primeiras referências à fenomenologia no país datam do final dos anos 1920, mas ganham corpo nos anos 1940, impulsionadas em grande parte pela fertilização proporcionada pelos Laboratórios de Psicologia Experimental. Destacam-se, nesse contexto, o Laboratório da Colônia de Psicopatas do Engenho de Dentro e os nomes de Wacław Radecki e Nilton Campos (Holanda, 2016).

Em 1970, na qualidade de coordenador do curso de psicologia, Arruda profere a aula inaugural do Instituto de Psicologia da Universidade Federal do Rio de Janeiro, intitulada "A psicologia como disciplina antropológica". Nessa ocasião, ele afirma que "a antropologia científica nos leva ao conhecimento do homem, que, por seu turno, inclui o saber psicológico e todos os saberes que nos permitem chegar àquele conhecimento, como a biologia, a sociologia, a história etc." (Arruda, 1970a, p. 132). Utiliza como exemplos de estudos antropológico-existenciais as obras *O segundo sexo*, de Simone de Beauvoir, e *A mulher: seus modos de ser, de aparecer, de existir*, de Frederik Buytendijk, além de seus próprios trabalhos sobre a dor. Também retoma Johan Huizinga em *Homo ludens*, para discutir o papel do jogo na existência humana. Além disso, apoia-se em Lersch para afirmar que "o homem é o ser vivo por excelência e nêle a vida é uma totalidade que transborda e inclui o anímico" (p. 137).

Percebe-se, nesse momento, uma maturação em seu pensamento e um foco cada vez maior na necessidade de compreender o ser humano de forma integral, ultrapassando os típicos recortes das abordagens tradicionais. Como ele próprio afirma (*op. cit.*, p. 134), "a psicologia, como teoria da vida anímica, humana, exige que levemos seus temas às últimas consequências. O homem deve ser assim considerado à luz da pergunta: que é existência; que se realiza nas vivências e quais são as possibilidades de sua realização?"

É a partir desse teor e desses preceitos que percebemos o modo de escrita e as colocações presentes nas obras de Arruda nesse período mais tardio. Ele já parecia completamente atravessado pela ideia de uma antropologia que vinha sendo gestada ao longo de sua trajetória — uma antropologia que, sem dúvida, continha elementos tanto da fenomenologia quanto da filosofia existencial.

Em 1971, ocorreu o Congresso Mineiro de Psiquiatria, no qual Arruda foi indicado para a comissão científica e realizou uma análise psicossocial do evento. O artigo resultante, intitulado "Estudo do primeiro congresso mineiro de psiquiatria", foi publicado posteriormente e apresentou uma metodologia inovadora para a análise dos grupos de profissionais participantes (como psiquiatras, psicólogos e assistentes sociais). A pesquisa avaliou o "antes e depois" desses grupos em relação ao tema central do congresso: a comunidade terapêutica. Esse conceito, ainda sem muitos parâmetros estabelecidos, estava em vias de ser implementado e propunha um espaço de práticas complementares à psiquiatria tradicional, em que profissionais como psicólogos e terapeutas ocupacionais teriam papel ativo no tratamento médico (Arruda, 1971).

O resultado da análise indica uma significativa rejeição dos psiquiatras à proposta da comunidade terapêutica. Os demais profissionais, embora não manifestassem oposição tão explícita, também se inclinavam "em direção ao pólo tradicionalista" (*op. cit.*, p. 31). Ao mesmo tempo, ressalta também a busca do psicólogo, então uma profissão relativamente nova, de *status* social, algo que a comunidade terapêutica lhe poderia prover.

No mesmo ano, a incorporação de conceitos antropológicos ficou evidente na comunicação ao X Congresso Nacional de Neurologia, Psiquiatria e Higiene Mental, realizado em 1971 no Recife. Na qualidade de diretor e professor do Instituto de Psicologia da UFRJ, Arruda proferiu a palestra "Antidiagnóstico e antipsiquiatria", na qual teceu críticas a concepções anteriormente disseminadas, como o "delírio espírita episódico" de Henrique Roxo, seu antigo mestre. Em sua visão, nesses modelos "o sintoma tomava lugar da doença" (Arruda, 1972, p. 56). O autor prossegue: "A atual tendência seria a de fazer o diagnóstico transcender o indivíduo. Se a constelação familiar e social está intimamente relacionada com o aparecimento do distúrbio, o diagnóstico deverá abrangê-lo (diagnóstico socioiátrico). Mas isso seria reincidir no mesmo erro e chegar a uma enumeração quase infinita de possibilidades diagnósticas" (p. 57)

A proposta, então, é a do não diagnóstico, pois, segundo Arruda, não há necessidade de um diagnóstico nos moldes tradicionais da medicina. Seu esforço concentra-se em evitar o estigma e a exclusão dos sujeitos considerados doentes. Para ele, o diagnóstico carrega um peso que, além de não dar conta do fenômeno humano patológico, dificulta a reintegração dessas pessoas na sociedade. Além disso, ele reflete sobre a institucionalização dos doentes e salienta que

> a hospitalização cria uma situação particular e cria uma figura de doença diferente, que se não conhece no doente não asilado. É a demência hospitalar [...] que surge no ambiente fechado do hospital psiquiátrico. Essa doença "institucional" superajunta-se à doença inicial, deformando-a ou fixando-a. (Arruda, 1972, p. 63)

Afirma ainda que "a loucura não se opõe necessariamente à normalidade", mas está presente como potencialidade em todos nós. Dessa forma, a antipsiquiatria compreende a loucura como uma luta interior vivida por cada indivíduo e propõe que toda ação de saúde mental deva abranger tanto aqueles considerados doentes quanto os considerados saudáveis: de um lado *restaurar* o equilíbrio mental; de outro, *mantê-lo*.

Entre os autores que reforçam suas posições estão Erasmo de Roterdã, Franco Basaglia e Thomas Szasz. Sua fala parece sintetizar o seguinte alerta: "É mais fácil decifrar hieróglifos, cujo texto se mantém intacto através dos séculos, do que compreender a conduta enferma, que é mutável a cada instante" (*op. cit.*, p. 59).

No ano de 1975, Arruda publica o artigo intitulado "Modelo médico e valores humanos em psicoterapia" na revista *Kriterion*, periódico dedicado à filosofia e às ciências humanas. Nele, ressalta a importância e o impacto da psicanálise no desenvolvimento da psicoterapia, mas sugere uma abordagem que, apoiada em suas investigações antropológicas, considera ir além: "A cura que busca a psicoterapia antropológica (Caruso) ou antropoterapia transcende, em seus fundamentos e resultados, à clássica psicoterapia" (Arruda, 1975, p. 111). Apesar de admitir que a formação do médico é a que mais se aproxima dos valores presentes na psicoterapia, o autor afirma (p. 106) que

> deve-se ter em conta que o médico, para fazer psicoterapia, necessita ter vocação e aptidões especiais, além de uma formação que extrapola o currículo médico e incluiria a psicologia, a linguística, a sociologia, a antropologia cultural, a ética, a estética e a história das religiões. A introdução de uma perspectiva histórica e de fundamentos ontológicos deu maior e mais profunda visão do problema e permitiu melhor ajuda aos que buscam psicoterapia.

De sua perspectiva, a cura terapêutica não seria uma de natureza "médica", mas aquela que se encontra na "situação terapêutica", sustentada por uma "vinculação comunicativa existencial".

No artigo "O ser e o nada (estudo ontológico-fenomenológico)", também publicado na revista *Kriterion*, Arruda (1978) aborda as questões do ser e do ente, bem como aquilo que se apresenta no mundo para esse ser. Esse é o trabalho mais filosófico do autor até então, no qual ele examina os preceitos de pensadores como Sartre, Heidegger, James, Tomás de Aquino, Husserl e Parmênides. Somente ao final do texto ele estabelece uma relação entre a angústia e o nada com a doença. Para o autor, a condição humana implica questionar o seu lugar e o sentido de sua existência no mundo, sendo caracterizada por aquele que "pode olhar em torno de si mesmo, vivenciar o mundo, estar frente a ele, consciente e racionalmente" (p. 76). Além disso, ele afirma que "a universalidade do *ser* é superior à universalidade do *ente*; ontologicamente, lhe é transcendente" (p. 77).

A questão fundamental é que já estamos inseridos no nada desde o princípio; a negação desse fato é que produz o não-ser, e é esse não-ser que resulta no afastamento do mundo e na angústia. "Nada" e "angústia" estão entrelaçados pela relação entre o ser e o não-ser. É no nada que o homem "[...] exterioriza algo de si mesmo, algo que modifica sua relação com o mundo" (p. 84). Arruda entende que é na "fenda" existencial que a angústia se apresenta, no homem isolado do mundo. Com base em seus estudos sobre a opressão, ele apresenta "situações-limite" que geram angústia, vazio e tédio para explicitar como essa angústia pode se transformar em doença. Segundo ele, muitos chegam a se identificar com o vazio e o sofrimento. Enfim, fica evidente que em sua visão existe uma relação intrínseca entre o homem e o mundo: "é a própria vida que mantém a angústia e o nada existenciais. O ser-no-mundo é angustiante; nele se esvaem os limites do eu e do *não-eu*, e o homem se torna aos poucos estranho à natureza (perde sua condição de *Homo naturae* e sua unidade simbiótica com o mundo)" (Arruda, 1978, p. 92).

Ao participar do Congresso Internacional de Psicologia da Criança, realizado em Paris em 1979, Arruda apresenta uma comunicação intitulada "Síndrome de opressão na criança" (Arruda, 1980). O autor destaca um espectro de opressão que pode ocorrer no ambiente familiar e, segundo ele, é mais comum nos três primeiros meses de vida da criança. O cerne da questão, segundo Arruda, reside no "mundo de negação da cultura, dos direitos humanos da criança, da supressão do amor e da espiritualidade" (p. 63) Diversos fatores contribuem para essa opressão, entre eles aspectos biológicos, psicológicos, sociais e culturais. No entanto, em relação à criança e ao seu desenvolvimento, o momento em que a opressão ocorre é relevante, sendo por ele denominado "fator patogênico". Nas palavras de Arruda (*op. cit.*, p. 67):

> O esforço deve ser conjugado e deve-se agir sobre o meio, os indivíduos opressores, a criança oprimida ou em risco de o ser: sobre a situação e as motivações que levam à ação opressiva. Deve-se também afastar os preconceitos pedagógicos, éticos, religiosos e culturais, que podem desencadear a ação opressiva. Por isso, faz-se mister rever a legislação concernente à proteção dos menores, à defesa, proteção e esclarecimento da família e, também, atuar junto à sociedade, conscientizando-a da gravidade do problema. Uma política de ação global se faz necessária.

Além disso, após reiteradas citações à obra de Philipp Lersch (1898-1972) em seus escritos, Arruda publica em 1979 uma resenha intitulada "A estrutura da pessoa, segundo Lersch". O autor afirma que a obra do psicólogo e filósofo alemão é a mais relevante desde os trabalhos de Wundt e Ebbinghaus, e sustenta a visão de que "no homem haveria mais *incitação* para realizar algo do que *instinto*" (Arruda, 1979, p. 163).

Para Arruda, Lersch sofre "influência marcante da fenomenologia". Além disso, aponta a influência de outros autores, como Ortega y Gasset, que não lhe eram estranhos. Explicita diversos conceitos desenvolvidos por Lersch, incluindo aqueles fundamentados por princípios de Wilhelm Dilthey, reforçando assim a base filosófica sobre a qual sua psicologia se estrutura, especialmente ao abordar a vida anímica e sua concepção como uma "totalidade numa unidade".

É interessante notar que, embora se trate de uma resenha, Arruda parece se apropriar de conceitos apresentados por Lersch como se fossem seus. A proximidade do pensamento de ambos é tamanha que, em vários momentos, o leitor pode ter dificuldade de distinguir o que pertence a Lersch e o que provém do próprio Arruda. Entretanto, essa fusão de ideias é relevante para compreender sua concepção de uma psicologia possível, de base antropológica. Além disso, os autores mencionados por Lersch sugerem uma miríade de influências que também permeiam o pensamento de Arruda, apesar do forte peso fenomenológico de sua análise e da ênfase que ele dá a nomes como Dilthey.

Em 1985, Arruda publica *Patografia de Friedrich Wilhelm Nietzsche*, obra escrita com incentivo do governo alemão e apoio da Fundação Universitária José Bonifácio, na qual menciona que se dedica aos estudos antropológico-existenciais desde 1947. Inspirado em trabalhos como os de Gaupp (sobre Wagner), Jaspers (Ellen West) e Binswanger (Strindberg e Van Gogh), que também se dedicaram a esse campo, e por considerar a patografia o "legítimo instrumento de investigação médico-psicológica e psicopatológica" (Arruda, 1985, p. 147), Arruda se propõe a escrever sobre Nietzsche. "*Yo soy yo y mis circunstancias*" [Eu sou eu e minhas circunstâncias] — essa célebre afirmação de Ortega y Gasset é utilizada na abertura de seu texto. Para ele, um estudo patográfico deve ser compreendido como ontológico-fenomenológico e de uma perspectiva antropológico-histórica. Nesse contexto, traz à tona a intersubjetividade husserliana, bem como o pensamento de Binswanger, Heidegger, Scheler e Cassirer para pensar a posição de Nietzsche no mundo.

Observa-se algo que de fato se aproxima muito do que o título nos sugere, uma biografia, mas uma biografia da doença de Nietzsche, de seu *pathos*, de sua "paixão". Essa abordagem mostra-se relevante na medida em que nos leva a refletir sobre como Nietzsche não apenas estudou, mas viveu as tragédias gregas — repletas de paixão — e sobre como o *pathos* é condição inerente a todos nós. Arruda propõe o termo "inexistência intencional" para se referir a tudo que é *inerente* ao próprio existir: "*pathos* é manifestação inexistencial do *Dasein*" (*op. cit.*, p. 80).

Para Arruda, Nietzsche sofreu um "naufrágio existencial": "seu naufrágio psicológico representou um *momento crítico*, o *clímax*, uma peripécia dramática, uma etapa trágica na existência de um *homem sofredor*" (Arruda, 1985, p. 145; grifos do autor). No livro, Arruda realiza um verdadeiro resgate antropológico-histórico do filósofo, traçando um panorama de sua vida, seus relacionamentos, suas obras e o momento de publicação destas em relação à sua trajetória pessoal, seus sofrimentos e sua capacidade intelectual. Também lamenta o tratamento recebido por Nietzsche diante da sua condição, com base nos registros de suas internações hospitalares: "assalta-nos a tristeza ante uma medicina ainda atrasada, mas antes de tudo desumana, fria, indiferente, sem alma" (p. 173).

Seu último texto, datado do ano de seu falecimento (1995) e intitulado "Resumo histórico da psiquiatria brasileira", foi inicialmente apresentado a colegas da clínica psiquiátrica da Universidade de Heidelberg. O trabalho trata de aspectos e figuras marcantes da história da psiquiatria no Brasil, do período imperial ao momento de sua apresentação. O autor destaca a importância de Teixeira Brandão por dar caráter científico à psiquiatria e reconhecê-la como ramo da medicina. Segundo ele, Brandão teve papel fundamental na promulgação de leis e no incentivo a uma intervenção cada vez maior do médico no cuidado com a saúde mental e nas questões de higiene social.

Mais relevância ainda é dada ao período de Henrique Roxo e, sobretudo, de Juliano Moreira. Sobre este, Arruda afirma: "Mais importante [...] para o tratamento e a assistência ao enfermo mental, foi a nomeação de Juliano Moreira para a Direção Geral dos Serviços de Assistência a Psicopatas" (*op. cit.*, p. 34). Segundo ele, a psiquiatria brasileira, até então fortemente influenciada pelo modelo francês e pela tradição pineliana, passou por uma transformação significativa com a introdução do rigor alemão, trazido e priorizado por Moreira. Além disso, Arruda atribui a Moreira a gênese da psicanálise no Brasil.

O autor também aborda o advento da psicofarmacologia, das psicoterapias e da terapia ocupacional, entre outros avanços fundamentais na área. No campo da terapia ocupacional, destaca a figura de Nise da Silveira, salientando o período em que tiveram a oportunidade de trabalhar e produzir juntos.

Considerações parciais

É evidente que a trajetória de Arruda foi muito rica. Como autor, ele transitou por diversos campos da pesquisa em medicina psiquiátrica e psicologia, sendo "atravessado" por temas filosóficos, especialmente pela fenomenologia. Ao longo do texto, organizamos sua produção em diferentes fases — distinção que só se tornou evidente após a leitura aprofundada de grande parte de sua obra. A ideia de um primeiro, de um segundo ou mesmo de um Arruda tardio está diretamente ligada à evolução de sua escrita, às escolhas temáticas e autorais que fez ao longo do tempo, bem como ao contexto histórico em que viveu e às atividades que exerceu em cada período.

O primeiro momento é marcado por sua atuação como assistente de Henrique Roxo na clínica psiquiátrica da Faculdade Nacional de Medicina. Nesse período, seus escritos demonstram maior tendência para temas vinculados às pesquisas e práticas médicas de sua época. Ainda assim, nota-se em seus textos certo caráter descritivo, mesmo quando o foco principal era a administração de medicamentos ou a exposição de êxitos nos tratamentos convulsivantes. Podemos caracterizar essa fase como a mais "conservadora", no sentido de estar profundamente comprometida com sua formação médica tradicional.

A ida de Arruda para a Bahia para participar do concurso para a cátedra marca o início de seu segundo momento. É nessa fase que ele produz seu primeiro escrito diretamente relacionado à fenomenologia: a historicamente importante tese de 1947. Com base em seus textos, é possível afirmar que esse período representa sua "guinada fenomenológica". Muitos dos seus trabalhos subsequentes serão permeados de autores da fenomenologia e da psicopatologia de inspiração fenomenológica. Além disso, esse é o momento em que Arruda se aproxima cada vez mais do campo da psicologia. Ele estabelece contato com o professor Mira y López e inicia sua carreira na docência de psicologia, atividade que só encerraria em 1990, com sua aposentadoria compulsória.

No prefácio do livro *Síndrome de opressão* (1966), Lourenço Filho (1897-1970) destaca essa característica de sua produção intelectual:

> Deve-se salientar que o Prof. Elso Arruda colhe elementos preciosos na história da filosofia, no pensamento religioso, na evolução geral das teorias e recursos da psiquiatria, da psicopatologia, da psicologia em geral, como ainda e também em documentos das letras clássicas. (Arruda, 1966, p. x)

Lourenço Filho reconhece a contribuição de Elso Arruda para as "ciências do homem", além de confirmar a intenção do autor de construir um estudo antropológico-existencial. Já nesse momento, encontram-se elementos que se tornarão característicos daquilo que chamamos de Arruda tardio.

O período em que Arruda se dedica à aplicação de testes no Isop e à busca de fundamentações e resultados para esses testes, bem como à colaboração contínua com os *Arquivos Brasileiros de Psicotécnica*, marca a sua fase psico-higienista. Não é possível analisá-lo sem considerar seu contexto e sua trajetória. Como admirador de Juliano Moreira, assistente de Henrique Roxo e colaborador de Mira y López, seria natural que algumas dessas influências estivessem presentes em seu trabalho.

Ainda assim, uma avaliação crítica desse período demonstra que Arruda frequentemente contrastava suas colocações com as de seus colegas, procurando avançar o entendimento sobre os modelos de saúde e doença mental (Mota *et al.*, 2019). Chama atenção o fato de que, em 1962, um médico psiquiatra no Brasil tenha corroborado com a elaboração de *fundamentos espirituais* na terapêutica ocupacional e a tenha promovido com tanto entusiasmo. Essa postura evidencia sua abertura para o diálogo com outras disciplinas e antecipa abordagens que atualmente estão integradas de maneira mais "natural" no campo da saúde mental.

No período tardio, observamos sua maior proximidade com a psicologia e sua proposta de antropologizá-la. Seus estudos antropológico-existenciais ganham notoriedade tanto no que diz respeito à clínica psiquiátrica e psicológica quanto à sua concepção do ser humano em totalidade. É nessa fase que sua ideia de intersubjetividade se consolida e seus interesses se voltam quase inteiramente para as interações entre os seres humanos e as significações que delas nascem: "a experiência e a interexperiência configuram e dão sentido à pessoa" (Arruda, 1971, p. 61). Esse também foi o período mais ativo de sua docência em psicologia, quando suas reflexões sobre o *antidiagnóstico* e a *antipsiquiatria* ganham força.

Suas patografias, publicadas ou não, foram escritas nesse período. Parece evidente que esse era o caminho que Arruda escolhera seguir, no auge do seu conhecimento e maturidade. Encerrou sua trajetória intelectual dedicando-se àquilo que julgava como estudos ontológico-fenomenológicos, com base em uma visão antropológico-histórica.

Por fim, é importante ressaltar que a preocupação com o paciente além do tratamento psiquiátrico tradicional já se fazia presente em seus primeiros escritos. O "estigma", a alcunha da doença, sempre foi uma preocupação de Arruda. Seus textos revelam uma posição crítica crescente em relação a determinados tratamentos que negligenciavam o paciente como pessoa, desconsiderando seu contexto e sua vivência.

De certo modo, o espírito de revolução e de pioneirismo sempre estiveram presentes em sua obra, ainda que ele transitasse com certa adequação e tranquilidade em seu meio. Nossa leitura nos leva à compreensão de que Arruda foi, inevitavelmente, um autor enraizado em seu período. Como assinala Certeau (2015, p. 14): "As *ideias* tornam-se uma mediação entre o Espírito (o *Geist*) e a realidade sociopolítica. Supõe-se que constituam um nível em que se reencontrem o corpo da história e sua consciência, o *Zeitgeist*". Arruda certamente bebeu e se fartou do espírito de sua época.

Em última instância, não nos escapa o fato de que Arruda foi, acima de tudo, um apaixonado pela psiquiatria, pela psicologia, pelas artes e pelas questões sociais que permeavam seu contexto. Produziu muito e se dedicou de "corpo e alma" aos seus estudos. É uma figura importante na história da psiquiatria e da psicologia no Brasil, alguém que precisa ser prontamente resgatado. Estudos mais aprofundados, pesquisas documentais mais complexas, entrevistas e outras investigações terão o potencial de lançar uma luz mais profunda sobre sua obra e seu legado.

Além de seu protagonismo no campo *psi*, Elso Arruda representa, com sua tese de 1947, talvez a primeira apresentação mais destacada da fenomenologia no Brasil, superando as referências superficiais que apenas mencionavam o pensamento fenomenológico de modo distanciado. Seu trabalho, ao lado do de Nilton Campos — embora este tenha tomado outra direção —, representa a primeira grande apropriação da fenomenologia filosófica e psiquiátrica no país, com uma abordagem mais profunda de pensadores como Husserl e Binswanger, entre outros. Arruda não representa apenas uma "página" na história do pensamento, mas um ponto-chave na apresentação da fenomenologia husserliana e no desenvolvimento da psicopatologia de inspiração fenomenológica no Brasil. Não é possível falar da história da fenomenologia no país sem deparar com o nome de Elso Arruda. Esperamos que, por meio destes escritos e inventários, tenhamos aberto a porta para que o leitor e outros pesquisadores aprofundem o tema, tornando mais conhecida essa figura tão distinta.

Referências

ARRUDA, Elso. "O método de Meduna nas doenças mentais". *Arquivos Brasileiros de Higiene Mental*, Rio de Janeiro, ano 12, n. 1 e 2, 1939a.

_______. "A convulsoterapia nos estados de agitação epilética". *Imprensa Médica*, n. 226, 1939b.

_______. *A convulsoterapia das doenças mentais.* (Cadeira de Clínica Psiquiátrica). Tese (doutorado em Psiquiatria) — Faculdade Nacional de Medicina, Rio de Janeiro, 1940.

_______. *Ensaio de psicologia e psicopatologia husserlianas* (Tese de Concurso). Salvador: Universidade da Bahia, 1947.

_______. *Os Congressos Internacionais de Criminologia*. Salvador: Imprensa Oficial da Bahia, 1951.

_______. *O tema da árvore em psiquiatria*. Tese (Concurso). Rio de Janeiro: Universidade do Brasil. 1956.

_______. "Esquema corporal y esquizofrenia". *Arquivos Brasileiros de Psicotécnica*, Rio de Janeiro, v. 10, n. 1 e 2, p. 57-78, 1958.

_______. "Preferência e animadversão por certas tarefas e a higiene mental". *Arquivos Brasileiros de Psicotécnica*, Rio de Janeiro, v. 11, n. 2, p. 61-71, 1959.

_______. "Problemas psiquiátricos no serviço público". *Arquivos Brasileiros de Psicotécnica*, Rio de Janeiro, v. 14, n. 4, p. 59-68, 1962a.

______. *Terapêutica ocupacional psiquiátrica*. Rio de Janeiro: Ed. do Autor, 1962b.

______. "O papel da psicologia na seleção e na readaptação profissionais". *Arquivos Brasileiros de Psicotécnica*, Rio de Janeiro, v. 15, n. 4, p. 43-61, 1963.

______. "Psicologia da criança: conceitos atuais". *Arquivos Brasileiros de Psicotécnica*, Rio de Janeiro, v. 17, n. 2, p. 5-42, 1965a.

______. "Sigmund Freud traduzido". *Arquivos Brasileiros de Psicotécnica*, Rio de Janeiro, v. 17, n. 4, p. 142-143, 1965b.

______. "Informe de la organización de un departamento de psicología e psiquiatría en la Escuela de Medicina de la Universidad del Oriente". *Arquivos Brasileiros de Psicotécnica*, Rio de Janeiro, v. 18, n. 3, p. 81-98, 1966a.

______. "Prevention of mental retardation". *Arquivos Brasileiros de Psicotécnica*, Rio de Janeiro, v. 18, n. 1, p. 180-181, 1966b.

______. *Síndrome de opressão*. Rio de Janeiro: Fundação Getúlio Vargas, 1966c.

______. "Síndrome de opresión. Nuevo tipo de 'neurosis nuclear'". *Arquivos Brasileiros de Psicotécnica*, Rio de Janeiro, v. 18, n. 4, p. 121-127, 1966d.

______. "Responsabilidade e capacidade na legislação brasileira". *In:* Mira y López, E. *Manual de psicologia jurídica*. São Paulo: Mestre Jou, 1967. p. 355-373.

______. "Estado atual da promoção e defesa da saúde mental". *Arquivos Brasileiros de Psicotécnica*, Rio de Janeiro, v. 20, n. 2, p. 35-43, 1968.

______. "A psicologia como disciplina antropológica". *Arquivos Brasileiros de Psicologia Aplicada*, Rio de Janeiro, v. 22, n. 3, p. 131-139, 1970a.

______. "Integração das tarefas de saúde mental". *Arquivos Brasileiros de Psicologia Aplicada*, Rio de Janeiro, v. 22, n. 1, p. 55-68, 1970b.

______. "Estudo do primeiro Congresso Mineiro de Psiquiatria". *Arquivos Brasileiros de Psicologia Aplicada*, Rio de Janeiro, v. 23, n. 4, p. 27-32, 1971.

______. "Antidiagnóstico e antipsiquiatria". *Arquivos Brasileiros de Psicologia Aplicada*, Rio de Janeiro, v. 24, n. 4, p. 55-68, 1972.

______. "Modelo médico e valores humanos em psicoterapia". *Kriterion*: revista da Faculdade de Filosofia e Ciências Humanas da Universidade Federal de Minas Gerais, v. 68, p. 105-113, 1975.

______. "A angústia e o nada (estudo ontológico-fenomenológico)". *Kriterion*: revista da Faculdade de Filosofia e Ciências Humanas da Universidade Federal de Minas Gerais, v. 71, p. 75-94, 1978.

______. "A estrutura da pessoa, segundo Lersch". *Arquivos Brasileiros de Psicologia*, Rio de Janeiro, v. 31, n. 1, p. 161-171, 1979.

______. "Síndrome de opressão na criança". *Arquivos Brasileiros de Psicologia*, Rio de Janeiro, v. 32, n. 3, p. 57-71, 1980.

______. *Patografia de Wilhelm Nietzche*. (Pesquisa estipendiada pelo serviço alemão de intercâmbio acadêmico.) Rio de Janeiro: Fundação Universitária José Bonifácio, 1985.

______. *Resumo histórico da psiquiatria brasileira*. Rio de Janeiro: Ed. da UFRJ, 1995.

Arruda, E.; Duarte, N. O. "Um novo modelo de mesa para o psicodiagnóstico miocinético". *Arquivos Brasileiros de Psicotécnica*, v. 9, n. 1, 2 e 3, p. 69-84, 1957.

Arruda, E.; Franchi, L. V. "Tema da árvore e esquizofrenia". *Arquivos Brasileiros de Psicotécnica*, Rio de Janeiro, v. 11, n. 1, p. 1-24, 1959.

Cassília, J. A. P. *Doença mental e Estado Novo: a loucura de um tempo*. Dissertação (mestrado em História das Ciências) — Casa de Oswaldo Cruz, Rio de Janeiro, 2011.

Certeau, M. de. *A escrita da história*. Rio de Janeiro: Forense Universitária, 2015.

Coutinho, D.; Saback, E. "Histórico da psiquiatria na Bahia". *Gazeta Médica da Bahia*, v. 77, n. 2, p. 210-218, 2007. Disponível em: http://gmbahia.ufba.br/index.php/gmbahia/article/viewFile/102/95. Acesso em: 20 jun. 2025.

Heider, F. *A psicologia das relações interpessoais*. São Paulo: Pioneira: Edusp, 1958.

Holanda, A. F. "Fenomenologia e psicologia no Brasil: aspectos históricos". *Estudos de Psicologia*, Campinas, v. 33, n. 3, p. 383-394, 2016. Disponível em: https://doi. org/10.1590/1982-02752016000300002.

______. "Psychology and philosophy in the early days of phenomenological thought in Brazil". *In:* Holanda, A. F. (org.). *Perspectives on phenomenological psychology — Brazilian experiences*. Porto Alegre: Fi, 2022. p. 48-76.

Mota, A. M. D. G. F. *Psicologia clínica no Brasil: uma biografia historiográfica de Elso Arruda* (1940-1980). Tese (doutorado em Psicologia) — Universidade Católica Dom Bosco, Campo Grande, 2022.

Mota, A. M. D. G. F.; Miranda, R. L. "Adoecimento mental, antipsiquiatria e antidiagnóstico: notas a partir de Elso Arruda". *Estudos e Pesquisas em Psicologia*, v. 22, n. 2, p. 897-916, 2022. Disponível em: https://www.e-publicacoes.uerj.br/revispsi/article/view/68659/42663. Acesso em: 20 jun. 2025.

Mota, A. M. D. G. F. *et al.* "Modelos de saúde mental e doença mental: Arquivos Brasileiros de Psicotécnica (1949-1968)". *Arquivos Brasileiros de Psicologia*, Rio de Janeiro, v. 71, n. 3, p. 23-35, 2019.

Puchivailo, M. C.; Silva, G. B.; Holanda, A. F. "A reforma na saúde mental no Brasil e suas vinculações com o pensamento fenomenológico". *Revista da Abordagem Gestáltica*, [*S. l.*] v. 19, n. 2, p. 230-239, 2013. Disponível em: https://pepsic.bvsalud.org/pdf/rag/v19n2/v19n2a11.pdf. Acesso em: 20 jun. 2025.

Santos, P. L. T. *Elso Arruda: psiquiatra, professor, pesquisador e pioneiro na fenomenologia brasileira*. Dissertação (mestrado em Psicologia) — Universidade Federal do Paraná, Curitiba, 2022.

SCHLEDER, K. S.; HOLANDA, A. F. "Nise da Silveira e o enfoque fenomenológico". *Revista da Abordagem Gestáltica*, Goiânia, v. 21, n. 1, p. 49-61, 2015. Disponível em: https://pepsic.bvsalud.org/pdf/rag/v21n1/v21n1a06.pdf. Acesso em: 20 jun. 2025.

6 ELEMENTOS DA INTERAÇÃO TERAPÊUTICA: POR UMA FENOMENOLOGIA DA RELAÇÃO

MARCELO TAVARES

Os fatos são sempre amigos.
— Carl Rogers

O objetivo deste capítulo é apresentar um modelo de notação e análise do processo de interação terapêutica de uma perspectiva fenomenológica. O principal propósito das pesquisas sobre o processo psicoterapêutico é aprimorar a prática clínica, levando em conta a sua resolutividade na solução de problemas, a abrangência da população que possa se beneficiar dela e a qualificação dos profissionais para aplicá-la de maneira eficaz.

Nos primórdios dos tratamentos em saúde mental, o único recurso disponível era a observação direta, acompanhada de registros escritos feitos simultaneamente ou de memória, o que estava sujeito a falhas e imprecisões de um registro indireto. No entanto, a partir de meados do século passado, a introdução da gravação de áudio e vídeo facilitou a sistematização das psicoterapias, impulsionando seu desenvolvimento nos principais centros de pesquisa dos Estados Unidos e da Europa (Strupp e Howard, 1992).

Carl Rogers foi um dos pioneiros no uso da gravação como instrumento de pesequisa e análise das interações terapêuticas (Rogers, 1949). Exemplos de atendimentos clínicos realizados por grandes nomes da história da psicoterapia estão documentados e disponíveis em vídeo (Shostrom, 1965). Hoje, temos o privilégio de contar com tecnologias avançadas de gravação em vídeo e transcrição de áudio, que, com crescente facilidade, disponibilizam um vasto acervo de material clínico para análise.

Este capítulo apresenta um modelo de notação do processo terapêutico que, quando gravado em áudio e transcrito, pode servir de material clínico para estudo. Um sistema de notação em psicoterapia é um método estruturado de registro e marcação em transcrições de sessões terapêuticas, utilizado por profissionais da psicologia para documentar e codificar interações, comportamentos e concepções clínicas. Esse sistema facilita a reflexão clínica e a identificação de padrões, conduzindo a uma análise sistemática e consistente, e assim contribui para a evolução do tratamento, a supervisão e a pesquisa clínica. O exame detalhado das interações terapêuticas revela, por um lado, a complexidade da tarefa de facilitar o processo de mudança em psicoterapia, e, por outro, oferece oportunidades para conduzi-lo com mais confiança e resolutividade.

A que dirigimos nossa atenção na escuta terapêutica?

Carl Rogers (1957) revolucionou a psicologia ao propor seis condições necessárias para a mudança em psicoterapia, que continuam válidas até hoje. Embora sua formulação pareça simples, sua aplicação prática é complexa e exige estudo cuidadoso. Um exemplo disso é a maneira como a empatia é compreendida em nossa cultura. Muitas vezes, ela é tratada como um "afeto" espontâneo e natural, influenciada por uma leitura simplificada e distorcida de pesquisas científicas, como o conceito de "neurônios-espelho". Essa visão pode levar à falsa expectativa de que as pessoas sejam naturalmente capazes de compreender a experiência íntima de alguém em sofrimento. De fato, o processo é muito mais complexo. Para aumentar nossa efetividade em psicoterapia, precisamos compreender de que maneira somos mobilizados pela experiência do outro em sofrimento.

O desenvolvimento de habilidades terapêuticas requer sensibilidade, estudo e formação supervisionada, um processo que pode ser facilitado de modo excepcional pelo uso de gravações[1]. Para aprofundar a análise das interações terapêuticas, é fundamental refletir sobre o que entendemos por escuta terapêutica e para onde dirigimos nossa atenção nesse processo.

Ser tocado pela experiência do outro em sofrimento não necessariamente garante empatia. A resposta afetiva *ao* outro é determinada por um processo complexo, influenciado por diversas variáveis subjetivas do observador. Entre esses fatores estão o estado afetivo do observador, o que está mobilizado nele naquele momento e a percepção de semelhança ou diferença em relação à outra pessoa.

Na maioria das interações interpessoais, o que socialmente se aceita como empatia muitas vezes se resume a uma simples reação à experiência do outro, genericamente percebida como favorável (prazer) ou desfavorável (dor). Da mesma forma, sentir-se identificado com o outro também não significa necessariamente empatia, assim como ter uma resposta afetiva não implica compreender sua experiência. Existem muitas maneiras de se sentir tocado pela ação ou pela experiência do outro.

1 Observando, é claro, as recomendações éticas do Conselho Federal de Psicologia e das normas de ética em pesquisa que definem aspectos formais e os limites com que a gravação de sessões terapêuticas pode ser implementada e utilizada.

Isso é particularmente importante quando o observador é um terapeuta imbuído da tarefa de acolhimento, aceitação incondicional, elaboração e resposta terapêutica. O desafio se torna evidente quando o terapeuta é surpreendido ou incomodado pelo que um paciente diz ou faz. Porém, a experiência clínica demonstra que, de modo geral, o terapeuta sempre vivencia algo diante da experiência do outro, e essa vivência pode tanto facilitar quanto dificultar o processo terapêutico. Essa questão será importante para o delineamento das categorias de análise da interação terapêutica que discutiremos a seguir.

A compreensão empática necessária ao processo terapêutico pressupõe algo mais, que ficou implícito nas entrelinhas nas seis condições postuladas por Rogers (1957). As quatro primeiras podem ser assim resumidas: pressupõem um terapeuta em estado de *congruência*, capaz de manter *contato psicológico* e oferecer *aceitação incondicional* a um paciente que se apresenta em um estado de *vulnerabilidade*.

Estabelecer essas condições, no entanto, não é tarefa simples. Elas exigem uma postura ativa do terapeuta — uma abertura genuína para a experiência do outro, que se torna mais acessível quando há, também, uma abertura para a experiência de si diante do outro. Ou seja, nessa concepção, o contato psicológico é facilitado pela abertura do terapeuta para a experiência de si e do outro, incluindo a experiência de estar afetivamente mobilizado e se permitir lidar com a própria vulnerabilidade diante do sofrimento do paciente.

O papel profissional de terapeuta, por si só, não garante a capacidade de exercer uma função terapêutica. Enquanto o papel profissional é uma designação institucionalmente conferida, a função terapêutica emerge na relação entre terapeuta e paciente à medida que o terapeuta se envolve continuamente no processo de entrar em contato com o paciente e busca compreender como é afetado por ele — identificando os sentimentos, impulsos e fantasias desencadeadas por essa interação singular.

Segundo Rogers (1957, 1961), para que a resposta do terapeuta cumpra sua finalidade e tenha efeito terapêutico, o paciente precisa perceber, em sua *experiência*, que seu relato, seu modo de ser e seus afetos foram acolhidos, aceitos e *adequadamente* compreendidos pelo terapeuta. Esse efeito pode ser observado nos comentários do paciente, que expressam sua experiência de aceitação ou resistência à compreensão do terapeuta. Quando se sentem acolhidos, alguns relatam uma sensação de alívio, autenticidade e vivacidade, como se finalmente pudessem ser reais, verdadeiros e genuínos na relação terapêutica, mesmo em situações dolorosas.

Essa experiência do paciente de se sentir compreendido (*qualia*) é um indicador mais confiável de que alcançamos uma compreensão empática. Portanto, as condições necessárias para a mudança começam e terminam com a experiência do paciente: o ciclo se inicia quando ele se esforça para entrar em contato consigo mesmo e expressar sua vivência e se completa quando sente que o terapeuta aceita e compreende sua experiência — sobretudo quando o terapeuta acolhe e reflete aspectos do paciente que antes não podiam ser reconhecidos. Em síntese, as condições de Rogers (1957) para a mudança se concretizam na interação entre a resposta do terapeuta e a experiência do paciente de conexão consigo mesmo.

Assim, compreender o processo de interação terapêutica requer a compreensão das experiências de duas pessoas: paciente e terapeuta. Para o terapeuta, isso implica um entendimento profundo de sua experiência ao estar diante de seu paciente. Fenomenologicamente, trata-se de duas experiências subjetivas em primeira pessoa, às quais não temos acesso direto como observadores externos (terceira pessoa).

Como observadores externos, além do que é dito em terapia, temos apenas, e com restrições, acesso ao que pode ser captado pelos sentidos — os comportamentos e algumas reações fisiológicas observáveis. A maior parte do processo terapêutico é subjetiva, interna e ocorre, em grande parte, no silêncio, tanto para o paciente quanto para o terapeuta. O uso de gravações é uma tentativa de compreender a complexidade desses processos partindo do registro de suas falas (áudio) e, quando possível, de expressões e gestos (vídeo). Embora parta de elementos bastante rudimentares, essa análise pode ser ampliada pelas clarificações do paciente no transcorrer do processo terapêutico e pelo relato do terapeuta de seus processos internos e reflexões pós-atendimento.

Dessa perspectiva, a empatia não é um sentimento, mas um processo; não se trata de um sentimento de alguém (o paciente) localizado no outro (o terapeuta). O terapeuta procura compreender a experiência do outro ao mesmo tempo que se esforça para compreender sua experiência na relação terapêutica. Esse duplo movimento é necessário para que o terapeuta elabore uma resposta que ofereça ao paciente a oportunidade de sentir-se verdadeiramente compreendido. O ciclo do processo empático se completa quando o paciente, ao ouvir a resposta do terapeuta, sente-se acolhido, aceito e compreendido. Ou seja, a empatia, como processo, começa com a narrativa do paciente e termina com a experiência que nele é suscitada por uma ação do terapeuta. No entanto, essa ação pode ou não cumprir uma função terapêutica. Ou seja, o exame da situação clínica revela que a empatia é um processo intersubjetivo, cuja realização depende do encontro vivido por duas pessoas na relação terapêutica, aqui e agora.

Quando bem-sucedido, o processo de empatia se assemelha a uma dança — ora paciente e terapeuta se movem em consonância, ora de maneira complementar. Um exemplo de empatia por consonância ocorre quando uma pessoa vivencia uma perda significativa e inspira um sentimento análogo em outra, que se conecta com as próprias experiências de perda em situações pessoais. Já a empatia complementar se manifesta quando, por exemplo, oferecemos suporte: se um paciente está mobilizado, sentindo-se vulnerável diante do trabalho terapêutico, o terapeuta pode reconhecer seu empenho e coragem ao enfrentar desafios na terapia. Nesse caso, entende-se que o terapeuta identificou a necessidade de suporte e agiu de maneira coerente.

Por outro lado, essa dança também pode tornar-se dissonante quando há dificuldade de acolher e compreender a experiência do outro. Se quem busca ajuda não se sente aceito ou compreendido, o ciclo do processo empático não se completa, independentemente do esforço sincero do terapeuta. Um exemplo disso ocorre quando o paciente permanece resguardado, reticente ou vago. Se esse paciente se sente ameaçado em relações interpessoais, entre as quais a terapia é apenas mais uma, fará grande diferença se o terapeuta for sensível às razões que o levam a se preservar, em contraste com um terapeuta que se sente frustrado e interage esperando que o paciente revele suas experiências íntimas. Nesse último caso, o vínculo e a aliança terapêutica talvez fiquem fragilizados e, se a situação persistir, o paciente pode acabar desistindo ou rompendo a relação terapêutica.

A resposta empática promove, de fato, a sensação de aceitação e compreensão por parte do paciente, completando o processo de empatia conforme proposto por Rogers (1957). Quando o terapeuta responde de forma empática, a experiência do paciente é validada em um nível mais profundo, ultrapassando os limites de uma simples interação social. Outros efeitos benéficos são desencadeados no processo terapêutico: esse tipo de resposta contribui para a criação de um ambiente emocional seguro, aumenta a sensação de confiança e fortalece o vínculo terapêutico. Respostas empáticas mais elaboradas vão além da simples reflexão do conteúdo e do afeto na experiência do paciente. Elas evidenciam necessidades vitais que o mobilizam, facilitam a ativação de recursos internos para mudança e incentivam ações de autocuidado, atualização e realização pessoal.

Portanto, a empatia é um processo intersubjetivo que envolve tanto a resposta do terapeuta quanto a experiência do paciente, tornando-se um processo intersubjetivo essencial para ressignificar a existência e a experiência do paciente. A interação entre a resposta do terapeuta e o efeito no paciente forma uma *unidade de sentido terapêutico*, a qual defino como o ciclo completo que se inicia com a expressão do paciente, passa pela resposta terapêutica e culmina na experiência do paciente, resultando em sua sensação de ser ou não ser compreendido.

Essa unidade expressão-resposta tem um *sentido* terapêutico porque direciona a terapia, independentemente de o efeito ser positivo ou negativo no paciente. Em outras palavras, tanto faz se o paciente se sente ou não aceito e compreendido: a resposta do terapeuta sempre gera um impacto e direciona o processo de alguma forma. Quando o resultado é favorável, a empatia, como *unidade de sentido terapêutico*, torna-se um componente fundamental na promoção da experiência emocional transformativa[2] (Chh ristian, Safran e Muran, 2012). No entanto, quando esse resultado não ocorre, o ciclo de empatia não se completa e o vínculo terapêutico fica ameaçado. De qualquer forma, a resposta do terapeuta orienta e dá sentido ao processo terapêutico, de forma mais ou menos favorável. Essa compreensão é fundamental tanto para a formação de terapeutas quanto para pesquisas sobre processos em psicoterapia.

A *consideração (aceitação) positiva incondicional* por parte do terapeuta é uma das condições necessárias estabelecidas por Rogers (1957), pois é um facilitador essencial para acolher a experiência do outro, promover a empatia, formar o vínculo terapêutico e consolidar a aliança de trabalho. Uma das proposições humanistas é acolher para compreender. Além disso, procuramos explorar a relação entre esses conceitos e a concepção de *vulnerabilidade* (Brown, 2013). O terapeuta que acolhe e busca compreender sua vulnerabilidade na relação terapêutica terá melhores condições de alcançar compreensões mais profundas e avançadas com seus pacientes. O conceito junguiano de *sombra* também contribui para essa compreensão, pois permite que o terapeuta aceite aspectos de si mesmo que podem ser desafiadores, especialmente quando se manifestam na relação terapêutica (Jung, 2000, 2016). Esse movimento de abertura à própria experiência amplia sua capacidade de trabalho e aprimora sua prática clínica.

Na discussão acima, procurei adotar uma postura fenomenológica reflexiva, que propõe que o terapeuta se esforce para preservar uma perspectiva em primeira pessoa, tomando a si mesmo como um ser humano que, na relação terapêutica, vivencia processos análogos ou complementares aos de seu paciente. Nessa postura, o terapeuta procura se aceitar como fundamentalmente humano, assim como procura aceitar e compreender o paciente.

A análise fenomenológica da vida mental é "radicalmente contextual e ecológica", pois considera o mundo da experiência um contexto relacional, no qual diferentes intencionalidades se encontram (Wertz, 2005). A natureza da experiência humana encontra seu ponto mais crítico e intenso na interação terapêutica, revelando temores, verdades — às vezes duras — e potenciais. A fenomenologia é, por excelência, um método aberto para examinar fenômenos interacionais e intersubjetivos. Uma de suas características essenciais é o constante questionamento da intencionalidade do observador, seja ele clínico ou pesquisador, esteja ele diretamente envolvido com o fenômeno ou observando-o externamente.

2 O termo original é "experiência emocional *corretiva*" (*corrective emotional experience*), porém preferi atualizar o conceito para "experiência emocional *transformativa*", a fim de evitar algumas conotações do termo original e deixar explícita sua intenção terapêutica fundamental.

Quando o observador é parte do fenômeno de interesse, como ocorre no estudo das interações terapêuticas, a fenomenologia oferece uma estratégia fundamental para explorar o mundo vivido, aqui e agora, na relação imediata entre o eu e o outro, tal como se dá no encontro terapêutico. Neste, sempre há a possibilidade de um processo análogo ou complementar em que o observador vivencia dinâmicas que podem dificultar sua tomada de consciência na relação com o sujeito observado. Diante desse desafio, no interesse clínico, de pesquisa ou de formação, pode ser útil ou benéfico contar com um observador externo ou um supervisor. Num processo de análise, o observador externo atua como um novo ponto de checagem das intencionalidades, de preferência, sem envolvimento direto com o fenômeno de interesse. Dessa forma, estabelece-se uma diferenciação de perspectivas: o paciente, como sujeito observado, tem uma experiência em primeira pessoa; o terapeuta, ao descrever a experiência do paciente, elabora um relato em segunda pessoa, refletindo sobre seu testemunho direto; já o supervisor, como observador externo, realiza uma análise em terceira pessoa. Essa é uma espécie de distinção dos lugares de fala: "eu, tu, ele".

Enfatizando: cada um vivencia a experiência de si em primeira pessoa. O paciente, ao relatar sua história; o terapeuta, ao ser movido ou provocado pelo relato e pela experiência do paciente, e o supervisor, ao experienciar a escuta do relato do terapeuta. Em outros termos, algo relacionado à angústia do paciente é assimilado tanto pelo terapeuta quanto pelo supervisor, produzindo efeitos em cada um deles. Durante a sessão, o terapeuta tem sua experiência em primeira pessoa. No entanto, ao relatar o caso, ele se posiciona como segunda pessoa em relação ao paciente. Assim, cada um ocupa um lugar distinto na dinâmica da intersubjetividade terapêutica, e suas experiências não podem ser reduzidas umas às outras. O fenômeno central de interesse não é o paciente em si, seu comportamento, sua patologia, seu sofrimento, mas a própria interação terapêutica — a intersubjetividade que nela se constitui da perspectiva de cada participante.

Se o terapeuta aborda a situação clínica sem considerar a perspectiva relacional da terapia e trata o paciente como um outro, ele assume uma posição de terceira pessoa e se distancia de sua experiência na relação. Isso pode levá-lo a uma forma de alienação do processo terapêutico. O trabalho clínico requer compreender como esses mundos existencialmente distintos se comunicam, se afetam e se apresentam mutuamente como potenciais elementos de transformação.

Definindo interação terapêutica

Precisamos desses fundamentos da escuta para examinar mais de perto o que ocorre na comunicação e na interação terapêutica. De uma perspectiva fenomenológica, é essencial reconhecer os elementos que explicitam ou modificam o sentido de uma comunicação significativa (conforme definido anteriormente). Esses elementos podem se manifestar por meio da fala, de um gesto ou até mesmo de um comportamento nitidamente expressivo que pode "falar muito mais alto" sem dizer uma única palavra. Assim, compreender os sentidos da experiência implica considerar a complexidade das formas de expressá-los. Embora frequentemente falemos em escuta terapêutica, é importante entendê-la como uma metáfora que envolve não apenas a audição, mas também o olhar e a intuição. Todas essas são formas pelas quais a experiência se manifesta aos sentidos.

Defino *interação terapêutica* como o processo de troca de sentidos que implica uma série de comunicações significativas entre paciente e terapeuta. Essas comunicações podem ser explícitas ou encobertas, manifestas ou latentes, claras ou ambíguas, e se dar tanto pela comunicação verbal, escrita, representacional[3] quanto por comportamentos. Até mesmo o silêncio pode ser uma forma de comunicação significativa, mesmo quando não sabemos dizer que significado é esse.

Como processo, a interação terapêutica geralmente se refere a uma sequência de trocas ao longo de uma ou várias sessões. No entanto, também pode ocorrer em interações simples, até mesmo fora do contexto formal da sessão, como em uma breve troca de mensagens. Em um processo terapêutico extenso, e no sentido em que buscamos analisá-lo, seria útil identificar qual seria a menor "unidade" de interação terapêutica.

Definindo unidade de interação terapêutica

Para compreender a interação terapêutica como processo complexo, vamos recorrer à estratégia de perguntar qual seria sua menor "unidade" identificável. A interação terapêutica ocorre dentro de uma relação humana em que "as duas pessoas estão em algum grau de contato, que cada uma faz alguma diferença perceptível no campo experiencial do outro" (Rogers, 1957). Para Rogers, essa é a primeira condição terapêutica necessária para a mudança. Além disso, duas outras condições são necessárias: a intenção de manter uma atitude de consideração positiva incondicional em relação ao outro e a suposição de que o terapeuta se encontra em um estado de relativa congruência. Essas três condições fazem da interação terapêutica uma relação interpessoal singular, diferenciando-a de outros tipos mais comuns de relacionamento.

Defino uma unidade de interação terapêutica como um fragmento observável de troca de sentidos entre paciente e terapeuta. Parte-se do pressuposto de que o terapeu-

3 O paciente introduz algo na relação que tem por objetivo comunicar outros significados, de forma direta ou indireta. Por exemplo, dá um presente, apresenta um desenho ou compartilha uma música. O significado simbólico pode sugerir outros sentidos além do objeto que os representa.

ta esteja em um estado de maior congruência e capaz de oferecer consideração positiva incondicional às características, às experiências e aos acontecimentos da história pessoal de quem procura ajuda. A consideração positiva e a congruência favorecem a resposta empática, conforme descrito por Rogers (1957, 1961). Assim, um processo de interação terapêutica é constituído por uma sequência de unidades de interação terapêutica.

Como exemplo, suponha que um paciente envie uma mensagem ao terapeuta por meio de uma rede social ou lhe diga algo diretamente durante a sessão. Se, passado um tempo, o terapeuta não responder e o paciente manifestar ressentimento, podemos entender que houve uma *unidade de interação significativa*, mesmo que o terapeuta não tenha feito nada ativamente. Nesse caso, o paciente interpretou a ausência ou o silêncio como um sentido produzido pelo terapeuta e reagiu de acordo com esse entendimento.

O inverso também pode acontecer, quando o paciente permanece em silêncio entre as falas do terapeuta. Nesse caso, entenderíamos os significados do paciente como ocultos, encobertos ou latentes, podendo ser em parte conscientes e em parte inconscientes. O silêncio talvez expresse receio, recusa a se abrir, sensação de paralisia ou outra vivência subjetiva. Porém, não se deve simplesmente presumir seu sentido. Ele só pode ser revelado ou *des*coberto no fluxo do processo terapêutico, por meio da análise da experiência.

O terapeuta também comunica sentido por meio de intervenções facilitadoras, como quando encoraja o paciente a continuar com expressões como "sei", "hum-hum", "OK" ou até mesmo com um leve movimento de cabeça em sinal de aquiescência. Esses comportamentos do terapeuta comunicam que ele está presente e atento e são considerados facilitadores para a comunicação do paciente. Outra possibilidade ocorre quando o paciente fala continuamente, sem pausas, abordando diferentes temas ou contextos com significados distintos. Nesses casos, pode ser útil, na análise, compreender falas longas como contendo múltiplas unidades de sentido, sobretudo quando o paciente não dá espaço para uma resposta reflexiva do terapeuta.

Elementos de uma unidade de interação terapêutica

Lembrando: o objetivo material deste trabalho é apresentar um modelo de notação e análise do processo de interação terapêutica para estudá-lo de uma perspectiva fenomenológica. Outro objetivo subjacente foi descrever a natureza do fenômeno de interesse em terapia. A descrição, a seguir, dos elementos que compõem uma unidade de interação terapêutica visa apresentar a maneira como organizamos o material clínico para a análise da experiência e das construções intersubjetivas no contexto terapêutico.

Primeiro, defini a interação terapêutica como um processo. Em seguida, caracterizei a *unidade* de interação terapêutica como *uma troca de sentidos*. Agora, passo a definir os diversos elementos que integram essas trocas. Esse modelo e seus elementos visam representar a menor porção possível de uma situação complexa: o processo que transcorre em uma relação terapêutica. Por esse motivo, sua construção visa tanto à análise do processo terapêutico quanto à sua aplicabilidade à reflexão clínica e à pesquisa.

A Tabela 1 (p. 157) apresenta e define os elementos que constituem a interação terapêutica entre duas pessoas: uma que busca apoio e outra que o oferece, cada qual com diferentes capacidades de consideração positiva, congruência e condições para oferecer uma resposta terapêutica. Os elementos da unidade de interação terapêutica, conforme expostos na tabela, são representados por letras.

O primeiro elemento se refere ao contexto (CEM) no qual a interação acontece, seguido de quatro elementos relacionados ao paciente (FP, MP, CP e EP) e quatro correspondentes ao terapeuta (FT, MT, CT e ET). Esses elementos são paralelos porque abordam aspectos humanos universais, aplicáveis tanto ao paciente quanto ao terapeuta. Outros dois elementos dizem respeito às elaborações clínicas do terapeuta a partir da interação terapêutica e ao processo como um todo: avaliação clínica do terapeuta (AC) e intenção terapêutica (IT) expressa em sua comunicação. Finalmente, comentários clínicos e planejamento (CC) apresentam elaborações e recomendações clínicas mais gerais. Analisaremos cada um desses elementos na Tabela 1.

Contexto experiencial mobilizador

A consideração e a análise de qualquer situação clínica dependem da compreensão do contexto da interação terapêutica, que nos interessa por duas características específicas: ele deve ser definido tanto como contexto experiencial quanto como contexto mobilizador. Esse contexto experiencial mobilizador é representado pela sigla CEM.

O reconhecimento do contexto facilita a compreensão da complexidade da comunicação, que pode ser analisada de diferentes perspectivas teóricas. Cada abordagem — fenomenológica, sistêmica, ecológica, psicodinâmica, existencial-humanista, entre outras — tem um modo próprio de incorporar o contexto, oferecendo diferentes *insights* sobre o processo terapêutico. Independentemente das vantagens e das limitações de cada abordagem, considerar o contexto amplia a compreensão do fenômeno e traz vantagens significativas para o terapeuta.

Nas abordagens experienciais e fenomenológicas, o contexto da fala e de outras formas de expressão é compreendido como parte do contexto da experiência. Ou seja, o contexto não é definido externamente, a partir da visão do terapeuta, de terceiros ou de outras teorias, mas sempre a partir da experiência do sujeito. O que nos interessa terapeuticamente é estabelecer um nexo entre o contexto e a experiência que ele mobiliza, pois é no vínculo com o sujeito que reside o potencial para o contexto mobilizar a experiência.

Tabela 1. Elementos da interação terapêutica

		Elemento	Definição
	CEM	Contexto experiencial mobilizador	Ocorrências ou comportamentos anteriores relevantes para compreender a situação em uma unidade de interação.
Processos e atividades do paciente	FP	Fala do paciente	Conteúdo da expressão verbal de quem busca apoio.
	MP	Modo de fala observável do paciente	Estilo, tonalidade, potência, ritmo, fluência (hesitações, repetições, pausas, lacunas) e vocalizações não verbais e outros aspectos do estilo de comunicação verbal de quem busca apoio.
	CP	Comportamento não verbal observável do paciente	Postura ou comportamento que pode acompanhar uma fala ou estar em torno dela, ou ainda que pode ser entendida em si como uma comunicação significativa de quem busca apoio.
	EP	Experiência encoberta do paciente	Atitudes, fantasias, sentimentos, pensamentos, valores, conflitos, necessidades de quem busca apoio que permanecem latentes, encobertos ou ocultos ao terapeuta e podem apenas ser *inferidos* por meios indiretos.
Processos e atividades do terapeuta	FT	Fala do terapeuta	Conteúdo da expressão verbal do de quem oferece apoio.
	MT	Modo de fala do terapeuta	Tonalidade, ritmo, potência, pausas/lacunas e outros aspectos do estilo de comunicação verbal de quem oferece apoio.
	CT	Comportamento do terapeuta	Postura ou comportamento que pode acompanhar uma fala ou estar em torno dela, ou ainda que pode ser entendida em si como uma comunicação significativa de quem oferece apoio.
	EP	Experiência encoberta do terapeuta	Atitudes, fantasias, sentimentos, pensamentos, valores, conflitos, necessidades, reflexões e elaborações de quem oferece apoio sobre a experiência de si mesmo diante de quem busca apoio.
Elaborações do terapeuta e da equipe	AC	Avaliação clínica	Reflexões ou hipóteses avaliativas, analíticas ou diagnósticas entre outras considerações ou elaborações clínicas (julgamento clínico fundamentado) acerca da experiência de quem busca apoio.
	IT	Intenção terapêutica	Expectativas, recomendações, planos de ação terapêutica inferidos que funcionam como direcionamento para o terapeuta no momento da interação.
	CC	Comentários clínicos e planejamento	Elaborações sobre uma interação; sobre a relação dessa interação com interações anteriores (que atuam como contexto para a interação atual); sobre a relação entre quaisquer aspectos da interação terapêutica; ou sobre recomendações clínicas, formulação psicodinâmica, questões diagnósticas, prognósticas (antecipações) ou de planejamento terapêutico.

O *contexto experiencial mobilizador* pode incluir qualquer fato interno ou externo anterior à consulta, assim como outros que ocorram internamente ou na interação com o terapeuta. Isso abrange tanto falas e comportamentos do paciente quanto intervenções do terapeuta, além das condições do ambiente terapêutico (*setting*) e outras ocorrências, como um evento familiar recente ou até um simples toque de celular durante a sessão. Embora o contexto experiencial mobilizador possa ser referido de forma explícita pelo paciente, é comum que ele seja apresentado de forma oculta ou incipiente, de modo que o contexto pode não estar claro a princípio. É importante notar que um contexto aparente pode, na verdade, servir para ocultar um contexto mais doloroso. Isso é frequente na terapia de família, por exemplo, na qual a demanda manifesta pode encobrir questões mais complexas e difíceis de aceitar. Além disso, a própria relação terapêutica pode integrar o contexto que mobiliza o paciente.

Considerando o conceito psicanalítico de *situação total* na compreensão do que se comunica em terapia (Joseph, 1990), percebemos que o contexto experiencial abrange qualquer ocorrência que antecede uma comunicação significativa, e que cada comunicação ocorre em um contexto experiencial. Se, por um lado, o reconhecimento do contexto facilita a compreensão do significado da comunicação, por outro, ignorá-lo pode levar a distorções, equívocos ou interpretações inadequadas. Muitas vezes, o contexto só fica claro com o desenrolar do processo terapêutico. Ao especificá-lo, torna-se possível compreender como ele influencia o sentido da fala do paciente, ainda que esse entendimento só ocorra mais tarde, durante a análise da sessão.

Como exemplo do que constitui contexto para uma comunicação significativa, consideremos a seguinte situação clínica: o paciente chegou à sessão relatando um caso ocorrido dois governos antes. Ele iniciou o relato com um nível de energia acima do habitual e com um conteúdo aparentemente desconectado dos temas recorrentes em sua terapia. Decidi ouvi-lo atentamente para compreender o que poderia estar por trás daquele relato. O trabalho do paciente durante aquele governo envolvia análises políticas para fins jornalísticos. Ele havia produzido um estudo e uma matéria sobre os riscos e o possível fracasso de uma aliança entre dois grupos econômicos. No entanto, sua análise não recebeu apoio editorial e foi descartada. Ao concluir seu relato, o paciente destacou que, como previra em sua matéria, a traição de um dos grupos resultara em consequências graves e prejuízos para os envolvidos. Seu modo de se comunicar transmitia indignação diante do fato de que ninguém havia percebido ou levado a sério os sinais que "anunciavam" a tragédia.

Perguntei, então, o que tornava aquela história relevante para ele naquele momento de vida. Ele disse que estava arrumando o armário e achara a matéria que havia redigido na época. Questionei o motivo de estar organizando o armário. Ele disse que estava abrindo espaço para que sua namorada fosse morar com ele. Nesse momento, seu relato ganha novo sentido e relevância. O que antes parecia um fato externo, distante e irrelevante, transforma-se em algo íntimo, pessoal e extremamente significativo. Trata-se, na verdade, da expressão de seu medo e insegurança diante do compromisso, do risco de envolvimento em uma relação que, para ele, poderia terminar em traição e prejuízos. A história jornalística é uma emergência no *contexto* que anunciava, como um reflexo encoberto de seus temores e angústias no relacionamento amoroso.

A partir dessa nova revelação do contexto da angústia, o foco da sessão se desloca da externalização para a experiência interna do paciente em sua relação afetiva. Podemos dizer que a angústia é o que mantém o sujeito mobilizado no contexto, que o contexto é mobilizador por eliciar essa angústia e que essa mobilização ocorre em resposta a necessidades não atendidas. Compreender a relação entre contexto e angústias mobilizadas é um passo essencial no processo terapêutico para acessar e entender essas necessidades não atendidas.

Aspectos observacionais e inferenciais em processos terapêuticos

Usei aqui o termo "comunicação significativa", que pode ser definida como uma unidade de sentidos emitida tanto pelo paciente quanto pelo terapeuta, por meio da comunicação verbal ou não verbal. Agora, precisamos demarcar a diferença entre aquilo que é observável e aquilo que é inferencial. O que é observável pode ser registrado diretamente em áudio ou vídeo — ou seja, trata-se do que foi dito ou feito pelo paciente ou pelo terapeuta. Já o que é inferencial depende de avaliação ou julgamento de outra pessoa, como em uma avaliação diagnóstica ou em uma interpretação clínica do terapeuta (por exemplo, ao descrever um paciente como "ansioso" ou dizer que tem um "tom depressivo"). Essa diferença implica a distinção qualitativa essencial entre descrever uma ocorrência e atribuir um significado (avaliar, julgar).

Tal distinção é fenomenologicamente importante, pois há um consenso mais fácil naquilo que pode ser registrado descritivamente de modo independente, enquanto há maior variabilidade interpretativa naquilo que depende da avaliação subjetiva ou experiência do observador-terapeuta. Do ponto de vista fenomenológico, um fato não existe em si, ele é sempre um fato para alguém, e observá-lo já significa inseri-lo em uma cadeia de significados.

Distinguir de maneira explícita o que é observável do que é inferido ou atribuído é uma habilidade essencial para o terapeuta. As observações se dão pelos sentidos, pela percepção direta daquilo que ouvimos ou vemos. Já as inferências resultam de uma fonte mais inefável, de processos mentais que envolvem pensamentos, sentimentos e atribuições de sentido que estão mais diretamente atrelados a processos subjetivos do terapeuta. O que é observável está diretamente ligado ao domínio da técnica, enquanto o inferencial — em que também habita a nossa intuição — se aproxima mais do domínio da arte, sendo um terreno relativamente incerto. No trabalho terapêutico, queremos maximizar a interação e o potencial desses dois campos, integrando a objetividade da técnica à sensibilidade da experiência subjetiva.

A seguir, vamos tratar dos elementos da interação terapêutica tanto do paciente quanto do terapeuta, considerando como o reconhecimento e a distinção entre o observável e o inferencial se tornam relevantes nesse processo.

Elementos da interação terapêutica de quem busca apoio

Iniciaremos pela distinção entre comportamento verbal, paraverbal e não verbal da comunicação. O primeiro elemento, o *texto da fala*, algumas vezes referido como conteúdo da fala do paciente, corresponde à parte da comunicação que pode ser registrada na forma de transcrição. Esse aspecto é representado pelas letras FP (Tabela 1, p. 159).

O segundo elemento, o *modo da fala*, representado por MP, refere-se aos aspectos qualitativos da comunicação, como estilo, tonalidade, potência, ritmo, fluência (hesitações, repetições, pausas, lacunas) e vocalizações não verbais. Em uma transcrição, esses elementos precisam ser demarcados como descrições feitas por um observador, geralmente registradas entre colchetes.

O terceiro elemento é o *comportamento não verbal observável* do paciente, representado por CP, que se refere ao que ele faz durante ou em torno de sua fala, até influenciando ou alterando o sentido da comunicação. O comportamento não verbal pode ser congruente ou incongruente com o conteúdo ou o modo da fala. Por exemplo, o paciente afirma que está triste ao mesmo tempo que sorri, ou demonstra apreensão em sua expressão corporal. Além disso, o *comportamento não verbal observável* pode ocorrer independentemente da fala, mas ainda assim comunicar algo significativo. Por exemplo, imagine um paciente que, sem dizer uma palavra, pega um lápis da mesa do terapeuta, olha com uma expressão desafiadora, parte o lápis ao meio e o devolve à mesa. Esse comportamento pode ser interpretado como uma comunicação explícita, ainda que de natureza não verbal.

Resumindo, temos o *conteúdo da fala* (letras FP), temos os elementos observe vacionais do *modo de fala* (MP) e os *comportamentos não verbais* (letras CP). Em uma transcrição para fins de pesquisa ou supervisão, o conteúdo da *fala do paciente* é registrado literalmente. O *modo de fala* e os *comportamentos não verbais* dizem respeito a descrições do terapeuta ou de um observador e, por isso, devem ser demarcados numa transcrição entre colchetes, junto à *fala do paciente*.

Às vezes, o comportamento fala por si só. O cinema mudo e vídeos nas redes sociais utilizam-se desse recurso para conferir significado à mensagem. Da mesma maneira, o *modo de fala* e os *comportamentos não verbais* são aspectos observacionais importantes para compreender o significado da comunicação em terapia (a fala). O registro adequado desses aspectos da fala depende de dois fatores principais: o valor que o terapeuta atribui a essas observações e sua capacidade observacional e descritiva para realizar o registro da sessão. No entanto, o registro observacional de uma interação terapêutica pode ser desafiador ou negligenciado por questões de tempo. Apesar disso, esses aspectos menos palpáveis contribuem de forma decisiva na intuição, na reflexão e na elaboração do terapeuta, impactando a compreensão do processo terapêutico.

Quando assistimos a um vídeo terapêutico, podemos sentir o impacto do modo de fala e do comportamento do paciente. Certa vez, assisti à gravação de uma sessão terapêutica de uma jovem adulta. Depois de relatar uma experiência dolorosa em tom suave, ela fez uma pausa, virou-se lentamente para o lado com movimentos leves de pernas, braços e rosto, desviando o olhar, como se estivesse se afastando emocionalmente do terapeuta. Tive a sensação de estar vendo alguém usar seu sofrimento de modo sedutor para conquistar a atenção do terapeuta, como se lhe dissesse: "Venha comigo, cuide de mim, me resgate". No entanto, essa é uma inferência; deve ser entendida como uma atribuição de significado feita pelo observador, distinta do comportamento em si. O verdadeiro sentido do gesto só poderia ser confirmado pela própria paciente.

Inferência à parte, o que importa aqui é o registro da observação. Em alguns casos, pode ser muito difícil traduzir elementos observacionais em um sistema de registro, e o caminho mais comum acaba sendo simplesmente abandonar o registro desses elementos da interação. Embora o registro escrito potencialize recursos analíticos, como anotações e referências durante uma interação específica, a gravação em vídeo é a melhor forma para análise posterior da terapia. Sua transcrição e o registro dos elementos observacionais têm utilidade e potencial para aprofundar a análise e a elaboração acerca do processo clínico no contexto de estudos de caso, supervisão e pesquisa.

O modo de fala pode reforçar ou alterar radicalmente o sentido do que é dito, levando terapeuta e supervisor a imagens distintas do que está acontecendo na terapia. A mudança de ênfase no relato de um acontecimento pode resultar em diferentes interpretações. O leitor de um relato terapêutico pode precisar de informações adicionais que alteram completamente o sentido do texto. Para ilustrar isso, experimente ler a transcrição da fala de um paciente em diferentes tons afetivos: em tom depressivo ou com raiva; em tom sarcástico, desafiador ou de uma solicitação; tente fazê-lo em tom submisso ou dependente, em contraste com um modo impositivo de falar. Ao fazer esse exercício, verá que uma transcrição simples, sem descrição de comportamento ou do modo da fala, pode induzir o leitor a um viés significativo.

Não é raro que quem relata uma sessão terapêutica imprima seu próprio estilo ao modo de fala e comportamento ao descrever um caso. Em transcrições, muitas vezes presumimos que essa informação não seja relevante, mas geralmente ela é. No contexto de supervisão clínica, essas alterações no modo de fala ao longo do relato do terapeuta podem criar no supervisor uma concepção muito diferente da realidade do paciente. Em sistemas de registro, observações que alteram o sentido devem ser anotadas para auxiliar a pesquisa clínica e o acompanhamento do progresso terapêutico. Como sistema de registro, essa prática seria uma forma de suporte à pesquisa clínica de base fenomenológica.

Quando determinado modo de fala se torna um estilo persistente em uma ou várias sessões, não é necessário anotá-lo repetidamente. Basta registrá-lo uma vez, pelo menos no início de uma transcrição, como parte da apresentação do paciente e do contexto inicial. Por outro lado, mudanças notáveis de estilo tendem a ser relevantes para a avaliação do processo terapêutico e afetar o prognóstico ou a intervenção do terapeuta. Além disso, as mudanças do modo de fala também sugerem alterações de afeto ou humor, bem como a necessidade de alterar a estratégia terapêutica, como no exemplo de um paciente que troca um tom queixoso e infantilizado por um tom engajado e envolvido ou, ao contrário, um paciente que retorna mais depressivo.

A análise conjunta de três elementos observáveis — comportamento não verbal, conteúdo e modo de fala — favorece a elaboração e a compreensão do sentido ou do significado da comunicação. Em outras palavras, permite identificar o que entendemos (ou não) da mensagem transmitida, inclusive possíveis dúvidas ou estranhamentos. Esse processo de construção de significados, baseado na interação entre esses elementos, possibilita tanto a atribuição de sentido quanto o seu questionamento (incongruências). Em alguns casos, o significado essencial da comunicação pode não ser o mesmo para quem fala e para quem escuta. Quando há congruência de significados entre emissor e receptor, podemos deduzir que ambos compartilham uma concepção semelhante.

O último elemento de interação terapêutica atribuído a quem busca ajuda é sua experiência encoberta, seja ela consciente ou inconsciente. Por experiência encoberta, entendemos os processos subjetivos do paciente que não são diretamente observáveis, mesmo que ele comunique abertamente o que sente ou pensa. Na Tabela 1 (p. 159), essa experiência é representada pelas letras EP. Alguns exemplos são atitudes, fantasias, sentimentos, pensamentos, valores e necessidades, entre outros processos intrapsíquicos, como ambivalência, defesas e resistência à mudança. Quando o terapeuta consegue identificar indícios da experiência encoberta e auxilia o paciente a torná-los mais evidentes, o processo terapêutico pode avançar em profundidade e abrir portas para uma integração mais elaborada da experiência na consciência (*awareness*).

No exemplo mencionado, em que a paciente parece se afastar do terapeuta depois de relatar uma experiência dolorosa, formulamos uma hipótese sobre sua experiência encoberta: a possibilidade de que ela deseje atenção, reconhecimento e resgate por parte do terapeuta. Isso poderia representar uma projeção do desejo de amor paterno projetada no terapeuta. Diante disso, o terapeuta poderia considerar que uma fala de reconhecimento seria uma atitude humanamente esperada e adequada ao contexto. No entanto, essa mesma ação também poderia ser inadequada na terapia, carregando conotações contratransferenciais.

Não é possível definir o significado da experiência da paciente nem derivar uma recomendação de conduta terapêutica apenas com base nessas informações. Entretanto, a busca de conexões entre diferentes interações pode esclarecer o sentido da experiência para a paciente e identificar qual intervenção terapêutica seria mais adequada. Assim, o registro do que parece encoberto para o terapeuta torna-se um elemento heurístico de seu processo de elaboração clínica, lembrando que é também importante não se deixar levar por elaborações exageradas sem uma base segura para sustentá-las, o que talvez representasse uma perda de contato com o paciente.

Esses processos encobertos ou ocultos para o terapeuta podem ser conscientes ou inconscientes. Quando conscientes, o paciente pode relatá-los diretamente, permitindo que sejam registrados como fala explicita (FP, na Tabela 1). Caso contrário, podem apenas ser *inferidos* por meios indiretos (EP).

O que o terapeuta observa e interpreta como indício de um processo *interno* da experiência do paciente pode se tornar consciente por meio das interações empáticas estabelecidas no processo terapêutico. Esse elemento da interação refere-se a tudo que *supomos* acontecer no espaço privado da subjetividade do paciente, mas ainda não foi revelado diretamente por ele. Essas experiências podem ser inferidas, por exemplo, ao perceber sinais como tensão postural ou um tom de voz mais ríspido, que podem indicar sentimentos como raiva. Como se trata de *inferências* e não de observações diretas, esses processos só podem ser registrados como *hipóteses* (interpretações) do terapeuta. Quando o terapeuta sugere ao paciente esses processos encobertos, se a experiência estiver acessível em seu campo de consciência, uma reação ou resposta do paciente pode ser, então, esclarecedora.

Podemos considerar tais informações somente como hipóteses até que elas se tornem explícitas no relato do paciente. É muito importante ter em mente que os registros de processos subjetivos são inferências e devem ser mantidos como hipóteses até que ocupem o espaço observacional como manifestação de sentido confirmado pelo paciente como vivência experimentada, não como mero argumento, racionalização ou teoria do terapeuta.

Elementos da interação terapêutica de quem oferece apoio

Seis elementos da unidade de interação terapêutica relacionados às atividades do terapeuta estão representados por letras na Tabela 1. Os quatro primeiros dizem respeito à pessoa do terapeuta e têm definições paralelas às dos mesmos elementos atribuídos ao paciente. Entre eles, os três primeiros se referem aos aspectos observáveis do terapeuta, diretamente acessíveis ao paciente.

A *fala do terapeuta*, representada pelas letras FT, correspondem ao conteúdo da expressão verbal de quem oferece apoio. O *modo de fala do terapeuta*, indicado por MT, refere-se a tonalidade, ritmo, potência, pausas/lacunas e outros aspectos do estilo de comunicação verbal de quem oferece apoio. O *comportamento do terapeuta*, identificado pelas letras CT, indica a postura e as ações que acompanham sua fala ou escuta, as quais podem ser entendidas como um aspecto da comunicação na relação terapêutica.

Em transcrições de sessões terapêuticas, recomenda-se registrar entre colchetes observações sobre o modo de fala e o comportamento do terapeuta, do mesmo modo que para o paciente. Além desses elementos observáveis, há valor clínico em considerar a *experiência encoberta do terapeuta*, representada pela pelas letras ET. Esse elemento diz respeito ao mundo subjetivo do terapeuta: suas atitudes, fantasias, sentimentos, pensamentos, valores, necessidades, reflexões e elaborações *sobre sua experiência diante de quem busca apoio*. Trata-se de sua reflexão sobre aspectos *internos de sua experiência no processo terapêutico*.

A experiência encoberta do terapeuta é um aspecto essencial da abordagem fenomenológica, pois trata do reconhecimento do fluxo de sua experiência e intencionalidade. Esses elementos mobilizam e organizam sua experiência, podendo facilitar, inibir ou bloquear uma ação terapêutica. Ou seja, sua experiência subjetiva pode tanto contribuir para o potencial terapêutico quanto gerar desafios que se tornam mais compreensíveis quando são registrados e analisados. A seguir, vamos dedicar algum tempo a essa reflexão.

Um dos riscos na relação terapêutica é reduzir a participação do profissional à sua função de mero veículo ou instrumento para a execução de ações técnicas ou protocolares. Essa perspectiva mecânica da psicoterapia tem sido amplamente defendida na atualidade. No entanto, a prática terapêutica só pode ser efetiva por meio de uma experiência consciente, uma vez que uma pessoa só se torna terapeuta se existir como sujeito.

Infelizmente, grande parte da teoria e da técnica na psicologia parece tentar abstrair ou eliminar ou minimizar a presença do terapeuta como sujeito, reduzindo-o à condição de objeto, o que é incompatível com uma abordagem fenomenológica. Nesta, há necessariamente uma simetria entre os elementos da experiência do paciente e do terapeuta, como vimos ao longo deste capítulo.

Na história da psicoterapia, o primeiro reconhecimento dessa dinâmica foi recebido de forma negativa, sob o nome de "contratransferência". Freud (1912) a interpretava como uma reação do analista derivada de aspectos não analisados de sua personalidade, um resquício de sua neurose. Somente com o tempo se passou a compreender que todo terapeuta vivencia afetos e impulsos em relação aos pacientes.

A atenção do terapeuta ao seu mundo subjetivo é vital para compreender os processos subjetivos do paciente e a sua maneira de se relacionar com o terapeuta. Hoje, essa dinâmica entre transferência e contratransferência é abordada de forma mais humanizada, reconhecendo-se o seu valor epistemológico. Essa interação intersubjetiva tornou-se um meio crucial para estabelecer empatia com a experiência do outro (Heimann, 1950; Isaacs, 1952; Pick, 1989). Muitos processos do paciente são refletidos na experiência do terapeuta, enquanto outros ocorrem de forma complementar. Assim, o reconhecimento da experiência subjetiva do terapeuta não apenas contribui para a compreensão do paciente, mas também esclarece o que se passa no espaço intersubjetivo da relação terapêutica. Como expressou Rogers (1957, p. 96), terapeuta e paciente exercem uma "diferença perceptível no campo experiencial um do outro".

A dificuldade de explorar esse aspecto persiste até os dias atuais. Nossa cultura não oferece formas ideais de lidar com a vulnerabilidade, e é compreensível que as pessoas desejem se proteger ou não se expor em suas relações profissionais. Porém, é essencial investigar a experiência única dos desafios enfrentados pelos terapeutas, tanto para o seu desenvolvimento profissional quanto para o aprimoramento do próprio processo psicoterapêutico. Para isso, é necessário um ambiente de ensino e formação baseado na segurança e na confiança. No âmbito da pesquisa clínica, excluir essa perspectiva acarretaria uma perda significativa, especialmente em abordagens que se fundam na consideração da intencionalidade do observador.

Como abordar essa questão? Podemos categorizar as respostas subjetivas do terapeuta em três tipos. O primeiro engloba reações esperadas de um ser humano, como sentir raiva após um insulto. A consciência do terapeuta sobre essas reações ilustra o que outras pessoas podem vivenciar na relação com o paciente. Ter sentimentos como terapeuta não é um problema; pelo contrário, integrar essas experiências é uma vantagem, pois melhora a qualidade da elaboração e da formulação de respostas ao paciente.

Ao acolher, elaborar e integrar suas reações e vulnerabilidades, o terapeuta se assemelha a um praticante de aiquidô, que encontra equilíbrio ao lidar com as forças que o circundam sem se opor diretamente a elas. Essa postura está profundamente conectada à aceitação incondicional, com uma reviravolta: a capacidade de aceitar o outro depende da autoaceitação do terapeuta. Quando o terapeuta considera inaceitáveis algumas de suas reações, fica mais difícil aceitar o outro como ele é. Esse bloqueio reflete a dificuldade de acolher a própria forma de existir perante o outro.

Nessa proposta, não recomendamos que a experiência do terapeuta seja registrada no prontuário do paciente. As reflexões sobre a experiência do terapeuta pertencem a ele próprio. No entanto, essas considerações desempenham papel essencial na compreensão do processo terapêutico, tanto na supervisão quanto na pesquisa de processos clínicos. A reflexão do terapeuta sobre situações e sentimentos que lhe conferem a sensação de vulnerabilidade na relação com o paciente é um instrumento poderoso de amadurecimento profissional. Nessas situações, o registro da experiência do terapeuta deve ocorrer apenas com sua cooperação e seu consentimento, em um ambiente profissional acolhedor, maduro e respeitoso. Recomendamos que as questões relacionadas com os processos internos do terapeuta sejam mantidas em um registro separado, exclusivamente para fins de pesquisa e supervisão na formação de terapeutas. O objetivo é fornecer subsídios para analisar um processo intrínseco à experiência do profissional. Além disso, nossa abordagem experiencial leva continuamente em consideração as necessidades do terapeuta. A ausência desse tipo de registro, escrito ou oral, prejudicaria tanto a reflexão na supervisão quanto na pesquisa clínica.

Uma segunda maneira de lidar com a experiência do terapeuta, inclusive sua afetividade, ocorre em nível pessoal e pode exigir um processo interno de elaboração antes que ele consiga dar uma resposta adequada na situação terapêutica. Por exemplo, ao sentir raiva diante de um comportamento que considerou um insulto, o terapeuta pode identificar um impulso de desqualificar o paciente. Esse impulso exige um trabalho interno de elaboração do que se passa. Ele pode pensar: "Estou me sentindo atacado, inseguro e humilhado e desejei humilhar o paciente". Ao se permitir tal conexão e reconhecimento, o terapeuta pode explorar outras formas de elaboração, como: "Será que o paciente também está se sentindo inseguro e humilhado na terapia? Será que isso está relacionado ao próprio processo terapêutico?"

Essa elaboração traz à tona dois aspectos da interação. Primeiro, levanta questionamentos sobre a experiência encoberta do paciente (EP). Segundo, inspira o registro[4]

4 Durante a sessão, esses registros ocorrem primeiro mentalmente. O registro pode ser feito por escrito depois da sessão para o estudo do processo em psicoterapia.

de uma hipótese no campo da experiência encoberta do terapeuta (ET). A compreens são de um ataque ao vínculo como reflexo de sua fragilidade pode levar à investigação dos motivos subjacentes a essa dinâmica e à inferência de uma possível fragilidade na autocstima do paciente. Essa hipótese talvez venha a servir de base para uma elaboração transformadora.

Além disso, essa reflexão também pode inspirar um registro da intenção terapêutica (IT), ajustando a conduta do terapeuta para facilitar um vínculo emocional seguro. Por exemplo: "Observar a fragilidade da autoestima e a dinâmica da relação que pode provocar insegurança ou humilhação no paciente". Isso vai além de um mero registro de pesquisa: trata-se do próprio processo reflexivo do terapeuta.

A reflexão, nesse exemplo, pode resultar em uma resposta mais elaborada para o paciente, como na seguinte fala: "Terapia às vezes é uma atividade muito dura. Vejo seu empenho para conversar sobre coisas difíceis. Talvez, sem querer, eu tenha dito algo de um jeito desagradável para você". Ao reconhecer sua raiva inicial, o terapeuta suspende o impulso de atacar, reconhece a necessidade de segurança emocional do paciente, possivelmente ligada à autoestima, e, de maneira nova para o paciente, oferece uma resposta aberta que devolve o foco à sua experiência na relação terapêutica. Essa abordagem cria a possibilidade de reparação do vínculo por meio de uma experiência emocional transformadora. Também demonstra que o terapeuta não tem dificuldade de admitir possíveis erros ou equívocos e está aberto para falar deles. Transmite ainda ao paciente que suas necessidades são levadas em consideração e que ele tem espaço para expressar livremente sua experiência, já que a palavra final sobre o significado de sua vivência sempre será dele.

Nesse caso, embora sua reação inicial tenha sido de raiva, a elaboração permitiu que o terapeuta acolhesse incondicionalmente o ataque do paciente ao vínculo e convidasse o paciente para falar abertamente de possíveis experiências negativas na relação terapêutica. O terapeuta que acolhe sua vulnerabilidade fortalece o vínculo terapêutico, enquanto o profissional preocupado em proteger sua imagem corre o risco de comprometer esse vínculo.

Esse exemplo ilustra o processo que leva à elaboração de uma resposta empática. Como vimos, empatia não é sentimento. A visão idealizada de um terapeuta "bonzinho" pode, na verdade, ser a de um terapeuta pouco eficiente. O que permitiu a elaboração dessa resposta empática foi a consciência do terapeuta sobre sua raiva e seu desejo de humilhar o paciente. A resposta empática poderia ser considerada de nível elevado, pois observa elementos não explicitamente mencionados no texto da fala e provavelmente toca em aspectos centrais de sua experiência encoberta. Ela denota sensibilidade para o *motivo* do ataque ao vínculo terapêutico (sensação de humilhação associada a insegurança e vulnerabilidade) e para a necessidade subjacente a esse ataque, a de reparar a autoestima.

Além disso, a resposta redireciona o paciente para manter o foco em sua experiência: o que o incomoda no terapeuta. Porém, o modo tranquilo com que o terapeuta responde, mesmo depois do ataque, sem reagir de forma agressiva ou defensiva (fuga ou luta), comunica aspectos essenciais para uma experiência emocional transformadora. Ele mostra que tem habilidade para lidar com ataques desse tipo, que não se abalará com eles, que não responderá com retaliações típicas em nossa cultura, que está seguro com sua imagem e sua autoestima (sem necessidade de defendê-las) e que a relação terapêutica é um ambiente emocionalmente seguro para a livre expressão do paciente.

A terceira forma de resposta subjetiva do terapeuta é de cunho mais íntimo e pessoal e pode estar relacionada a suas experiências de vida. Por exemplo, ao lidar com o insulto mencionado anteriormente, o terapeuta pode perceber que esse tipo de ataque se assemelha muito ao que ocorre em sua relação com o próprio pai, levando-o a um estado de paralisia. Está claro que isso não deve ser registrado no prontuário do paciente. Porém, idealmente, o terapeuta deveria levar essa questão à supervisão e talvez à psicoterapia pessoal. Mas o que acontece se ele não o fizer? A supervisão tem o objetivo de oferecer um ambiente emocional seguro que permita ao terapeuta encontrar caminhos para lidar melhor com sua relação com o paciente. A disponibilidade para acolher sua vulnerabilidade é fundamental para o desenvolvimento do terapeuta.

No processo de formação profissional, desejamos criar vínculos seguros nas três relações: na terapia com o paciente, na supervisão com o supervisor e os pares e na terapia pessoal. O papel da supervisão é criar condições facilitadoras para a relação terapêutica. No entanto, questões profundamente pessoais, como conflitos familiares, são mais convenientes no espaço da terapia individual. Ainda assim, quando o terapeuta se abre um pouco e dá o contexto pessoal na supervisão, ele cria a oportunidade de receber um apoio mais adequado para facilitar a elaboração da dificuldade com o paciente — até por possibilitar que o supervisor reconheça o esforço do terapeuta para transformar vulnerabilidade em habilidade, o que sabemos, por experiência própria, requer uma boa dose de coragem e confiança.

O terapeuta deseja que o paciente se engaje, tão honestamente quanto possível, na reflexão sobre seu mundo experiencial. Portanto, aceitar o desafio de explorar sua experiência na relação é reflexo de sua congruência. Somente o terapeuta tem acesso à sua experiência íntima e pode avaliar como essa vivência impacta sua relação com o paciente. Cabe a ele decidir se deseja compartilhar essa experiência com o supervisor ou com seus pares.

O uso da própria experiência pelo terapeuta é essencial para que ele possa *existir* e *atuar* como tal na relação terapêutica (Brown, 2013; Heimann, 1950; Isaacs, 1952; Pick, 1989). Seu potencial terapêutico pode ser ampliado por meio da expressão de sua experiência em supervisão. Contudo, existem limitações importantes: em geral não se recomenda a expressão aberta da experiência encoberta do terapeuta *para o paciente*, especialmente no atendimento a pacientes de risco, em sofrimento psíquico grave ou com interrupções no desenvolvimento (Balint, 1993; Storolow e Lachmann, 1983).

Elementos do processo de elaboração

Antes de prosseguirmos, vamos revisar os elementos de análise, agrupando-os em três categorias: elementos de observação, elementos encobertos e elementos de elaboração. Ou seja, temos os elementos observacionais associados ao paciente e ao terapeuta (fala, modo de fala e comportamento) e os elementos encobertos (subjetivos) de ambos. Nesta seção, apresentaremos dois elementos fundamentais do processo de elaboração em terapia: a *avaliação clínica* e a *intenção terapêutica*.

As elaborações do terapeuta sobre a experiência do paciente podem ser de três tipos. O primeiro deles já foi abordado: a *experiência encoberta do paciente* (EP), que consiste em um registro de inferências feitas pelo terapeuta ou pela equipe de pesquisa sobre a experiência subjetiva do paciente em uma interação terapêutica específica. Portanto, essa categoria visa apontar significados pontuais inferidos em uma interação terapêutica específica.

Por outro lado, algumas observações e inferências têm um escopo mais abrangente e generalizador, extrapolando as fronteiras de uma única interação terapêutica. Elas consideram aspectos gerais da relação terapêutica ou estão ligadas a concepções psicológicas ou metapsicológicas que implicam avaliação, análise ou diagnóstico. Esse tipo de elaboração corresponde ao que chamamos *avaliação clínica* (AC), elemento resultante do julgamento clínico que orienta a compreensão do terapeuta sobre a experiência do paciente.

Essa modalidade de avaliação pode ser aplicada a uma fala específica do paciente e também à sua condição ou estilo de forma mais geral. Dizer que o paciente está deprimido, que é resiliente, inteligente ou impulsivo, que tem facilidade ou dificuldade para tolerar afetos e assim por diante são exemplos comuns de avaliação em psicoterapia. Embora possam ser justificáveis do ponto de vista clínico, essas afirmações são essencialmente avaliações e representam *julgamentos* do terapeuta, não observações. Anotações no campo da avaliação clínica são generalizações consolidadas a partir do processo reflexivo do terapeuta e são importantes porque comunicam a imagem que o terapeuta forma para representar o paciente. Precisamos, contudo, de fundamentos de observação ou relatos diretos do paciente para consubstanciar essas generalizações. As avaliações não devem ser tomadas como fixas ou conclusivas sem que haja a possibilidade de modificação ou reconsideração. A avaliação ou o julgamento clínico pode oferecer *insights* preciosos em muitas situações — contudo, é necessário reconhecer seu caráter generalizador e inferencial. Caso contrário, há risco de se perder a conexão entre o contexto e a experiência do paciente.

O reconhecimento dessa natureza inferencial da avaliação deve sempre inspirar cuidado e o reconhecimento de que ela pode e deve ser modificada por novas informações ou por mudanças na condição do paciente. Ao tentar traduzir significados com base em quaisquer elementos das interações terapêuticas, é muito importante que não nos apressemos em fazer uma interpretação amparada apenas na sensação subjetiva. As avaliações devem ser tratadas como hipóteses a serem esclarecidas, confirmadas ou refutadas, sempre fundamentadas em elementos concretos da interação, como a fala, o modo de fala e o comportamento do paciente. O registro da avaliação clínica (AC) durante a análise permite acompanhar a evolução do olhar do terapeuta ao longo do tratamento, garantindo maior precisão e coerência no processo terapêutico.

O próximo elemento de análise da interação terapêutica é a *intenção terapêutica* de cada fala do terapeuta (IT). A intenção terapêutica surge da consideração de todos os elementos de análise mencionados anteriormente, que atuam como registro dos motivos do terapeuta para cada uma de suas intervenções com o paciente. Considera também as concepções gerais que a abordagem tem por meta terapêutica. Assim, a intenção terapêutica reflete a direção que o profissional pretende dar à terapia com cada intervenção. Por outro lado, esse registro não deve julgar se a intenção era ou não adequada.

Não devemos confundir intenção terapêutica com projeto terapêutico. A intenção terapêutica é específica e tem por objetivo registrar o que o terapeuta pretende com cada uma de suas falas. Já o projeto terapêutico é uma síntese das metas terapêuticas de longo prazo, desenvolvidas no decorrer de várias sessões — um exagero que pode ser suprimido. A intenção terapêutica é um elemento fundamental de análise porque promove a consciência (*awareness*) do terapeuta sobre o processo e sua conexão com algum curso de ação imediata, mesmo que essa ação consista em manter o silêncio. Esse elemento convida o terapeuta a assumir a responsabilidade existencial por suas escolhas, decisões e condutas no encontro terapêutico.

Por fim, o último elemento de análise de uma interação terapêutica: *comentários clínicos e planejamento*, representados pela letras CC. Ele abrange elaborações sobre uma interação específica, sua relação com interações anteriores, que servem de contexto, e a conexão entre diferentes aspectos da interação terapêutica. Além disso, pode contar com recomendações clínicas, formulação psicodinâmica, reflexões metateóricas, questões diagnósticas, prognósticas (antecipações) e estratégias de planejamento terapêutico que direcionem a conduta do terapeuta no futuro. Esse elemento pode ser visto como uma categoria mais ampla, que permite o registro de informações desconectadas de outros elementos de análise. Ele pode ter caráter observacional, inferencial ou analítico, com referências específicas a outros registros da interação ou àqueles de caráter mais geral.

Exemplo de análise de interações terapêuticas e seus elementos

Até aqui, apresentamos a maneira como estabelecemos a conexão entre a empatia e o processo de formulação de respostas do terapeuta. Além disso, exploramos a concepção e estruturação de um sistema de notação do material clínico, a ser aplicado a transcrições de sessões de psicoterapia. Esse sistema tem por objetivo servir tanto como um método de análise em pesquisas sobre processos terapêuticos quanto como um estímulo reflexivo no contexto da formação de terapeutas.

Agora, aplicaremos esse sistema de notação a trechos de uma sessão com Gloria conduzida por Carl Rogers (Shostrom, 1965). Nessa análise, adotaremos o sistema de notação conforme descrito anteriormente. As falas da paciente e do terapeuta serão destacadas em itálico. O registro dos elementos da interação terapêutica será indicado pelas respectivas siglas definidas na Tabela 1 e aparecerá entre colchetes, acompanhado de anotações relevantes. O uso do sinal de interrogação (?) servirá para indicar hipóteses em aberto. Sugerimos que o leitor/a leitora leia primeiro as falas de Gloria e Rogers antes de examinar os registros analíticos entre colchetes. Certas ou erradas, as notações ao longo das falas de Gloria e Rogers devem ser vistas como um recurso heurístico e exploratório, que possibilita um diálogo sobre a natureza da atividade terapêutica, não devendo ser interpretadas como verdades últimas.

Gloria e Rogers: início de sessão e dinâmicas de relações maternas

Contexto [CEM]: Gloria já havia feito terapia e foi convidada por seu ex-terapeueta, que também organizou o vídeo, para participar de uma entrevista com três profissionais. A entrevista com Rogers foi realizada em uma sala preparada com câmeras e luzes, em meados da década de 1960. A sessão começou aos 10 minutos e 15 segundos do vídeo.

Rogers: *Bom dia. Sou o dr.* Rogers. *Você deve ser a Gloria.* [MT: fala cordial] [CT: está sentado, esperando, e se levanta e cumprimenta Gloria] [ET: receptivo]

Gloria: *Bom-dia. Sim, sou!* [MP: fala cordial] [CP: sorrindo]

Rogers: *Quer se sentar?* [ET: receptivo]

Gloria: [CP: Senta-se e se ajeita na poltrona]

Rogers: [CT: Senta-se] *Sabe, temos meia hora juntos e realmente não sei o que seremos capazes de fazer com isso, mas espero que possamos fazer algo. Eu ficaria feliz em saber o que quer que a preocupe.* [MT: voz baixa em ritmo cadenciado] [IT: referência ao *setting* da entrevista com a intenção de definir a expectativa e os limites da atividade] [IT: introduz perspectiva: "espero que possamos fazer algo" [...]" {com} "[...] o que quer que a preocupe."]

Gloria: [CP: peito e braços abertos, mãos gesticulando levemente. Sorrindo] *Bem, agora estou nervosa, mas me sinto mais confortável com o jeito como você está falando, em voz baixa.* [CP: olhando para o chão] *Não sinto que você será tão duro comigo.* [CP: olha para Rogers] [EP: medo de encontrar no terapeuta uma figura exigente ou crítica?] [AC: estabelece uma solicitação potencialmente transferencial "não seja duro comigo"] *Mas ahn...* [CP: suspira] [EP: tensa?]

Rogers: *Eu ouço o tremor na sua voz, então, sei que você está...* [IT: reflexão empática associando afeto expresso e referência a Gloria se sentir nervosa] [CT: sorri levemente] [ET: tensão(?), pelo contexto?]

Gloria: [CP: retoma um sorriso, balançando a cabeça em sinal de acordo] *Hã... a coisa principal que quero falar com você é, hã [...]. Acabei de me divorciar e fiz terapia antes, e me senti confortável quando parei, e de repente agora a maior mudança é me ajustar à minha vida de solteira.*

Rogers: *Hum-hum.* [IT: interjeição facilitadora]

Gloria: [CP: franzindo a testa] *E uma das coisas que mais me incomodam é principalmente os homens, e ter homens em casa, e como isso afeta as crianças.* [CEM: relacionamentos íntimos com homens; preocupações maternais no cuidado com as crianças] [EP: conflito entre necessidades em relacionamentos íntimos e preocupações maternais]

Rogers: *Hum-hum.* [IT: interjeição facilitadora]

Gloria: *E, hã... [...] a coisa mais importante que eu quero, a coisa que sempre vem à minha mente e que eu quero lhe contar é que eu tenho uma filha de 9 anos que em certo momento eu senti que tinha muitos problemas emocionais.* [CP: franzindo a testa] [EP: preocupação com a filha] *Eu gostaria de parar de tremer.* [CEM: relacionamento com a filha] [EP: tensão, ansiedade]

Gloria e Rogers: [CP: risos]

Gloria: [CP: olhando para Rogers] *E estou bem consciente das coisas que a afetam. Não quero que ela fique chateada, não quero chocá-la.* [EP: preocupação e cuidado com a filha] *Quero muito que ela me aceite.* [EP: preocupação com a relação com a filha; deseja aceitação] *E que sejamos realmente abertas uma com a outra, especialmente sobre sexo.* [CP: franzindo a testa] [EP: expectativa, necessidade, valores na relação como mãe] *E outro dia ela viu uma garota que estava solteira e grávida e me perguntou se "garotas podem engravidar se forem solteiras". E a conversa estava boa e eu não estava nem um pouco incomodada na presença dela, até que ela me perguntou se alguma vez fiz amor com um homem desde que deixei o pai dela, e eu menti para ela.* [CEM: falar da própria sexualidade com a filha] [EP: medo de ser reprovada pela filha] *E, desde então, isso continua vindo à minha mente, porque me sinto tão culpada por mentir para ela, porque eu nunca menti e quero que ela confie em mim.* [EP: culpa e valores (não mentir; confiar)] *E eu quero, quase quero uma resposta sua.* [CP: franzindo a testa] [EP: conflito; tensão; expectatie va (de alívio?) e atribuição de um papel ao terapeuta para a resolução do conflito] *Quero que me diga se isso vai afetá-la* [CP: franzindo a testa] [EP: insegura, falta convicção, deseja garantias], *se eu contar a verdade.* [EP: valor: proteger a filha das consequências de seus desejos sexuais] [AC: parece haver algum estado de tensão emocional (o franzir a testa) quando a filha é mencionada, na preocupação com o estado emocional dela, na questão sobre a sexualidade e sobre falar a verdade]

Rogers: *E, por essa sua preocupação com ela e pelo fato de você realmente não ter no momento esse relacionamento aberto que existia entre vocês, agora você sente que ele está meio [...] prejudicado.* [MT: fala lenta, pausada] [CT: inclinado para a frente] [ET: receptivo] [IT: intenção de dar uma resposta empática associando afeto (preod cupação) e contexto (relacionamento com a filha)]

Gloria: [CP: responde sobrepondo -se ao final da fala de Rogers] *Sim, eu sinto que tenho que ficar alerta quanto a isso* [EP: esforço para conter impulsos], *porque, quando eu era menina e descobri que minha mãe e meu pai faziam amor, foi sujo e terrível* [MP: ênfase em "sujo" e "terrível"] *e eu não... eu não gostei mais dela por um tempo* [MP: ênfase] [EP: estado afetivo dissonante, doloroso, a partir de uma nova descoberta, afetando a imagem e a relação com a própria mãe]. *E também não quero mentir para a Pammy e não sei...* [CP: sem observação de comportamento, pois a câmera enfoca somente Rogers] [EP: conflito entre maternidade e a própria sexualidade (repulsa e desejo pelo que é sujo e terrível). Medo de que a ruptura na relação mãe-filha se repita com sua filha, assim como ocorreu com a própria mãe] [EP: sente-se culpada. Existem mái goas de sua mãe? (Será que Gloria culpa a mãe por seus conflitos com a própria sexualidade?)] [AC: memória traumática do motivo da ruptura afetiva na relação com a mãe, associada ao conflito com o tema da sexualidade na relação com a filha]

ROGERS: [CT: sorriso leve, postura aberta, ligeiramente inclinado para a frente, mãos unidas] [ET: acolhedor] *Eu você certamente quer que eu lhe diga o que você deveria dizer a ela.* [AC: reconhece um limite, considerando a necessidade existencial de assumir as próprias escolhas] [IT: Gloria chegou solicitando "não seja dura comigo"; agora pede ao terapeuta que assuma a responsabilidade existencial por suas escolhas e ofereça garantias de que ela não será culpada]

GLORIA: [CP: sorrindo, balançando a cabeça. Faz um movimento brusco com o antebraço em sinal de EP: estar inconformada] *Eu estava com receio de que você dissesse isso.* [MP: tom de voz alterado comunica EP: desapontamento com uma expectativa frustrada] [CP: suspira]

ROGERS: *Hum-hum. Porque o que você realmente quer é uma resposta.* [MT: ênfase em "é uma resposta"]

GLORIA: [MP: tom de voz mais firme] *Eu quero saber especialmente se isso a afetaria se eu fosse completamente franca e aberta com ela ou se a afetaria porque eu ter mentido. Sinto que isso causaria uma tensão porque eu menti para ela.* [EP: culpa; parece realmente desejar uma resposta que ofereça garantias para dar alívio à culpa] [AC: a ser esclarecido: faz pensar sobre frustrações na relação com esse outro que não oferece o que ela demanda como uma possível manifestação transferencial] [CC: quem está sendo exigente com quem? No início, Gloria chega com receio de que Rogers fosse duro com ela. Seria uma expectativa projetada comunicando que ela é dura consigo mesma? Estaria ela sendo dura com Rogers?]

ROGERS: *Ela vai suspeitar disso ou vai saber que algo não está certo no relacionamento...* [IT: amplia a consciência do conflito ao apontar uma possível consequência de não lidar com ele ou não resolvê-lo]

GLORIA: [CP: interrompendo] [MP: mantém o tom de voz firme] *Eu sinto que ela vai* ***desconfiar*** *de mim, sim. E também pensei que, quando ela ficar um pouco mais velha e se encontrar em tal situação, ela provavelmente* ***não vai querer*** *admitir para mim porque ela acha que* ***eu sou tão boa e tão doce****, mas também temo que ela possa pensar que eu realmente* ***sou****... hã...* ***um demônio*** *e quero tanto que* ***ela me aceite****,* [CP: franzindo a testa] *e não sei quanto uma criança de 9 anos consegue* ***aguentar****.* [EP: receio de que o conflito dela interfira na relação com a filha (desconfiar; evitar o diálogo; afetar a imagem polarizada entre boa e doce ou demônio);

não ser aceita pela filha; fantasia sobre o que aconteça com a filha possa ser reflexo de experiências pessoais] [AC: reedição do conflito com a figura materna em torno do tema da sexualidade; dificuldade de integrar necessidades como mulher e como mãe] [CC: considerando a probabilidade do paralelo entre o conflito na relação com Pammy e suas experiências no desenvolvimento psicossexual na adolescência, pessoalmente e na relação com a mãe, pode ser útil explorar a maneira como seu desenvolvimento foi moldado por essas experiências em torno da sexualidade e de seu relacionamento com a mãe; o modo como o pai entra nessa imagem não está claro e deve ser avaliado no momento oportuno]

[*Observação:* nesse ponto, uma formulação terapêutica foi oferecida como hipótese clínica que orientaria a conduta terapêutica em algum momento e foi registrada como *comentários clínicos e planejamento*. Esse comentário apareceria em seguida ao registro da última fala de Gloria.]

ROGERS: *E realmente as duas* ***alternativas*** *que a preocupam dizem que você pode pensar que é* ***boa demais****, ou* ***melhor do que realmente é****, ou que ela pode pensar que você* ***é pior do que é****.* [IT: expõe a polaridade do conflito entre as duas imagens de mãe (doce ou demoníaca) subentendendo serem falsas (melhor ou pior *do que realmente é*). Aponta também para questões de identidade (quem ela é) e exigências autoimpostas (quem ela deveria ser).]

GLORIA: *Sim.* [EP: concorda]

ROGERS: *E ela pode pensar que você é pior* ***do que parece ser****.* [IT: reafirmar]

GLORIA: *Não pior do que eu seja; não sei se ela consegue* ***me aceitar do jeito que sou.*** [EP: sente-se inaceitável; autoavaliação severa?] *Acho que pinto um quadro* [EP: reconhece ser um quadro falso] *de que sou toda doce e maternal, e tenho um pouco de* ***vergonha*** *do meu lado sombrio também.* [EP: vergonha, imaginando que a filha possa pensar que ela seja como sente ser (suja, terrível, demoníaca). Temor de ser vista pela filha do modo como viu a própria mãe? Vergonha como autorrecriminação projetada? Ela não se aceita e acredita que não será aceita pelo mesmo motivo.]

ROGERS: *Hum-hum. Entendo.* [MT: pausa breve. Balança a cabeça afirmativamente] *Realmente é um ponto sensível; se ela realmente conhecesse você, será que iria, que poderia aceitá-la?* [IT: expõe o conflito no contexto da relação mãe-filha.]

GLORIA: [MP: tom de voz baixo] *Isso é que eu não sei. Não quero que ela se afaste de mim...* [EP: medo de ruptura na relação e repetição da história dela com a própria mãe] [CC: talvez esteja cedo para colocar uma perspectiva dentro de sua história pessoal, observando a dinâmica paralela na relação com a filha e com a própria mãe, em que o terapeuta pudesse dizer: "Será que foi isso que você sentiu que aconteceu com você e sua mãe, que você se afastou dela por não conseguir aceitar que ela tinha uma vida como mulher?" O terapeuta precisa respeitar o tempo do paciente.]

ROGERS: *Essa relação.* [CT: para de falar [IT: para ouvir]] [AC: Gloria está falante [EP: parece motivada, investida e desejosa de continuar a se expressar e alcançar algum resultado satisfatório]]

GLORIA: [CP: interrompendo] [MP: retoma o tom de voz mais firme, mais rápido] *Nem sei como me sinto sobre isso, porque há momentos em que me sinto muito culpada, como quando estou com um homem. Eu até tento fazer um arranjo especial para que, se eu ficar sozinha com ele, as crianças nunca me peguem nesse tipo de situação. Porque estou muito preocupada com isso.* [CP: franze a testa] *E, ainda assim, eu também sei que tenho esses desejos.* [EP: confirma desejos sexuais não aceitos dentro do próprio código moral]

ROGERS: *Então está bem claro que não é apenas o problema dela ou o relacionamento com ela, está em você também.* [IT: apresenta o conflito em três camadas (preocupação com o que pode acontecer com a filha; preocupação com o que pode acontecer com o relacionamento com a filha; conflito interno entre atender aos desejos sexuais ou manter imagem de maternal, doce, pura e angelical)]

Chegamos agora a compreender a natureza do conflito de Gloria, seus afetos e valores, suas necessidades e como ela se sente paralisada pela expectativa de que alguém assuma a responsabilidade existencial pelo sentimento de culpa decorrente do conflito entre ser mãe e ser mulher. Esse sentimento parece ter se transformado em certeza devido a uma experiência traumática com sua mãe, resultando em um dano pessoal causado pelo abandono e pela dor de enfrentar sozinha os conflitos relacionados com a sua sexualidade durante a formação de sua identidade. Esse dano também impacta a relação entre Gloria e sua mãe, resultando em mágoa, culpabilização e afastamento. O temor de repetir esse dano se manifesta na relação com sua filha, como um espectro do passado.

Observe que Rogers em momento algum ofereceu uma interpretação no sentido tradicional. Uma interpretação desse tipo poderia parecer excessivamente "inteligente", colocando o terapeuta em uma posição de saber e poder, o que incorreria no risco de interromper o fluxo experiencial e de contato de Gloria com uma angústia existencial significativa. Não podemos concluir da conduta de Rogers que ele não tenha compreendido a dinâmica de Gloria. Ao contrário, ele demonstra grande sabedoria e respeito pelo processo interno de Gloria, aproximando as questões clínicas relevantes e dando ênfase a elas à medida que se aproximam da consciência explícita de Gloria. Voltaremos a esse ponto mais adiante, quando discutirmos a figura paterna.

Gloria e Rogers: início de sessão e dinâmicas das relações paternas

Dado o espaço limitado deste texto, vamos pular algumas das interações entre Rogers e Gloria, retomando o diálogo quando ela menciona a figura paterna. Isso acontece após o esclarecimento de sua experiência. A análise das interações nos leva a crer que a espontaneidade das revelações de Gloria foi facilitada pela abordagem receptiva de Rogers e suas respostas empáticas, como vimos. Nesse contexto, Gloria menciona um sentimento de integridade e de dissolução de conflito, descrevendo-o como um estado "utópico" que ela deseja alcançar em relação ao conflito atual entre suas necessidades maternais e sexuais. Continuando aos 37min29s do vídeo (Shostrom, 1965):

ROGERS: *Eu sinto que, nesses momentos utópicos, você realmente se sente mais completa. Você se sente inteira.* [IT: devolutiva empática apresenta contexto (nesses momentos "utópicos") e sentimento (se sente mais completa, inteira)]

GLORIA: *Sim. É, dá um aperto no peito quando você diz isso, porque eu não sinto isso na frequência com que gostaria.* [CP: sorri] *Eu gosto desse sentimento de plenitude. Isso é muito precioso para mim.* [CP: toca o rosto]

ROGERS: *Acho que ninguém consegue isso com a frequência de que gostaria, mas eu realmente entendo.* [ET: sente o peso da cobrança de "alcançar uma plenitude utópica" e deseja normalizar um pouco a experiência de Gloria] [IT: dar alívio à cobrança(?)] [CP: pausa] *Hum, isso realmente toca você, não é?*

GLORIA: *Sim, e sabe em que mais eu estava pensando? Eu, eu me sinto meio boba dizendo isso, ah...* [CP: pausa; toca o rosto] [MP: voz embargada] [EP: emocionada] [CP: tensão facial, contendo o choro(?)] *Mas de repente, enquanto conversava com você, eu pensei, "puxa, como é bom poder conversar com você, e eu quero sua aprovação, e eu o respeito, mas me ressinto de que meu pai não possa conversar comigo como você conversa".* [CP: toca o queixo com as costas da mão] [EP: sensação de perda por não ter um pai acolhedor e amoroso; deseja ter um pai ideal, que facilite uma sensação de plenitude] [CEM: mudança de contexto; antes estava relacionado ao conflito que emerge na relação com a filha, reeditando um conflito com a própria mãe; nessa fala, o contexto envolve a figura do pai e o conflito com ele]

ROGERS: *Hum-hum, hum-hum.* [CT: balança a cabeça afirmativamente, em silêncio]

Gloria: *Quer dizer, eu gostaria de dizer: "Puxa, eu gostaria que você fosse meu pai".* [CP: pausa] [EP: confirma explicitamente o desejo de ter um pai acolhedor como Rogers]

Rogers: [CT: em silêncio, balança a cabeça afirmativamente]

Gloria: *Eu nem sei por que isso me ocorreu.* [CP: expira, e sorri] [EP: estaria ela um pou-co surpresa e constrangida com a própria revelação?]

Rogers: *Para mim você parece uma filha bem legal.* [CP: pausa] [ET: tensão? Rogers percebe o constrangimento e deseja aliviar a angústia de Gloria?]

Gloria: [CP: olha para baixo em silêncio]

Rogers: [CT: rompendo a pausa] *Mas você realmente sente falta do fato de não ter podido ser aberta com seu pai.* [IT: referir a falta que ela sente de uma figura paterna acolhedora][CC: a tensão colocada na questão transferencial levaria Rogers a desejar redirecionar a experiência de Gloria para fora da relação terapêutica, para a figura do pai? Qual seria o melhor caminho terapêutico: voltar para a experiência original ou permanecer na situação aqui e agora na relação? Qual seria o caminho mais potente para ajudar Gloria a elaborar suas dificuldades?]

Gloria: [CP: olha para Rogers, apertando os lábios] [MP: tom de voz mais firme] *Sim, não podia ser aberta, mas eu quero colocar a culpa nele. Acho que sou mais aberta do que ele me permitiria ser. Ele nunca me ouviria falar, como você, sem me reprovar,* [CP: franze o rosto] *sem me rebaixar. É. Eu pensei nisso outro dia. Por que eu tenho que sempre ser tão perfeita?* [MP: tom de voz enfático] *Eu sei por quê! Ele sempre quis que eu fosse perfeita. Eu sempre tinha de ser melhor* [CP: toca os lábios]. *E... sim, sinto falta disso.*

Rogers: *Você estava se matando para ser a garota que ele queria que você fosse.* [IT: resposp-ta empática remete ao esforço de Gloria para atender à exigência de perfeição do pai]

Gloria: *E, ao mesmo tempo, me rebelando.* [EP: concorda e confirma uma sensação interna de se opor ao pai e contrariá-lo] [AC: o conflito originado pela descoberta da sexualidade materna encontra sustentação na relação com o pai. A realidade demandava que Gloria reconhecesse os impulsos sexuais como um aspecto da realidade de sua mãe. No entanto, essa dualidade entre maternidade e sexualidade não pôde ser integrada devido ao desejo de atender ao ideal de perfeição que ela associou à figura paterna. Os desejos do corpo são considerados sujos e inaceitáveis, o que a leva a temer que eles sejam motivos para perder o amor das pessoas, começando pelo pai e, posteriormente, generalizando-se. Nesse momento de sua vida, esse temor passou a incluir sua filha. Esse conflito, fundamentado em sua percepção de uma figura materna desejante em contraste com uma figura paterna exigente e inacessível, persiste até o momento]

ROGERS: *Isso mesmo. Claro.* [CT: acena com a cabeça]

GLORIA: [CP: gesticulando com a mão esquerda, ocasionalmente tocando o rosto] *Tipo, quase me vangloriei escrevendo uma carta para ele outro dia e dizendo que sou garçonete, o que acho que ele reprova. Eu saio à noite, e eu... eu quase me vangloriei de dar o troco nele, tipo: "Você ainda gosta de mim?"* [EP: raiva do pai, desejo de vingança, de fazê-lo se sentir mal pelo modo como trata a filha]

ROGERS: *Hum-hum, hum-hum.* [IT: comunicação facilitadora]

GLORIA: *Mas, por outro lado, eu realmente quero a aceitação e o amor dele. Quer dizer, eu sei que ele me ama.* [EP: expressão de ambivalência. Com a revelação da raiva e do desejo de vingança, Gloria sente necessidade de reconhecer que o pai a ama]

ROGERS: *Então você dá um tapa na cara dele e diz: "É assim que eu sou. Veja, agora!"*

GLORIA: *É.*

ROGERS: *Mas você é...* [CT: para de falar [IT: para ouvir]

GLORIA: [CP: interrompendo] [MP: tom de voz mais intenso e desafiador] *"Você me criou, veja então se você gosta disso!" Mas sabe o que eu queria que ele dissesse? "Eu sabia que era você o tempo todo, querida, e eu realmente amo você."* [CP: olha para baixo, aperta os lábios e enxuga uma lágrima com o dedo]

Na segunda parte do encontro, Gloria compartilha uma história diferente, que complementa a primeira. Em resumo, na primeira parte, ela narra o conflito entre duas identidades contrastantes — a de mãe e a de mulher — que não se integraram de maneira adequada em seu desenvolvimento. Ela se identificava com essas imagens associadas à figura materna, ora como "doce" , ora como "suja e terrível". Essas características permanecem dissociadas. Gloria se sentia dividida entre o dever de proteger e educar e a necessidade de reconhecer e atender seus desejos sexuais maduros, que ela considerava "diabólicos".

Na segunda parte, Gloria expressa seu desejo de um pai amoroso que acolha, aceite e valide sua experiência. No entanto, ela descreve uma relação com um pai rigoroso que persistentemente demandava perfeição desde sua infância. Diante da complexidade de seus conflitos internos, Gloria se vê incapaz de atender suas necessidades sem sentir culpa. Assim como não se sente aceita pelo pai, Gloria teme que sua filha também não a aceite e se distancie dela, assim como ela própria se afastou da mãe. Impressiona como as revelações de Gloria se desdobram em função das respostas empáticas de Rogers, expondo uma dinâmica experiencial extremamente complexa em menos de 30 minutos de conversa.

Considerações finais

Conforme o sistema de notação empregado aqui, as falas transcritas foram entremeadas com registros entre colchetes, considerando mudanças de contexto [CEM:], o modo de fala da paciente [MP:] e do terapeuta [MT:], os comportamentos da paciente [CP:] e do terapeuta [CT:] e a experiência interna da paciente [EP:] e do terapeuta [ET:]. Foi feito também o registro de avaliação clínica da paciente [AC:] e da intenção terapêutica [IT:]. Por fim, o registro de comentários clínicos e planejamento [CC:] também foram realizados.

O registro dessas categorias de análise ocorre dentro dos limites da percepção do observador, que é moldada por sua experiência clínica e suas limitações pessoais. Com base na discussão anterior, entendemos que Gloria compartilha sua experiência em primeira pessoa, enquanto Rogers procura compreendê-la em segunda pessoa, estabelecendo com ela uma comunicação direta sobre as vivências dela ao longo de sua vida e a relação imediata com ele. O observador que faz o registro adota uma perspectiva em terceira pessoa. Em decorrência disso, o terapeuta e o observador têm vantagens e desvantagens distintas. Por estar afastado da experiência direta do encontro terapêutico, o observador tem a vantagem de analisar minuciosamente o registro eletrônico. Em contrapartida, o terapeuta está limitado a reagir ao material clínico em tempo real, baseando-se no que emerge em sua consciência a cada momento da terapia, sem a oportunidade de fazer uma elaboração mais extensa do conteúdo e da forma de expressão apresentados. No entanto, essa análise do observador não está isenta de desvantagens, porque ele precisa fazer inferências ou depender da possibilidade de ter acesso ao terapeuta e da escolha dele de compartilhar ou não sua experiência encoberta [ET], suas intenções terapêuticas [IT] ou suas considerações relativas ao paciente, envolvendo sua compreensão da experiência do paciente [EP] ou sua avaliação clínica [AC].

Existe uma tendência a tratar fenômenos como objetivos ou subjetivos, como se fossem de naturezas distintas. Por exemplo, é comum considerar "fato" algo que foi dito ou o que alguém fez. No entanto, a atribuição de significado ao que foi dito ou feito depende sempre da intencionalidade de quem o interpreta. O objetivo no sistema de registro não é revelar uma "verdade" definitiva sobre a experiência clínica. Não queremos sugerir que a análise das interações clínicas seja uma atividade objetiva. Ao contrário, a subjetividade do observador integra o processo de análise, assim como a subjetividade do terapeuta na intersubjetividade da relação com a paciente. Quando o que se passa na relação terapêutica não pode ser comunicado a um terceiro, essas experiências permanecem privadas.

No registro feito aqui, não podemos questionar Rogers sobre o que ele sentiu ou pensou. Esses registros são inferências, conjecturas feitas com base em conhecimentos, observações e nossa experiência. A veracidade dessas considerações não é o ponto central. O que importa é refletir sobre a utilidade dessas conjecturas para avançar o raciocínio clínico e aprimorar a capacidade de intervenção terapêutica, em relação tanto a um caso específico quanto à psicoterapia como técnica e experiência. O foco deste trabalho é criar um sistema para o estudo do processo em psicoterapia. Para quem deseja demonstrar a eficácia do uso desse sistema de registro em termos generalizáveis, precisam ser conduzidos estudos de eficácia para verificar se um terapeuta formado com as habilidades de análise sugeridas obteria resultados mais favoráveis com seus pacientes. Portanto, qualquer afirmação sobre seus efeitos neste trabalho é apenas qualitativa, servindo como inferência caso a caso, criando uma impressão subjetiva em quem participa da experiência ou a observa.

Com o registro, desejamos aproximar o fenômeno numa tentativa de transcender a experiência subjetiva e privada. O registro ajuda a estabelecer um compromisso com uma materialidade tangível, permitindo que subjetividades sejam compartilhadas e examinadas. Essa materialidade possibilita que terapeutas com outras perspectivas, subjetividades e intencionalidades possam examinar, discutir, validar ou criticar o que se entende e se pretende no processo da psicoterapia, estabelecendo um diálogo aberto e explorando as múltiplas possibilidades de se compreender o fenômeno em questão. O registro, portanto, apenas expõe aspectos dessa intencionalidade, bem como aspectos de uma realidade, na medida em que esta possa ser apreendida por uma intencionalidade. Ao se realizar o registro, essa dualidade entre uma realidade inacessível e uma intencionalidade indescritível pode alcançar maior integridade. Esse é o entendimento que temos de fenomenologia aplicada ao estudo dos processos em psicoterapia.

Referências

Balint, M. *A falha básica: aspectos terapêuticos da regressão.* Porto Alegre: Artes Médicas, 1993.

Brown, B. *A coragem de ser imperfeito.* Rio de Janeiro: Sextante, 2013.

Christian, C.; Safran, J. D.; Muran, C. "The corrective emotional experience: a relational perspective and critique". *In:* Castonguay, L. G.; Hill, C. E. (orgs.). *Transformation in psychotherapy: corrective experiences across cognitive behavioral, humanistic, and psychodynamic approaches.* [*S. l*]: American Psychological Association, 2012. p. 51-67.

Freud, S. *A dinâmica da transferência. Obras completas.* Rio de Janeiro: Imago, 1912.

HEIMANN, P. "On counter-transference". *The International Journal of Psychoanalysis*, v. 31, p. 81-84, 1950. Disponível em: https://psycnet. apa. org/record/1951-02486-001. Acesso em: 28 ago. 2023.

ISAACS, S. "A natureza e a função da fantasia". *In:* KLEIN, M. *et al. Os progressos da psicanálise.* Rio de Janeiro: Guanabara Koogan, 1952.

JOSEPH, B. "Transferência: a situação total". *In:* BOTT SPILIUS, E. (org.). *Melanie Klein hoje*. Rio de Janeiro: Imago, 1990.

JUNG, C. *Os arquétipos e o inconsciente coletivo*. Petrópolis: Vozes, 2000.

_______. *O eu e o inconsciente*. Petrópolis: Vozes, 2016.

PICK, I. B. "A elaboração na contratransferência". *In:* BARROS, E. M. R. (org.). *Melanie Klein: evoluções*. São Paulo: Escuta, 1989.

Rogers, C. "A coordinated research in psychotherapy; a nonobjective introduction". *Journal of Consulting Psychology*, v. 13, n. 3, p. 149-153, 1949.

_______. "The necessary and sufficient conditions of therapeutic personality change". *Journal of Consulting Psychology*, v. 21, n. 2, p. 95-103, 1957.

_______. *Tornar-se pessoa*. São Paulo: Martins Fontes, 1961.

SHOSTROM, E. *Three approaches to psychotherapy (part 1): Client-centered therapy with Carl Rogers*. Santa Ana: Psychological Films, 1965. Disponível em: https://www.youtube.com/watch?v=nc5v3HNZhjw. Acesso em: 28 ago. 2023.

STOROLOW, R. D.; LACHMANN, F. M. *Psicanálise das paradas de desenvolvimento: teoria e tratamento*. Rio de Janeiro: Imago, 1983.

STRUPP, Hans H.; HOWARD, K. J. "A brief history of psychotherapy research". *In:* FREEDHEIM, D. K. *et al.* (orgs.). *History of psychotherapy: a century of change.* [*S. l*]: American Psychoh logical Association, 1992. p. 309-334.

WERTZ, F. J. "Phenomenological research methods for counseling psychology". *Journal of Counseling Psychology*, v. 52, n. 2, p. 167-177, 2005.

7 FENOMENOLOGIA DO FENÔMENO E A RECOLOCAÇÃO DO LOGOS DA INTENCIONALIDADE PARA A CLAREIRA DO SER

MARCOS AURÉLIO FERNANDES

Esta reflexão pretende pensar a fenomenologia do fenômeno e a recolocação do logos da intencionalidade. Inicialmente situada na investigação fenomenológica transcendental de Husserl, busca-se deslocá-la para a "clareira do ser" (*Dasein*) na investigação heideggeriana, fundada sobre a questão e o pensamento do ser como diferença ontológica, como nada, como evento originário.

O que é a fenomenologia do fenômeno? É a coisa mesma, para a qual e a partir da qual a investigação fenomenológica está sempre em constante movimento, de maneira renovada e única.

> Certa feita, chegou a Friburgo, na Alemanha, um japonês da escola de Kioto com uma pergunta para Heidegger: o que é fenomenologia? A resposta foi: é coisa bem simples; o fenômeno tal como ele mesmo é, tal como se dá e acontece em si mesmo, é nisso que reside toda a fenomenologia. (Leão, 2013, p. 34)

A expressão "fenomenologia do fenômeno" é, neste contexto, outra maneira de se referir ao "ser do ente/do sendo", "realidade do real". No fenômeno se dá a cada vez a fenomenologia, isto é, o logos do fenômeno. No entanto, aqui, logos não significa o discurso apofântico, ou seja, o que mostra o fenômeno tal como ele aparece e na medida em que aparece. Logos, neste caso, significa o sentido de ser. O verbo *légein*, aqui, não se refere a falar ou dizer, mas a reunir e recolher. E como é que no fenômeno ocorre esse reunir, esse recolher? "Todo e qualquer fenômeno já é em si mesmo, como fenômeno, fenomenologia. No aparecimento e no desaparecimento de sua vigência passa a recolher o ser e acolher o nada de suas diferenças e referências a si mesmo e a todos os demais fenômenos" (Leão, 2013, p. 27).

Na passagem da fenomenologia transcendental de Husserl para a fenomenolo-gia do pensamento do ser em Heidegger, ocorre uma relocação (*Ortsverlegung*) do "logos" do fenômeno, da consciência (*Bewusstsein*) para o aberto do ser (*das Offene* = *Dasein*), ou, mais precisamente, para a abertura, a clareira do ser (*Lichtung*) (Heidegger, 1986).

O logos do fenômeno na fenomenologia transcendental

A investigação fenomenológica transcendental conduz ao domínio originário do ego transcendental como polo constitutivo e à sua experiência transcendental. Buscando compreender a dinâmica de sentido do fenômeno, sua fenomenologia a partir da experiência transcendental, o método descoberto por Husserl se concentra na intencionalidade. Essencialmente, trata-se de uma análise intencional das diversas formas de vivência da consciência, ou seja, da correlação entre intencionar e intencionado: dos processos de relacionamento que a consciência exerce com qualquer conteúdo (polo noético), assim como das relações significativas que os conteúdos constituídos mantêm com esses processos (polo noemático).

A fenomenologia transcendental é a autoaclaração da redução e da constituição da fenomenologia do fenômeno através do fio condutor da intencionalidade. Todo ato ou toda a vivência da consciência visa a algo, cada um de modo específico (perceber, imaginar, recordar, esperar, julgar, amar, odiar etc.). Há uma unidade estrutural-intencional entre o visado (o percebido, o imaginado, o recordado, o esperado, o julgado, o amado, o odiado etc.) e o visar. O ato ou vivência intencional revela em si mesmo a estrutura do relacionamento específico entre o dirigir-se a/ao/visar a e o conteúdo em questão. O ser intencional não é um acréscimo acidental à vivência, mas sim sua estrutura, sua essência. A referência intencional em sua espécie é que estrutura a vivência em seu vivenciar e em seu vivenciado, fazendo que o vivenciar seja o vivenciar deste objeto ou objetualidade e não de outro, e o vivenciado seja conteúdo desta vivência e não de outra.

Assim, os atos ou vivências têm estruturas pré-formadas essenciais específicas, caracterizadas pelos tipos de referência intencional. A mudança de um tipo de ato para outro (de uma vivência específica para outra) é tanto uma mudança de relacionamento, de direcionamento ou orientação de visada quanto uma mudança de objeto em sua objetualidade. Por exemplo, uma mudança de amor para ódio ou vice-versa se dá na referência intencional e, assim, uma mudança do vivenciar e do vivenciado. Não se trata de uma mudança no relacionamento, com o objeto permanecendo o mesmo, apenas alterado em seus caracteres. Muda-se o próprio objeto em sua objetualidade. Este é, por assim dizer, inteiramente reconstituído, não de fora para dentro, mas de dentro para fora (Rombach, 1980).

O fenomenológico do método da fenomenologia transcendental consiste na liberação (*Freilegung*) do campo fenomenal transcendental da subjetividade pura (não empírica). Exercitar o método fenomenológico é praticar a liberação da constituição intencional dos feitos e fatos da consciência pura.

Na investigação fenomenológica transcendental, é pela intencionalidade que o fenômeno se transforma em fenomenologia, isto é, adquire sentido e validade de ser. É na transiência da intencionalidade que o objeto, em sua objetualidade, se constitui. Essa transiência tem caráter dinâmico; é gênese. O método fenomenológico reconduz o objeto e sua objetualidade antes de tudo, tematizando o surgimento do fenômeno enquanto fenômeno para a consciência e na consciência (redução fenomenológica). Em seguida, reconduz os epifenômenos aos fenômenos, isto é, os fatos às essências, os conteúdos à sua forma essencial, vislumbrando geneticamente as estruturas estruturantes como possibilidades possibilitadoras de ser (redução eidética). Enfim, reconduz as estruturações de sentido às suas fontes geradoras e suas forças constituintes, que, por assim dizer, jorram da vida da consciência intencional (Leão, 2011).

O método fenomenológico transcendental é, portanto, a descrição analítica da intencionalidade em seu *a priori*. Ele lida com as estruturas da intencionalidade. A intuição categorial, que se dá em atos de síntese e atos de ideação, aparece aqui como o modo originário de captação dessas estruturas (Heidegger, 1994). Elas são o fenômeno primordial da fenomenologia transcendental. Na segunda versão de Heidegger do texto que estava sendo escrito para a *Enciclopédia britânica*, a princípio elaborado com Husserl, lê-se:

> A aclaração (*Klärung*) fundamental da necessidade do retorno à consciência, a determinação radical e explícita do caminho e das leis de etapas desse retorno, a delimitação em linha de princípio e a perscrutação sistemática do campo da pura subjetividade que se abre com base nesse retorno se chama fenomenologia. (Heidegger, 1962, p. 256)

Essa perscrutação sistemática do campo da pura subjetividade toma como fio condutor as estruturas da intencionalidade das vivências em seu caráter *a priori*. O *a priori*, na fenomenologia, tem uma envergadura universal. Pode ser tanto formal quanto material; pode dizer respeito tanto ao real quanto ao ideal. Em si, ele não é nem transcendente nem imanente à consciência. Não é nem objeto ou conteúdo (polo noemático), nem ato ou vivência (polo noético). É indiferente tanto à objetidade e objetualidade quanto à subjetividade.

A propósito, é necessário fazer uma anotação terminológica. Distinguimos objetividade (*Objektivität*) do conhecimento de objetidade (*Gegenständigkeit*) e objetualidade

(*Gegenständlichkeit*) do objeto. No tocante à distinção ontológica entre ente e ser, pode-se diferenciar o objetivo não do conhecimento, mas do objeto (das *Gegenständige*), e o objetual (*das Gegenständliche*) do objeto, devido a seu caráter de estar contraposto ao sujeito representador. O objetivo do objeto tem o sentido ôntico. Objetivo é aquilo que, no objeto, constitui uma característica ou nota — por exemplo, ser colorido ou ser extenso. Objetual, por outro lado, tem o sentido ontológico. Objetual é o que constitui o estar de frente para o objeto enquanto tal e contraposto a ele. A estabilidade (*Beständigkeit*) funda a constância (*Ständigkeit*) do viger no sentido de estar presente (*Anwesen*). Tomado desde o representar, isto é, desde o surgimento do *subiectum qua res cogitans qua certum* (sujeito enquanto coisa cogitante enquanto certa) este viger do estar presente se configura como objetidade (*Gegenständigkeit*) (Heidegger, 1997).

O *a priori* estrutura a própria correlação intencional entre sujeito e objeto, subjetividade e objetidade/objetualidade. É o fenômeno em sentido ontológico. O *a priori*, aqui, não é meramente um título de conhecer ou de qualquer outro comportamento ou relacionamento; é um título de ser; é o que vem primeiro estruturalmente na ordem do ser. Só é acessível na simples apreensão de uma intuição originária: a arqui-intuição do ser (Heidegger, 1994).

A descoberta da intuição categorial em Husserl, segundo Heidegger, teve o méa rito de permitir ver, em um visualizar presencializante, a vigência do ser na categoria. O ser não é um mero conceito, não é pura abstração, mas é datidade originária que prejaz a todas as categorias, que não são, do mesmo modo, meras formas *a priori* do pensamento, mas verdadeiras datidades fenomenais, só que de caráter ontológico (Heidegger, 1986).

A coisa mesma (*die Sache selbst*) da investigação fenomenológica husserliana, ou seja, aquilo que, em última instância, nela está em questão, é a subjetividade transcendental. A fenomenologia é ciência universal, cuja fundamentação absoluta repousa na subjetividade transcendental. Assim, ela é ciência fundamental para todas as outras ciências que tratam do ente no sentido de objeto. Sendo crítica da razão teorética, axiológica e prática, a fenomenologia é, aqui, a liberação das estruturas intencionais em seu *a priori* da subjetividade que conhece, põe valores e age. A fenomenologia dos fenômenos objetivos só acontece graças à mediação da subjetividade transcendental em sua vida intencional. A redução transcendental é o retorno a essa subjetividade. É a partir dela que se descreve a gênese da constituição do ser do ente enquanto objeto, respectivamente, da objetualidade.

Husserl percebeu que uma *mathesis universalis* da investigação da razão não diz respeito apenas às formas puras do vivenciar exterior, das quais fluem as leis dos conteúdos de conhecimento objetivo, mas também às formas puras do vivenciar interior, das quais fluem as leis do conhecimento e do agir humano (Rombach, 1980). Assim, a pura *mathesis* subjaz não apenas às ciências da natureza, mas também às ciências humanas.

A *psicologia pura* — a psicologia fenomenológica — é a *mathesis* enquanto ciência das legalidades dos atos humanos. As ciências humanas, entre elas a psicologia como ciência positivo-empírica, têm certamente muito que aprender com psicologia pura, fenomenológica (Husserl, 1962).

A psicologia pura da consciência é paralela à fenomenologia transcendental. O conteúdo de ambas pode ser o mesmo. O que as diferencia é que a fenomenologia transcendental opera com a redução transcendental. Na psicologia empírica, o homem é visto como um ser psicofísico que vive no mundo. O mundo é tomado como existente em si mesmo. Já na atitude da redução fenomenológica, o mundo não é considerado uma realidade com validade de ser em si mesmo. Nesse caso, o mundo é tomado apenas como "fenômeno da realidade", ou seja, como o mundo que se dá e aparece à consciência. Na redução transcendental, tanto o mundo como também a alma (o anímico ou psíquico) são submetidos à redução transcendental. Isso significa que o psíquico, como algo que é transcendente (subjetivo-objetivo), também é neutralizado. Essa *epoché*, mais do que uma suspensão (da posição da apercepção transcendente e de sua validade), é uma contenção da força do movimento transiente que se dá no acontecer da vivência intencional, enquanto correlação de consciência-de-algo e o algo de que a consciência é consciência. Essa contenção pode ser entendida como uma concentração para um salto.

A redução transcendental é uma espécie de salto, ou seja, de uma mudança na impostação da inteira forma de vida: da positividade (vida positiva) para a transcendentalidade (vida transcendental). Na atitude da redução transcendental, dá-se a recondução de todo o objetivo, seja do objetivo-objetivo (os conteúdos que são dados pelas vivências exteriores), seja do objetivo-subjetivo (os conteúdos que são dados pelas vivências interiores), seja do real-físico, seja do real-psíquico, seja do ideal, que são percepcionados intuitivamente e refletidos no eu fenomenológico ao *cogito* e suas *cogitata*, à intencionalidade e sua dinâmica constitutiva, ao ego monádico e à intersubjetividade monádica.

Tanto as vivências exteriores, relacionadas à experiência e ao conhecimento da natureza, quanto as vivências interiores, que dizem respeito ao conhecimento do ser humano e a seus atos, têm suas fontes na vida intencional da consciência transcendental. Assim, a "fenomenologia pura" (fenomenologia transcendental), como ciência da vida intencional da consciência ou da subjetividade transcendental, é a verdadeira, plena e própria *mathesis universalis*, almejada pela humanidade europeia desde os primórdios da modernidade.

Se a *mathesis universalis* não coincide com as realizações das ciências materiais (da natureza ou do espírito), tampouco coincide com as realizações das ciências formais (matemática, lógica). A *mathesis universalis* tal como vislumbrada por Husserl não corresponde a uma ciência meramente formal-lógica, como a *mathématique universelle* concebida por Leibniz, sobre a qual Husserl se pronuncia no parágrafo 60 do primeiro volume de suas *Investigações lógicas*, que trata dos *Prolegômenos para uma lógica pura* (Husserl, 1993). A *mathesis universalis* fenomenológica não é um sistema axiomático-dedutivo. No parágrafo 30 de suas *Meditações cartesianas*, Husserl afirma que Descartes foi traído por um preconceito, a saber, o de que a Ciência Universal teria como modelo a geometria e, respectivamente, a ciência matemática da natureza (física), ou seja, para Descartes, a Ciência Universal deveria ser um *sistema axiomático-dedutivo* (Husserl, 1950). Na verdade, nenhuma ciência já existente deve servir de ideal normativo de ciência para a *mathesis universalis* fenomenológica, nem a matemática, nem a ciência matemática da natureza, nem a lógica. As ciências faticamente dadas devem ser submetidas à crítica fenomenológica.

A ontologia universal fenomenológica concreta desempenha, portanto, o papel de ser o fundamento *a priori* para a fundamentação mais radical de uma ciência universal ou de uma filosofia do ser fático. Se a egologia é apenas o primeiro nível da fenomenologia transcendental, o nível mais elevado é aquele em que surgem os autênticos problemas metafísicos, os quais dizem respeito ao sentido da vida, à morte, ao destino humano, à sua história e à possibilidade de uma vida autenticamente humana, uma vida com sentido em sentido forte, entre outros. Enfim, os problemas éticos e religiosos encontram aí o terreno propício para a sua tematização. A *mathesis universalis* surge, assim, não como um sistema lógico-dedutivo, mas como a realização mais universal e radical da ideia de autoconhecimento.

A fenomenologia transcendental aparece, então, como a verdadeira tomada a sério da máxima délfica do "conhece-te a ti mesmo". A ciência positiva é uma ciência que se perdeu no mundo. Pela *epoché* fenomenológica, ponto de partida do método da investigação da fenomenologia transcendental, o mundo é perdido, mas, ao se encontrar a consciência pura, o mundo é reencontrado numa tomada de consciência universal de si mesma. Aparece, então, como mundo da vida. A fenomenologia transcendental realiza, assim, o preceito agostiniano (*De vera religione*, XXXIX, 72) do *Noli foras ire, in te redi, in interiore homine habitat veritas* (não vás para fora, entra em ti mesmo, no homem interior habita a verdade) (Husserl, 1950).

A fenomenologia transcendental é, portanto, o vislumbre da possibilidade de uma humanidade que se engaje em uma busca infinita de viver uma vida transcendental, ou seja, que se exerça não a partir da positividade e de um mundo já dado, mas segundo a autorreflexão da subjetividade transcendental, uma vida pautada pela verdade e pela autenticidade (Husserl, 1962).

O contencioso da redução transcendental

Na elaboração do artigo para a *Enciclopédia britânica*, o confronto entre Heidegger e Husserl se dá sobretudo na concepção da redução transcendental e no que ela traz a respeito do eu transcendental. Eis o contencioso da concepção do método fenomenológico em ambos os pensadores. Husserl (1962, p. 273-274) escreve:

> Eu não tenho, enquanto fenomenólogo transcendental, o meu eu como alma — uma palavra que, já em seu sentido, pressupõe um mundo existente ou possível –, mas aquele *ego* transcendental puro, no qual também esta alma, com o seu sentido transcendente, a partir de ocultas operações da consciência, obtém para si o sentido e a validade que ela tem para mim.

Para Husserl, na atitude psicológica habitual está sempre presente o caráter de positividade, ou seja, a apercepção do mundo se mostra continuamente latente. Nessa atitude, não ocorre a redução transcendental. Por sua vez, Heidegger adverte que, embora o eu puro não possa nem deva ser tomado como um ente intramundano — como uma coisa que aparece objetivamente junto com outras coisas no mundo —, ele é, no entanto, ser-no-mundo. Dito de outro modo, ele acontece como abertura de mundo pela disposição da entoação afetiva, pela compreensão e pelo discurso. Heidegger ressalta: "Não pertence à essência do *ego* puro um mundo como tal? Conforme a nossa conversa em Todnauberg [1926] sobre o 'ser-no-mundo' (Ser e Tempo I, § 12, § 69) e a distinção essencial para com o ser simplesmente dado 'dentro' de um tal mundo" (Husserl, 1962, p. 274).

Em Heidegger, a presença humana aparece como ente, não como ente intramundano, meramente ocorrente como coisa junto com outras coisas no mundo. Em vez disso, ela é um ente que tem o caráter de ser-no-mundo, isto é, de ser que se exerce como abertura para o mundo, cujo ser-simplesmente-dado (*Vorhandenes*) não tem o caráter da factualidade objetiva — objetiva-objetiva, como a factualidade do físico, ou objetiva-subjetiva, como a factualidade do psíquico —, mas sim o caráter de facticidade do ser-no-mundo. Em que consiste essa facticidade do ser-no-mundo existente (*ec-sistente*) em relação à factualidade do ser do ente intramundano ocorrente (*Vorhandenes*)? Resposta: no ser-lançado da existência como projeto de ser para possibilidades de liberdade, o qual (o ser-lançado) se abre, a cada vez, antes de toda a reflexão como *páthos* ou como entonação afetiva (*Stimmung*), tal como um advento do ser em uma (dis)posição originária dessa presença humana (*Grundbefindlichkeit*). Assim, embora a presença humana apareça como dotada de certo caráter de factualidade de algo ocorrente no mundo, simplesmente dada (como *Vorhandenes*), ela nunca se reduz a essa factualidade. Antes, essa factualidade precisa ser compreendida como facticidade. Tal como Heidegger observa: "Simplesmente dado (*Vorhandenes*)! Mas a presença humana (*das menschliche Dasein*) 'é' de tal modo que, embora ente, nunca é meramente simplesmente dada" (Husserl, 1962, p. 274).

Husserl (1962, p. 274) destaca a diferença entre a atitude psicológica positiva e a atitude fenomenológica transcendental ao escrever:

> Desvelamento (*Enthüllung*) da psique é um processo infinito, mas também autoapercepção (*Selbstapperzeption*) na forma de realidade efetiva (*Wirklichkeit*). A principal peculiaridade da redução transcendental é que ela, de antemão e num só golpe, em uma vontade teorética universal, inibe esta ingenuidade transcendental que ainda reina na psicologia pura; que ela abarca, com esta vontade, a inteira vida atual e habitual.

A isso se segue a anotação de Heidegger, que pergunta: "E esta vontade mesma?" Põe em questão essa vontade teorética universal, que guia toda a investigação fenomenológica transcendental. Na primeira das *Meditações cartesianas*, no parágrafo 40, Husserl traz à luz o esforço da fenomenologia transcendental. Ele opera o desvelamento do sentido final da ciência universal. Ser fenomenólogo é um imergir vivencial (*Einleben*) no esforço por essa ciência universal. Tal vontade da ciência universal — que, a nosso ver, no texto elaborado para a *Enciclopédia britânica*, aparece como "vontade teorética universal" — permanece fora de qualquer *epoché*. Afinal, é ela que motiva a *epoché*. Para Husserl, essa vontade é um aspirar, um esforçar por alcançar, um agir que persegue a ideia diretriz (*Leitidee*) da ciência universal. Assim, esta é, com efeito, não um fato, mas um que-fazer, uma tarefa, uma meta, uma ideia ou ideal da razão (Husserl, 1950, p. 50-52). No radicalismo do recomeço da investigação da razão, tudo é posto em questão, mas não o que motiva esse próprio radicalismo: a vontade teorética universal. Husserl (1962, p. 274-275) continua:

> Essa vontade manda não efetuar nenhuma apercepção transcendente, nenhuma validação transcendente como sempre arranjada; manda "pô-la entre parênteses" e só tomá-la por aquilo que ela é em si mesma, enquanto um aperceber, um intencionar puramente subjetivo, enquanto um pôr validante etc. Se eu faço isto para mim mesmo, então eu não sou, portanto, um eu humano, embora eu não perca nada do teor essencial próprio de minha alma pura (portanto, do psicológico puro).

Husserl parece identificar o "eu humano" com o eu empírico do homem tomado como ente psicofísico, ocorrente ao modo de uma coisa simplesmente dada dentro do mundo. Nesse sentido, o eu transcendental do fenomenólogo que medita não pode ser tomado como "eu humano". Heidegger, porém, discorda disso. Ele considera que o eu que se empenha em viver na dimensão transcendental-ontológica é aquele que corresponde a uma forma de existência propriamente humana, ou seja, nos termos da meditação aqui proposta, seria o eu do "homem humano". Heidegger destaca ainda: "Ou talvez *justamente* um tal (eu humano), em sua mais própria, 'estranha' possibilidade de existência. Conforme p. 27, embaixo, onde o senhor fala de uma 'espécie de mudança da forma de vida'" (Husserl, 1962, p. 275). O agir aciona a mudança de forma de vida, isto é, de uma vida vivida na positividade do ôntico para uma vida vivida na transcendentalidade do ontológico. Heidegger caracteriza essa transformação como digna de admiração, como maravilhosa (*Wundersame*): "Por que não? Não é este feito uma possibilidade do homem? Mas justamente porque este nunca é simplesmente dado, aquele feito é um comportamento, ou seja, um modo de ser que, precisamente, por si, providencia para si a si mesmo, portanto, que nunca pertence à positividade do simplesmente dado". (Husserl, 1962, p. 275)

A vida fenomenológica transcendental representa a máxima expressão da autonomia da liberdade humana. Trata-se de um processo no qual o sujeito provê a si mesmo a própria existência. Eis um comportamento que concresce como um poder-ser, isto é, uma possibilidade de existência. Todo o esforço do método fenomenológico reside na busca dessa possibilidade: o poder-ser do "homem humano".

Husserl vislumbrou essa possibilidade na vida transcendental. Entretanto, como nossa forma de vida habitual de existência se ancora quase exclusivamente na positividade — conforme a assim chamada atitude natural —, essa outra forma de vida é de difícil compreensão e, certamente, de difícil realização. Husserl destaca o papel propedêutico da psicologia fenomenológica e sua ascensão à filosofia transcendental. Ele escreve:

> Ao mesmo tempo, compreende-se agora a significação propedêutica da psicologia pura para o ascender (*für das Aufsteigen*) para a filosofia transcendental. Por razões essenciais facilmente intuíveis a humanidade viveu, e cada homem individual vive, de início, exclusivamente na positividade, e assim a redução transcendental é uma espécie de mudança da inteira forma de vida, a qual ultrapassa (*übersteigt*) plenamente toda a experiência da vida de até agora e, por causa de sua absoluta estranheza, é dificilmente compreensível segundo a sua possibilidade e realidade. (Husserl, 1962, p. 276)

Heidegger considera essa elevação da positividade à transcendentalidade como a possibilidade humana por excelência. Não se trata de deixar para trás o ser humano, mas de alcançá-lo em sua dimensão mais própria e especificamente humana. Com efeito, o que caracteriza o ser humano em sua essência é precisamente a possibilidade de transcender do ôntico ao ontológico, do ente ao ser. A transcendência ontológica é, pois, imanente à presença humana, e a forma de vida fenomenológica é o exercício ciente dela. Ele observa: "Ascendência (ultrapassagem) que, no entanto, permanece 'imanente', ou seja, uma *possibilidade humana*, na qual justamente o homem vem a *si mesmo*" (Husserl, 1962, p. 276-277).

Para Husserl, a psicologia fenomenológica serve de mediadora entre as ciências positivas da natureza — cujo objeto se constitui a partir de vivências exteriores — e do espírito — cujo objeto se constitui a partir das vivências interiores —, por um lado, e, por outro, a filosofia transcendental. A passagem da psicologia fenomenológica, entendida como ciência das estruturas intencionais de todos os atos ou vivências humanas, para a filosofia transcendental é caracterizada por Husserl como uma reinterpretação (*Umdeutung*):

Isto vale, de modo correspondente, para uma ciência transcendental. Embora relativamente nova, e também novel no método da análise transcendental, a psicologia fenomenológica, no entanto, tem a geral acessibilidade de todas as ciências positivas. Nela o reino da alma pura é sistematicamente aberto, assim se tem, com isto, de modo implícito e também já no tocante ao conteúdo, o teor da esfera transcendental paralela. Para a sua total reinterpretação no transcendental, carece-se somente da referida doutrina da redução transcendental. O psicólogo pode então através da correspondente modificação da impostação para seu objetivo "ler" fenomenologia transcendental "enquanto" psicologia pura. A redução transcendental não é uma alteração cega da impostação, mas enquanto princípio metódico de todo método transcendental é ela mesma esclarecida de modo reflexivo e transcendental. Pode-se dizer que deste modo o enigma da "revolução copernicana" se resolve perfeitamente (Husserl, 1962, p. 277). Heidegger também destaca que todo transcendente, seja ele o mundo (o físico), seja ele a alma (o psíquico), se torna assim um problema da filosofia transcendental. Ele diz:

> Mas esta "total reinterpretação" (*Umdeutung*) não é, entretanto, somente a aplicação 'complementar' da problemática *transcendental*, que o senhor acha imperfeita na psicologia pura, de tal modo que, com a inserção do psíquico como de um algo que é ele mesmo transcendente, doravante todo o positivo se torna transcendentalmente problemático — tudo: o psíquico mesmo e aquele ente que *nele* se constitui (mundo). (Husserl, 1962, p. 277)

O método transcendental não é um meio-instrumento, uma ferramenta para a produção de conhecimento objetivo, quer o objetivo diga respeito ao transcendente enquanto mundo, quer diga respeito ao transcendente enquanto alma/psique. É uma práxis de pensamento que promove uma mudança na forma de vida: a passagem da objetidade para as condições de possibilidade da experiência da objetidade, dos fatos para os feitos da consciência intencional, da positividade para o reino da experiência transcendental, do ôntico para o ontológico. A possibilidade do mundo e suas leis, bem como do anímico e suas leis, é, pois, colocada em questão na investigação fenomenológica transcendental. Enquanto verdadeira metanoia, revolução do pensamento, questiona a objetidade dos objetos tanto físicos quanto psíquicos.

A fenomenologia transcendental é um retorno às fontes geradoras e estruturadoras de sentido e validade de ser do ente enquanto conhecido ou cognoscível, enquanto sabido ou sabível, pela e para a consciência, que se sabe de modo absoluto, em uma evidência apodítica, em uma intuição originária que se dá na reflexão. As vivências são concreções e estruturações da vida intencional da consciência. É na mediação da subjetividade transcendental, absoluta, que se fenomenaliza todo o fenômeno. É nela que todo o fenômeno se torna fenomenologia, isto é, que todo objeto aparece em sua objetidade e objetualidade, em sua estrutura e consistência, ou seja, em sua constituição. A fenomenologia é, assim, a ciência universal da constituição do ser do ente — da objetidade e objetualidade dos objetos.

A subjetividade absoluta é a coisa mesma a que toda investigação fenomenológica se dirige. O método é o caminho para alcançá-la. No entanto, método e coisa não estão separados; não são duas coisas em si que, acidentalmente, se relacionam. Tampouco são dois momentos de uma conjuntura instrumental, de meio e fim, como uma fechadura e uma chave, como diz Heidegger em *O fim da filosofia e a tarefa do pensamento*.

Método e coisa essencialmente se copertencem, em uma identidade operativa, diferencial e essencial. Essa identidade é operativa porque se manifesta no ato de pôr o pensamento em obra. É diferencial porque se constitui como coincidência e copertença de diferentes. E é essencial porque método e coisa se copertencem não casualmente, mas necessariamente, como momentos de uma única e mesma estrutura de pensamento — isto é, de pensar e pensado. O método fenomenológico transcendental é o caminho do desvelamento da subjetividade absoluta, que, por sua vez, é a coisa mesma da investigação fenomenológica transcendental. Na expressão "coisa mesma" (*Sache selbst*), "coisa" significa aquilo que está em causa, em questão. A ênfase recai sobre "mesma", no sentido de rejeitar o que é alheio à coisa em causa, à questão.

Heidegger lê a fenomenologia transcendental husserliana com um viés ôntico-ontológico. Para ele, a passagem do positivo ao transcendental é interpretada como uma guinada do ôntico para o ontológico. Entretanto, na investigação fenomenológica heideggeriana, a coisa mesma não é a subjetividade absoluta, mas a "clareira" do ser.

Por conseguinte, o método não é mais o método transcendental, mas o caminho do pensamento radical e essencial que tem no ser — e não na consciência (no pensar ou no saber do ser enquanto objetualidade do objeto) — o seu *medium*, o seu elemento.

A fenomenologia do fenômeno: o retraimento do ser

A fenomenologia é o método da investigação filosófica, que, em essência, é uma investigação ontológica: exercício da questão do ser. A fenomenologia não é uma corrente filosófica nem uma disciplina específica dentro da filosofia. Ela é o próprio exercício do pensamento enquanto questionamento do ser.

A fenomenologia transcendental procura pensar o ser do ente da perspectiva de sua cognoscibilidade, como objetidade/objetualidade do objeto. Para isso, investiga suas fontes estruturadoras de sentido na consciência intencional, entendida como subjetividade absoluta. Dessa forma, a fenomenologia é a filosofia — uma ciência universal e fundamental. Porém, em Heidegger, o ente não é tomado da perspectiva de sua cognoscibilidade, nem seu fundamento de ser é compreendido como a possibilitação transcendental da objetidade e objetualidade dos objetos. Em sua abordagem, a fenomenologia e a filosofia deixam de ser concebidas como ciência e conhecimento e passam a ser acentuadas como pensamento. Mas qual é a diferença?

A filosofia não é produção de conhecimento objetivo baseada na pesquisa positiva de determinada esfera do real. Ela não constitui uma teoria do real, do ente, seja este ou aquele. Em vez disso, a filosofia pensa a realidade em seu movimento de doação e retração nas manifestações do real enquanto tal e no todo. Ela pensa o incontornável — aquilo que rege e sustenta a essência da ciência, mas não pode ser por ela percebido. Isso ocorre porque a ciência, como tal, não pode perceber a própria essência. Suas proposições se articulam a partir da essência da ciência, mas não sobre ela. O incontornável de que partem as ciências positivas é para elas mesmas inacessível. Ele não dá na vista, é inaparente, discreto. O incontornável de que partem as ciências positivas é para elas mesmas inacessível. Ele não dá na vista, é inaparente, discreto. O incontornável é a própria objetidade e objetualidade do objeto. Objetidade e objetualidade que não são propriamente nenhum objeto. É a realidade dando-se e subtraindo-se na realização do real. Realidade e realização que não são nenhum real. É a presença estável, constante, do ente que se apresenta e se deixa representar dando-se numa evidência pré-discursiva e pré-predicativa. A filosofia é o pensamento que pensa o sentido do ser, que medita a respeito do ser como o que há de mais digno de ser questionado .

A filosofia não pretende conhecer; pretende pensar, até pensar os conhecimentos (os conheceres e os conhecidos em suas unidades) em suas condições de possibilidade.

> Se, para o conhecimento, o grande desafio está em conhecer o desconhecido, para o pensamento, o desafio é pensar o conhecido. Todo pensamento só pensa o já pensado no e pelo não pensado. Neste sentido, o já pensado é o que há de mais escondido e velado no e pelo conhecimento que gera. Se, para o conhecimento, esclarecer está em levar o obscuro para o claro, no pensamento se dá o contrário, esclarecer é levar o claro para o escuro, desmascarando o já sabido, ao revelar o não sabido. (Leão, 2013, p. 33)

A filosofia não é uma área de conhecimento, um setor ou campo de estudo. Ela é o desafio do pensar e não pensar, manifestando-se em todo o empenho e o desempenho humano — seja no conhecimento, na ação, na criação, seja em qualquer outra esfera. Diferentemente das ciências ônticas e positivas, que operam dentro de um campo já dado e desvelado do real, a filosofia não se limita a uma área específica de produção de conhecimento objetivo. Seu horizonte é o todo do ente. Por isso, a filosofia é uma ciência universal e fundamental: ela pensa o ente enquanto ente, o ente em sua entidade, na perspectiva do ser. Mas "ciência", aqui e agora, já não significa produção de conhecimento objetivo. "Ciência" é saber. Contudo, trata-se de um saber peculiar — um saber do não saber, como já advertia Sócrates, algo como uma douta ignorância, para usar uma expressão de Agostinho e de Nicolau de Cusa.

É que pensar não é saber no sentido de ter conhecimento. Pensar é saber no sentido de salvaguardar o desvelamento e o retraimento do ser. Pensar não é um saber sem não saber. Quem se fixa rigidamente em uma convicção irrefletida — por crença dogmática ou fanatismo — não pode aprender a pensar. O ser humano, finito, caminha entre saber e não saber, entre pensar e não pensar. Ele não sabe tudo de tudo, nem não sabe nada de nada. Caminha no lusco-fusco entre saber e não saber, entre pensar e não pensar. A filosofia nasce da criatividade inerente à condição humana finita e extrai sua possibilidade de pensar da ambiguidade essencial dessa condição. Sendo o saber último e mais elevado dessa finitude, ela não é meio para nada. É desútil, mas nobre. Não serve para nada; é apenas a afirmação da gratuidade. Não contribui com nada, com nenhum conteúdo. Ela só contribui com o nada: deixando ser o ser em seu retraimento, evidenciando o não pensar no pensar.

A fenomenologia é o método da filosofia enquanto ciência ontológica universal. No entanto, a tradição filosófica sempre investigou o ser do ente a partir do pensar. A fenomenologia transcendental segue essa mesma direção, tentando esclarecer o ser do ente — isto é, a objetidade/objetualidade do objeto — por meio da consciência intencional, tomada no sentido da subjetividade transcendental.

O ser é o questionado da questão. O homem é o questionador. Questionando, ele mesmo é coincluído na questão, ou seja, é posto ele mesmo em questão em seu ser. E, na medida em que isso acontece, a sua presença (*Dasein*) torna-se o interrogado (o inquirido) da questão. O sentido ou a verdade do ser é o que a questão, em última instância, tem em vista, o que ela quer alcançar. É o seu perguntado. O ser é aquilo que determina o ente enquanto ente. É aquilo em relação ao qual o ente é sempre compreendido. O ente, por sua vez, é tudo: o não-nada. É tanto o que não somos — como os objetos da natureza e as criações artísticas ou técnicas — quanto os entes que somos — os seres humanos. O ser, no entanto, não é um ente. Enquanto não-ente, ele pode ser referido, de maneira equívoca, como nada. Porém, esse nada do ser assinala sua transcendência e seu retraimento em relação ao ente. Entre ente e ser vigora, pois, uma diferença referente: a diferença ontológica.

Fenômeno é o mostrar a si mesmo desde si mesmo — essa é sua definição formal. Não se trata de algo, de um quê, mas de um modo como o ser se dá em seu aparecer. O método é fenomenológico, na medida em que mostra (discursivamente) aquilo que já se mostra (pré-discursivamente). No falar fenomenológico, o que está em jogo é o dizer do fenômeno do ser. Dizer implica mostrar, no sentido de deixar ver, tornar acessível. O dizer fenomenológico libera (*Freilegung*) o fenômeno, esclarecendo-o e trazendo-o para um discurso que o revela tal como ele próprio se manifesta.

O fenômeno, em sentido vulgar, é geralmente entendido como aquilo que se dá aos sentidos. No entanto, em seu sentido fenomenológico, abrange tanto o sensível quanto o categorial, o individual e o universal, o real e o ideal, o factual e o essencial, o objetivo e o subjetivo, o positivo e o transcendental, o ôntico e o ontológico. O arquifenômeno, porém, é o do ser — o fenômeno em sentido fenomenológico (Heidegger, 2012). Tanto o positivo-ôntico quanto o transcendental-ontológico, na medida em que se mostram de algum modo, no modo que lhes é próprio, têm o caráter, o "como" de fenômeno. O modo de acesso, porém, difere. A descoberta do ente não é idêntica ao desvelamento do ser.

Já entre ente e ente, há diferenças de acesso. O desvelamento dos entes que não somos tem o caráter de um descobrir intuitivo-perceptivo. Já o desvelamento do ente que somos tem o caráter de um abrir afetivo. Essa abertura manifesta-se como uma disposição fundamental (*Grundbefindlichkeit*) em que o ser advém, percutindo e repercutindo em determinada entonação afetiva (*páthos*), como temor, angústia, tédio, esperança e alegria, entre outras. Essa abertura revela, a cada instante, o tom ou a modulação de como nós nos encontramos no mundo, no meio do ente como um todo.

O afeto fornece uma intuição originária do modo de ser diante da totalidade do ente, e essa intuição antecede qualquer reflexão. Ela se dá com a evidência do coração — entendido não como um órgão físico, mas como ânimo (*Gemüt*), centro pulsante da vida vivida. Nele se enraíza todo o sentir e todo o sentir-se. A entoação do coração determina nossa sintonia com o ente e com o próprio ser. É na disposição fundamental que a presença humana se abre em seu "ser aí", mostrando-se em sua força (Heidegger, 2012). Trata-se de uma revelação (irrupção e abertura) da facticidade do existir.

Entre as disposições fundamentais ou entoações afetivas dá-se o fenômeno do tédio profundo: a depressão em que o ser se mostra indiferente e a facticidade da existência se dissimula em factualidade unidimensional (Heidegger, 2003). Outra disposição fundamental é a da angústia essencial, que nos prepara para a vigência abissal do ser, para o seu nada. Esse nada, enquanto o outro do ente, é o véu do ser, do evento manifestativo originário (Heidegger, 2008). A angústia nos presenteia com a experiência do ser como outro para todo o ente, como nada não negativo, mas criativo da liberdade que libera possibilidades infindas de ser. Entretanto, movidos pela ansiedade do temor, costumamos nos esquivar dessa angústia (*idem*).

Respondendo à voz silenciosa do ser em sua vigência abissal, o ser humano experimenta a disposição fundamental da admiração, do maravilhamento (o *thaumádzo* grego). Esse maravilhamento diante do ente traz consigo o estupor e o pavor diante do nada do ser. O acolhimento dessa disposição fundamental dá lugar ao pudor (o *aidós* grego), à reverência em face do mistério (*idem*). A sintonia do coração ou do ânimo (*Gemüt*) humano com a riqueza essencial ou a superfluência do ser se traduz na pobreza (*Armut*). A pobreza do espírito guarda tanto a alegria e a jovialidade com superabundância graciosa do ser quanto o lamento e o pranto de nunca ser suficientemente pobre o na recepção da riqueza essencial. A pobreza é, assim, uma quieta inquietude diante da riqueza do ser — e essa quieta inquietude perfaz a serenidade (*Gelassenheit*) (Heidegger, 2013).

Essa abertura das disposições fundamentais ou entoação afetivas, com seus tons e tônicas de fundo, é sonância e ressonância do advento do ser em sua verdade — sua revelação. É percussão e repercussão de seu toque. Mas, enquanto nada, enquanto diferença, o *medium* do ser é o silêncio. Assim, escutar a linguagem dos afetos requer escutar o silêncio do ser. Somente a partir dessa escuta do silêncio é possível ouvir, com mais profundidade, a sonância e a ressonância dos afetos, suas percussões e repercussões em nossos corações.

Não pode haver descobrimento do ente, qualquer que seja ele, sem que haja o desvelamento do ser. É no próprio arquifenômeno do ser que todo o fenômeno se fenomenaliza e se torna fenomenologia, isto é, articulação de sentido de ser. No entanto, o desvelamento do ser revela um abismo: ele permite tanto a abertura do ser-no-mundo — e, com isso, a descoberta do ente que não somos (o ente intramundano) — quanto o descerramento do ser-com-os-outros e do ser-si-mesmo. Ainda assim, esse desvelamento se retrai como profundidade insondável do simples, do uno, do sempre o mesmo, que, entretanto, qual fonte originária, salta em infindas possibilidades de realizações do real.

A fenomenologia transcendental descobre que não podemos ir à fonte, apenas retornar a ela. Essa fonte se dá *no* e *como o* jorrar da vida transcendental da consciência enquanto subjetividade absoluta. Já a fenomenologia do pensamento do ser revela que estamos sempre vindo da fonte e, ao mesmo tempo, já estamos nela — na origem de todas as realizações do real, na fonte da realidade ou do ser. A fenomenologia transcendental se estrutura na relação sujeito-objeto, em sua unidade intencional. Por sua vez, a fenomenologia do pensamento do ser supera tanto a metafísica da subjetividade moderna quanto a metafísica da subjetividade, que tem dominado o pensamento ocidental desde Platão.

A metafísica da subjetividade (*Subjektivität*) pensa o ser (entidade) do ente a partir do sujeito, entendido como ego ou si-mesmo. Já a metafísica da subjetividade (*Subiectität*) pensa o ser do ente (entidade) a partir da prejacência ou subjacência da presença, que se manifesta como substância (presença constante). Ademais, concebe o ser no sentido da atualidade, incluindo o ser em ato do ato puro (o divino) e o ser em ato do ente criado (o mundo) (Heidegger, 1997).

A fenomenologia do pensamento do ser intui que a consciência intencional não é, em si, a fonte, mas um manancial que sempre provém da fonte do ser. Aqui, porém, ser não significa a entidade do ente, mas a diferença ontológica, o nada não negativo nem privativo, mas criativo, próprio da realidade, que ao mesmo tempo se dá e se retrai nas realizações do real. A fenomenologia da consciência não é possível sem a fenomenologia do ser (*Sein*) em seu aí (*Da*). Esse é o pressuposto primordial de toda investigação fenomenológica, mesmo da transcendental, que se concentra nas vivências da consciência, "na perscrutação sistematicamente projetada e assegurada dos atos de vivência em unidade com a perscrutação dos objetos experimentados nos atos em termos de objetualidade" (Heidegger, 1988, p. 84). Assim, o logos do fenômeno se desloca da consciência transcendental/da subjetividade absoluta para a abertura do ser em seu aí.

> Assim, sem ser, não é possível nenhuma fenomenologia. E este deve ser ôntico e ontológico simultaneamente. Pois não há ôntico sem ontológico, nem ontológico sem ôntico. O ser, diz expressamente Heidegger, não acontece, nem vige, sem um sendo, sem algo que é e está senm do: "*Nie west das Sein ohne das Seiende*"! Assim a fenomenologia não resulta originariamente de uma consciência intencional, de vez que toda consciência já é fenomenal. A fenomenologia é a linguagem dos fenômenos que são, seja na consciência e sua constitutiva intencionalidade, seja fora da consciência, tanto no pré-consciente, no subconsciente ou inconsciente, como no extraconsciente. Sem a vigência do ser num advento de realização de sua verdade não se dá nem pode ser consciência e intencionalidade. Por isso a fenomenologia da presença, *Dasein*, é a locanda, a estância móvel onde o homem encontra possibilidades ontológicas de edificar seu

modo de ser em todos os níveis de seu desempenho. Por isso, para edificar-se, *Ser e Tempo* não pode partir nem instalar-se na consciência, seja intencional ou não, seja transcendental ou não, seja empírica ou não. (Leão, 2013, p. 32-33)

O princípio "à coisa mesma!" não é somente um princípio metódico da sondagem ou perscrutação (*Forschung*) fenomenológica, que exige acesso ao campo coisal a ser estudado. Trata-se também, e sobretudo, de uma máxima, algo que orienta e determina a realização de uma possibilidade da existência da presença humana (Heidegger, 1994). A fenomenologia do pensamento do ser é o pensar-agir que busca realizar a liberação (*Freilegung*) dessa "dimensão" originária e fontal, mais profunda que a da consciência — incluindo não apenas o consciente, mas também o pré-consciente, o subconsciente, o inconsciente, o extraconsciente. Essa é a dimensão do que os gregos chamavam de *alétheia*, ou seja, a dimensão do ser-descoberto do vigente, do seu desencobrimento.

O lume da consciência, que brilha em sua autopresença e autoevidência, trazendo os entes à claridade em seu ser-sabido (*Bewusstsein*), manifesta-se por meio da dinâmica de apresentação e representação, a modo de objetidade e objetualidade. No entanto, esse lume não é o fenômeno originário, fontal, o arquifenômeno. Ele pressupõe a luz fontal do ser. A própria palavra alemã para consciência traz o indicativo não só do saber (*Wissen*), isto é, do ver e ter-visto, mas também o indicativo do ser (*Bewusst-sein*). A revelabilidade ôntica do ente objetivo e da consciência pressupõe o caráter de ser desvelado do ser. A dimensão do ser desvelado do ser é a dimensão do aberto (*das Offene*), melhor, da aberta, da clareira (*Lichtung*) que deixa ser e vir à luz tanto a fenomenalidade da consciência quanto a fenomenalidade daquilo de que a consciência tem consciência. Mais originária que a mediação da consciência é a aberta (clareira) do ser. Esta é o *medium* em que se fenomenaliza todo o fenômeno e em que todo fenômeno se torna fenomenologia. É o que deixa luzir e transluzir todo o fenômeno (Harada, 2009). Trata-se de uma autopresença e autoevidência primordial, mas que, justamente por ser primordial, permanece velada e esquecida por nós na maior parte das vezes. O saber, isto é, o ver e ter-visto da consciência recebe sua clareza da claridade, do *lumen naturale* do ser. O lume traz clareza que permite o acesso às coisas, conforme nos dirigimos a elas deste ou daquele modo. Pensar é, agora, não mais a função tética da consciência transcendental. Pensar é, agora, cuidar, resguardar, custodiar esse lume natural do ser (Heidegger,1986). Esse pensar é, ao mesmo tempo, a re-cord-ação — a presentificação cordial da memória criativa do ser — e a espera do inesperado do ser. "É a serenidade em face do que é digno de ser questionado" (Heidegger, 2001, p. 58).

Na verdade, o lume natural do ser só pode se espalhar onde há abertura para a sua difusão. O lume carece da aberta (clareira). Esta deixa luzir e transluzir, deixa propagar o lume do ser, que concede clareza à consciência e àquilo de que ela tem consciência. A consciência é o que ela é, o que ela pode propriamente ser, na amplidão aberta do aí do ser.

A livre redondeza (*freie Gegend*) dessa aberta (clareira) possibilita o brilho e o desvelamento de todo fenômeno (Heidegger,1988). É nesse espaço que se desenrola o jogo entre claridade e escuridão. Nela também se dá tanto a vigência da presença quanto a vigência da ausência. É ainda nela que o verbo — a linguagem dos fenômenos — pode reverberar, toando-se e extinguindo-se em sua tonância (Heidegger,1988). Para a fenos menologia do pensamento do ser, é essa aberta o arquifenômeno, de cujo evento salta (*Ereignis*) para o seu todo outro fenômeno. O fenomenalizar-se do ente e do seu ser salta dessa fonte.

O ponto-de-salto chama-se *instante*. Aqui, o instante não deve ser entendido como o presente ou atualidade cronológica, mas como o momento oportuno, cairológico, do advento do ser. O instante se contém na prontidão da espera do inesperado. Retém o que já chegou e se contém diante do porvir. Na espera do inesperado, no piscar de olhos do instante, cintila o evento da clareira do ser. Dito de outro modo: nessa espera do inesperado percute e repercute seu toque como uma toada próxima e longínqua de um sino. Essa toada toa a partir do silêncio, no silêncio e para o silêncio. É como cintilar silencioso do raio e o ribombar do trovão, que ecoa, repercute e se esboroa no silêncio distante. A serenidade do pensamento do ser convive, assim, com o espanto de seu advento repentino, com o susto atônito diante do súbito verberar e reverberar da linguagem do ser, de sua palavra, que emerge do e imerge no silêncio abissal, acenando para o nada como quem fita uma caligem inominável (Harada, 2004).

> Assim, a fenomenologia, que possibilita toda demonstração de um fenômeno, não se mostra nem no aparecimento natural, nem no aparecimento científico do real. Acha-se, ao contrário, escondida e retraída. A acentuação deste retraimento revela que subtrair-se e esconder-se na fenomenologia não são fatos ocasionais nem mera coincidência, mas pertencem à vigência constitutiva e própria de todo fenômeno. E é justamente por isso que há de se trazer à luz e levar do e no aparecimento. O modo, em que a fenomenologia remete para a subtração e a retirada do real da realidade, pertence ao fenômeno, como fenômeno, por lhe constituir o sentido e constar da fenomenalidade de seu exercício. Isto quer dizer que a própria demonstração do real em sua realização se embasa no retraimento da realidade. O mistério de ser acontece neste retraimento, que nos faz sentir e experimentar não apenas o que se sabe e se conhece, mas também, e sobretudo, o que se dá fora das possibilidades de saber e conhecer. Pois o mistério é o que se vive e experimenta fora das possibilidades de viver e experimentar. O sentido, portanto, de todo mostrar-se de um real, de todo demonstrar-se de um sendo não é este ou aquele real, não este

ou aquele sendo, mas a própria realidade do real e o próprio ser do sendo, na retração de seus mistérios. (Leão, 2013, p. 40-41)

Ser só se dá como mistério, isto é, como retraimento. Sua doação nunca é direta, mas sempre oblíqua. Sendo o mais antigo, seu vigor, porém, é sempre inaugural, cheio de frescor matinal, pleno de juventude e de jovialidade. Seu advir é sempre repentino, inesperado. Sua doação é do nada, para nada, sem porquê, gratuita. Sua doação é principial, embora não condiga bem com o ser, tomado no sentido de nada e de diferença, chamá-lo de causa, de fundamento ou de razão. O ser não faz nada, ele simplesmente deixa ser tudo. Sua abertura principial permite o desdobramento de possibilidades de realização do real. Libera possibilidades. É a criatividade inesgotável da vida. Ser humano significa se responsabilizar por e responder a essa criatividade. É, a cada novo passo ou salto da própria história, libertar-se para a liberdade originária dessa criatividade inesgotável, insondável, abissal.

> Para Heidegger, a fenomenologia não pode não estar próxima à fonte primordial, sendo assim sempre e cada vez passagem do fenômeno para a fenomenologia e da fenomenologia para o fenômeno. Aqui, em primeiro plano não atua a consciência e sim a presença, entendida como dinâmica de presentificação de ser e não-ser a partir e enraizado no sendo. É que pertence a toda aparência uma ambiguidade inexorável de ser e não ser, que faz fenomenologia e fenômeno, método e campo temático pertencerem ao mesmo interesse, numa implicação cada vez mais radical e originária. O fenômeno se manifesta no descobrimento, como desencobrimento e encobrimento. Se fosse possível eliminar esta ambivalência, haveria de se eliminar o viver. Aqui, método não diz apenas a apreensão da coisa em sua essência, mas a experiência nova de criar novos relacionamentos de objeto, de vivência e de mundo, sem poder pretender esgotar a vida no seu insondável retraimento. A partir do e em confronto com todo sentido já constituído, a presença do homem se descobre em sua pura força de abertura, e este é o modo constitutivo da existência do homem, ou seja, da humanização do homem em tudo o que ele já é e está sendo. É neste confronto ainda mais primordial de pura abertura e criatividade que se constitui a história de sua verdade. (Leão, 2011, p. 16)

O pensar só pode ser o que é, só pode vigorar e viver no elemento da fenomenologia do fenômeno. Essa é a sua possibilidade possibilitadora. A fenomenologia do fenômeno ama o pensar. O pensar, por sua vez, ama a fenomenologia do fenômeno. À medida que esta desperta e favorece, benevolente, o pensar — e encontra nele a disponibilidade para a recepção —, ela o capacita, tornando-o um pensar essencial. Ela o provoca a assumir sua própria essência, interpela-o, chama-o. A fenomenologia do fenômeno ama o pensar, a ele se apega, possibilitando-o, ou seja, capacitando-o a ser propriamente o pensar que ele pode ser (Heidegger, 1967). Ser fenomenólogo é seguir o caminho aberto, a cada instante, por essa possibilidade. Ser fenomenólogo é deixar-se formar no interesse, na afeição e na obediência, isto é, na abertura da escuta a essa possibilidade.

Referências

HARADA, H. *Iniciação à filosofia: exercícios, ensaios e anotações de um principiante amador*. Teresópolis: Daimon, 2009.

______. "Heinrich Rombach, memória e gratidão". *Revista Scintilla*, v. 2, p. 67-96, 2004.

HEIDEGGER, M. *Zum Ereignis-Denken*. Obra completa v. 73.1. Frankfurt: Vittorio Klostermann, 2013.

______. *Ser e tempo*. Petrópolis: Vozes/Edusf, 2012.

______. *Marcas do caminho*. Petrópolis: Vozes, 2008.

______. *Os conceitos fundamentais da metafísica*. Rio de Janeiro: Forense, 2003.

______. *Ensaios e conferências*. Petrópolis: Vozes, 2001.

______. *Nietzsche. Obra completa*. v. 2. Frankfurt: Vittorio Klostermann, 1997.

______. *Prolegomena zur Geschichte des Zeitbegriffs* (Gesamtausgabe Band 20). Frankfurt: Vittorio Klostermann, 1994.

______. *Zur Sache des Denkens*. Tübingen: Max Niemeyer, 1988.

______. *Seminare* (GA 15). Frankfurt: Vittorio Klostermann, 1986.

______. *Sobre o humanismo*. Rio de Janeiro: Tempo Brasileiro, 1967.

______. "Einleitung. Die Idee der Phänomenologie und der Rückgang auf das Bewussta sein". *In*: HUSSERL, E. *Phänomenologische Psychologie* (Husserliana, Band IX). Haia: MarH tinus Nijhoff, 1962.

HUSSERL, E. *Ideen zu einer reinen Phänomenologie und phänomenologischen Philosophie: Allgemeine Einführung in die reine Phänomenologie*. 5. ed. Max Niemeyer, 1993.

______. *Logische Untersuchungen. Bd 1: Prolegomena zur reinen Logik*. 7. ed. Tübingen: Max Niemeyer, 1993.

______. *Phänomenologische Psychologie*. Husserliana, v. IX. Haia: Martinus Nijhoff, 1962.

______. *Cartesianische Meditationen und Pariser Vorträge*. Haia: Martinus Nijhoff, 1950.

LEÃO, E. C. "Apresentação". *In:* FERNANDES, M. A. *À clareira do ser: da fenomenologia da intencionalidade à abertura da existência*. Teresópolis: Daimon, 2011.

______. *Filosofia contemporânea*. Teresópolis: Daimon, 2013.

ROMBACH, H. *Phänomenologie des gegenwärtigen Bewusstseins*. Freiburg im Breisgau: Munique: Alber, 1980.

8 DESTINOS DA ESPIRITUALIDADE NA CLÍNICA PSICOLÓGICA: UM MODELO CONCEITUAL INSPIRADO NA FENOMENOLOGIA

MARTA HELENA DE FREITAS

O conhecimento, a coisa mais óbvia de todas no pensamento natural, surge inopinadamente como mistério.
— Edmund Husserl, 2000, p. 41

A frase em epígrafe, pronunciada pelo pai da fenomenologia na primeira de suas *Cinco lições (A ideia da fenomenologia)*, é bastante paradigmática para iniciar este capítulo. E isso não apenas por caracterizar uma grande virada em seu pensamento filosófico, mas também por marcar sua decisão firme de fazer do desespero oportunidade de lançar luz sobre si mesmo e sobre sua tarefa de elaborar uma crítica da razão lógica, da razão prática e da razão valorativa em geral. De fato, o peso existencial de tal decisão fica bem caracterizado nos escritos de sua agenda, registrados em 25 de dezembro de 1906, conforme nos informa Biemel (2000, p. 15): "Sem clarificar, em traços gerais, o sentido, a essência, os métodos, os pontos de vista capitais de uma crítica da razão; sem dela ter pensado, esboçado, estabelecido e demonstrado um projeto geral, não posso verdadeiramente e sinceramente viver".

Mobilizado pela profunda crise existencial vivida naquele momento, Edmund Husserl promove uma guinada fundamental da psicologia descritiva — ou fenomenologia empírica, voltada para a esfera das vivências — para a fenomenologia transcendental, dirigida à consciência constituinte e aos fenômenos. Mais detalhes sobre essa guinada serão apresentados na terceira parte deste capítulo.

A experiência desta autora, ao longo dos últimos anos, na realização ou na supervisão de entrevistas realizadas em profundidade com profissionais de saúde mental de diferentes abordagens, tem demonstrado que a epígrafe em pauta é bastante paradigmática do que ocorre com muitos/as psicoterapeutas quando, ao se depararem com certas experiências espirituais/religiosas dos pacientes, se veem inopinadamente lançados nos confins de seus conhecimentos sobre o funcionamento do psiquismo e suas relações com outras dimensões da experiência humana. Em tais circunstâncias, aquilo que antes lhes parecia óbvio — a distinção entre uma expressão de saúde mental e um sintoma psicopatológico — pode se transformar em um verdadeiro mistério. Isso ocorre porque não conseguem alcançar a plena objetividade, critério de julgamento preciso e confiável amplamente valorizado pela ciência natural.

Assim, não foram nem têm sido raras as situações em que, durante as entrevistas mencionadas, torna-se necessário acolher verdadeiros dilemas ou crises existenciais experimentadas por psicoterapeutas em sua tarefa de diagnosticar e/ou manejar clinicamente as experiências espirituais ou religiosas de seus pacientes. A questão torna-se ainda mais mobilizadora existencialmente quando essas experiências não apenas evidenciam as limitações do conhecimento baseado no pensamento natural, adquirido ao longo da formação em psicologia, mas também se entrelaçam com crenças, valores, preconceitos, conflitos, fé ou dilemas espirituais ou religiosos do profissional. Por mais que tenham aprendido racionalmente a "separar" crenças e convicções pessoais dos conhecimentos científicos que fundamentam a prática psicológica — os quais, a rigor, deveriam embasar suas avaliações e intervenções clínicas —, na prática cotidiana essa distinção nem sempre constitui tarefa simples ou passível de pleno controle racional.

Neste capítulo, portanto, pretende-se compartilhar reflexões decorrentes dessas experiências, além de apresentar um modelo conceitual que vem sendo desenvolvido por esta autora ao longo dos últimos anos, fundamentado no aporte fenomenológico. O objetivo desse esboço conceitual é sobretudo ampliar o leque de recursos epistemológicos, técnicos e éticos disponíveis aos psicoterapeutas, auxiliando-os a melhor compreender, interpretar e lidar com as escolhas religiosas e espirituais dos usuários dos diversos serviços clínicos e psicossociais em diferentes contextos: hospitais, Centros de Atenção Psicossocial (Caps), clínicas e consultórios particulares e outros serviços de saúde mental. Afinal, especialmente em tempos de pandemia e pós-pandemia de covid-19, quando os problemas de saúde mental se agravaram, a espiritualidade e a religiosidade passaram a exercer papel relevante — não apenas como recursos existenciais e culturalmente acessíveis para o enfrentamento da crise, mas também como um modo de existir no mundo que, muitas vezes, entra em choque com o discurso médico, científico e/ou psicologizante.

Mais do que nunca, portanto, torna-se fundamental buscar superar a carência de sistematização nos modos de lidar com a espiritualidade e a religiosidade, pautando-se em uma perspectiva psicológica bem fundamentada, onde se possa julgar adequadamente os seus respectivos papéis na saúde mental, seja como fatores de proteção, seja como fatores de risco. Embora a literatura científica de psicologia da religião contenha vasto material sobre a relação entre religiosidade, espiritualidade e saúde física e mental, ela é ainda pouquíssimo ou nada conhecida pelos profissionais de saúde mental e seus agentes formadores. Consequentemente, essa produção acadêmica não se traduziu em uma sistematização prática nem conquistou um lugar institucional nos diversos serviços de saúde do país. Como apontado por Freitas *et al.* (2016), são poucos os trabalhos e as iniciativas voltados para essa temática.

As reflexões compartilhadas neste capítulo buscam, à luz da fenomenologia, contribuir para essa sistematização. O objetivo é capacitar os psicoterapeutas para atuarem a partir de um conjunto coerente e integrado de estratégias a fim de acolher, interpretar e lidar com a religião, a religiosidade e a espiritualidade de seus pacientes e familiares, em consonância tanto com as políticas de humanização do Sistema Único de Saúde (SUS) quanto com as diretrizes de laicidade do país. Dessa forma, ao abordar conceitualmente as noções de religião, religiosidade e espiritualidade e suas inter-relações, procura-se integrar aspectos fenomenológicos e pragmáticos, oferecendo subsídios concretos para a compreensão psicológica da experiência vivida, percebida e descrita como espiritual e/ou religiosa e suas relações com a saúde física e mental, bem como para a atuação profissional de psicólogos em diferentes contextos clínicos.

A realidade brasileira e as preocupações do sistema conselhos

Em um país regido pelo princípio da laicidade, onde mais de 90% da população diz pertencer a alguma religião, as relações entre religiosidade e saúde mental, assim como os modos de lidar com esse binômio, merecem especial atenção dos profissionais da clínica psicológica. De fato, essa questão pode configurar um verdadeiro desafio, pois exige, por um lado, profundo respeito à diversidade religiosa, e, por outro, uma compreensão detalhada dos diferentes papéis que a religiosidade pode desempenhar na saúde mental, como fator propulsor, protetivo ou prejudicial ao bem-estar daqueles que buscam atendimento.

Por outro lado, a realidade contemporânea tem se caracterizado por profundas transformações, criando a cada dia novos desafios e contextos para a atuação profissional. A pandemia de covid-19, por exemplo, evidenciou a necessidade de construir uma rede de conhecimentos interdisciplinares, integrando saberes de diversas áreas para lidar com as complexas demandas surgidas nesse período.

A crise sanitária emergiu em meio a mudanças radicais que impactaram a ordem social e as experiências subjetivas e intersubjetivas das pessoas, revolucionando as diversas esferas da atividade humana, inclusive as de caráter científico e profissional. Por outro lado, assim como no passado — que, em retrospecto, parecia mais estável do que a atualidade —, crenças, valores e religiosidades continuam sendo âncoras existenciais, relacionais e sociais, servindo de referência tanto para adaptação, aceitação e promoção de mudanças quanto como base para reações ou resistência a essas transformações. Simultaneamente, observa-se o surgimento de novas formas de religiosidade e expressões de espiritualidade no contexto global e nacional. Muitas dessas manifestações tentam romper com as instituições religiosas tradicionais, enquanto outras procuram integrar princípios de diferentes tradições, ocidentais e orientais.

Com frequência, o reconhecimento da psicologia como ciência tem sido acompanhado da imediata associação, dedução ou suposição de que o psicólogo deve ser necessariamente agnóstico em todas as situações. Além disso, o fato de a psicologia, como ciência e profissão moderna, ser desvinculada da religião é muitas vezes interpretado como um indicativo de que ambas seriam necessariamente rivais, o que implica achar que estudantes de psicologia deveriam se manter distantes de assuntos relacionados a temas religiosos ou místicos.

Essas interpretações errôneas resultam na conclusão de que os aspectos religiosos na vida das pessoas não são relevantes para a formação e a prática do psicólogo, desconsiderando o potencial desses elementos como importantes subsídios para sua prática profissional (Freitas, 2018). Em alguns casos, esse receio se agrava, levando à preocupação de que o envolvimento com o tema possa confundir o profissional quanto ao seu papel, colocando-o em risco de exercer uma "psicologia religiosa", pautada por alguma igreja ou crença doutrinária específica.

Esse equívoco, no entanto, contrasta com uma tendência crescente observada na última década tanto no Brasil quanto no cenário internacional: o aumento significativo de publicações científicas sobre a religião, a religiosidade e a espiritualidade em periódicos da área de psicologia. Além disso, tem havido um movimento no Conselho Federal de Psicologia (CFP) e nos Conselhos Regionais de Psicologia (CRPs) para esclarecer e orientar os profissionais a respeito dessa temática, por meio da publicação de informativos, documentos e manifestos, entre outros instrumentos midiáticos.

Em 2012, o CFP publicou uma nota de esclarecimento à sociedade e aos psicólogos acerca da relação entre psicologia e religiosidade no exercício profissional. Essa publicação afirmou a inexistência de oposição entre psicologia e religião, tornando-se um marco importante para a retomada dessa discussão no campo psicológico brasileiro. No ano seguinte, a temática ganhou destaque no oitavo caderno de deliberações do CFP, intitulado *Psicologia, ética e cidadania: práticas profissionais a serviço da garantia de direitos*. Entre as moções aprovadas, a 15a manifestava "repúdio contra ações reducionistas que atentem contra a liberdade de crença e consciência" (CFP, 2013). A discussão da temática expandiu-se, tomando proporções nacionais, acolhidas e estimuladas pelos CRPs, possibilitando o aprofundamento das discussões com base em especificidades regionais.

Mais recentemente, em 6 de abril de 2023, o CFP publicou a Resolução n. 7, que estabelece normas para o exercício profissional em relação ao caráter laico da prática psicológica. Ao mesmo tempo que reconhece ser dever do psicólogo pautar seus serviços pelo "respeito à singularidade e diversidade de pensamentos, crenças e convicções dos indivíduos e grupos", a resolução estabelece que, ao exercer a sua profissão, ele deve "utilizar princípios, conhecimentos e técnicas reconhecidamente fundamentados na ciência psicológica, na ética e na legislação profissional", sendo-lhe vedado associar quaisquer "conceitos, métodos e técnicas da ciência psicológica a crenças religiosas" (CFP, 2023).

Em 2014, o CRP-07, do Rio Grande do Sul, abordou o tema na mesa de encerramento do II Seminário Regional de Psicologia e Direitos Humanos, intitulada "Pluralismo religioso e estado laico: implicações para as práticas clínicas", trazendo à tona a discussão sobre a laicidade e suas repercussões na prática da clínica psicológica. Ainda no mesmo ano, a sua revista *Entrelinhas* n. 68 dedicou-se ao tema, explorando suas implicações profissionais em uma entrevista realizada com quatro psicólogos, intitulada "Psicologia, religião e espiritualidade: como dialogar?"

Em 2015, o CRP-05, do Rio de Janeiro, estimulou o debate divulgando o tema em sua página e nas redes sociais em uma notícia intitulada "Psicologia, religião e laicidade: a psicologia como elemento de capacitação em cursos de formação religiosa". O foco central dessa publicação foi a preocupação ética e técnica com cursos que incorporam conhecimentos psicológicos fundamentados em princípios religiosos, reiterando a necessidade de manter a psicologia alinhada ao princípio da laicidade.

No mesmo ano, o CRP-08, do Paraná, destacou a interseção entre religiosidade e gênero, abordando o tema em publicações como "A relação entre psicologia, gênero e religião" e "Por que a psicologia deve discutir gênero, diversidade sexual e espiritualidade", divulgadas em sua página oficial.

No que tange ao CRP-01, do Distrito Federal, a preocupação em discutir a temática já fora apresentada muito previamente, desde 2005. Na edição n. 30 do seu *Jornal de Psicologia,* dedicou a capa ao assunto com a matéria "Fé religiosa na visão do psicólogo", que incluiu uma entrevista com Norberto Abreu e Silva Neto, psicólogo, professor e pesquisador da Universidade de Brasília. Nessa entrevista, o pesquisador compartilhou informações sobre os estudos sobre o tema que vinha orientando nos anos anteriores e fez uma distinção importante entre "psicologia religiosa" e "psicologia da religião". Em 2016, o CRP-01 publicou a nota "Orientando a profissão — Oferta de serviços e a experiência religiosa", referente ao 14o plenário. O documento reconheceu a importância da temática para a psicologia, mas enfatizou a necessidade de que dogmas e crenças pessoais do profissional não interfiram na prestação do serviço psicológico.

Além dessas iniciativas, em 2017, o CRP-01 instituiu a Comissão Especial de Psicologia e Religiosidade, com o objetivo de promover encontros e eventos voltados para profissionais e estudantes. A proposta era estimular o debate sobre o tema e fornecer subsídios importantes para a formação e a orientação dos atuais e futuros psicólogos. Posteriormente, essa comissão foi renomeada, trocando-se a palavra "religiosidade" por "laicidade".

Nos últimos anos, o CRP-06, de São Paulo, tem se destacado na produção e na divulgação de materiais sobre a relação entre psicologia, laicidade, espiritualidade e religiosidade. Em 2014, partindo das pesquisas de seu grupo de trabalho, publicou o livreto *Psicologia, laicidade, espiritualidade, religião e os saberes tradicionais: referências básicas para atuação profissional*. No ano seguinte, em 2015, abordou o tema na edição n. 185 de sua revista *Jornal Psi*, trazendo na página 25 um "Debate sobre a laicidade/religiosidade no âmbito da psicologia". Um ano depois, lançou a coleção "Psicologia, laicidade e as relações com a religião e a espiritualidade", composta de três volumes: *Laicidade, religião, direitos humanos e políticas públicas*, *Na fronteira da psicologia com os saberes tradicionais: prática e técnicas* e *Psicologia, espiritualidade e epistemologias não hegemônicas*. Juntos, esses volumes reúnem cerca de cem textos produzidos por profissionais e pesquisadores de diferentes universidades e regiões do país, constituindo uma contribuição significativa para estudantes e profissionais da área. Mais recentemente, o CRP-06 também publicou um caderno temático inteiramente dedicado à psicologia, à laicidade do Estado e ao enfrentamento da intolerância religiosa.

A grande atenção dada ao tema pelo Sistema Conselhos de Psicologia também se deve às denúncias recebidas acerca da atuação de psicoterapeutas em clínicas e consultórios particulares, especialmente no que diz respeito a posicionamentos e encaminhamentos que envolvem crenças e religiosidades específicas, tanto dos profissionais quanto de seus pacientes. Algumas dessas denúncias ganharam ampla repercussão na mídia, como nos casos das psicólogas Marisa Lobo e Rozangela Justino, ambas indiciadas pelo Conselho Federal de Psicologia sob a acusação de, por motivos religiosos, desrespeitarem a Resolução CFP n. 001/1999, que proíbe os psicólogos de conduzirem terapias com o objetivo de reverter a orientação sexual de seus pacientes.

Por outro lado, o modo como a mídia tem tratado esse tema (Freitas e Piasson, 2016) e sua repercussão na sociedade — mais particularmente, entre os próprios psicólogos — vem gerando dificuldades para que esses profissionais acolham genuinamente a religiosidade e a espiritualidade de seus pacientes. Conforme apontado por Neubern (2013), muitos psicólogos receiam que essa aceitação possa ser vista como uma espécie de traição à sua categoria profissional, às vertentes teóricas às quais estão vinculados, à sua formação ou à própria ciência psicológica.

Os desafios do tema da religiosidade para a prática clínica contemporânea

Há mais de uma década, esta autora se dedica a pesquisas sobre como os profissionais de saúde mental percebem e lidam com a religiosidade nos atendimentos clínicos em diversos contextos, como hospitais, Caps, serviços de saúde mental destinados a imigrantes, clínicas e consultórios particulares. Ao longo desse período, foram conduzidas ou supervisionadas entrevistas em profundidade com mais de 150 psicólogos clínicos de diversas abordagens.

Essas entrevistas têm fornecido um material riquíssimo, no qual os psicoterapeutas descrevem em detalhe: os diversos modos pelos quais os temas da religião, religiosidade e/ou da espiritualidade emergem no contexto terapêutico; suas percepções acerca do assunto e possíveis relações deste com a saúde mental; as estratégias que adotam para lidar com essas questões em seus atendimentos e o que consideram boas ou más práticas nesse processo; os critérios que utilizam para distinguir experiências religiosas/espirituais de sintomas psicopatológicos e como estabelecem conexões entre ambos; a maneira como vivenciam o tema da religiosidade em sua vida pessoal e profissional; se e como o tema foi abordado ao longo da sua formação; como desenvolveram formas de lidar com ele na clínica psicológica, e o que diriam acerca do assunto a um psicólogo recém-formado que pretende clinicar. Além desse extenso material empírico, foram coletados dados diretamente de brasileiros que vivenciaram experiências espirituais e religiosas durante a pandemia de covid-19, a fim de compreender como essas vivências os impactaram concreta e existencialmente, segundo as suas percepções.[1]

A trajetória de pesquisas empíricas descritas anteriormente tem sido acompanhada de um aprofundamento conceitual, teórico e epistemológico fundamentado na fenomenologia. O objetivo é contribuir para a melhor compreensão do papel da religiosidade no contexto pós-moderno dos cuidados de saúde mental, assim como do modo como o tema tem sido abordado na prática profissional. Essa reflexão se torna ainda mais relevante em um mundo no qual secularização e vitalidade religiosa coexistem e atravessam constantemente a prática clínica.

Por mais que o mundo contemporâneo se apresente como "secularizado", no âmbito da sociedade ocidental contemporânea nenhuma espécie de racionalidade instrumental foi capaz de desfazer completamente a presença de uma aura religiosa que também o constitui. Tal realidade se manifesta amplamente na experiência cotidiana de

1 Título da pesquisa: "Experiências religiosas de brasileiros durante a pandemia do covid-19". Período: 2022-2023. Financiamento: Universidade Católica de Brasília (UCB).

cada brasileiro e se mostrou especialmente evidente nas mídias sociais durante a pandemia. Em vez de eliminadas, a religião e a religiosidade são cada vez mais disseminadas, cultivadas e popularizadas, ainda que muitas vezes deslocadas das instituições religiosas tradicionais para espaços de natureza extraeclesiástica.

Nesse contexto, intensificam-se os desafios para a psicologia da religião e para os profissionais que atuam na rede de saúde física e mental. Em geral, a formação não prepara os profissionais para lidarem com a religiosidade de seus pacientes, pois se baseia predominantemente em modelos de racionalidade científica secularizados. Entretanto, na prática cotidiana dos diversos serviços de saúde e sobretudo no campo da saúde mental, essa questão se faz muito presente, caracterizando uma situação relacional desconfortável entre os profissionais e a religiosidade de seus pacientes, confrontando-os repetidamente com essa dimensão. As entrevistas realizadas até o momento ressaltam essa dificuldade ao revelar que muitos psicólogos convivem com dúvidas, inseguranças, angústias e sofrimentos ao tratarem do tema no contexto clínico. Portanto, torna-se essencial o desenvolvimento de modelos teóricos que auxiliem os profissionais da psicologia a encontrar formas mais saudáveis de lidar com as possíveis relações entre a religiosidade e a saúde mental de seus pacientes.

Porém, é um equívoco acreditar que cientistas, por definição, não têm religião ou não acreditam em Deus. Também é um mito supor que as variáveis da ciência determinam psicologicamente a posição de crer ou não crer em Deus ou outra dimensão transcendente. Em uma sociedade secularizada, é verdade que a religiosidade tende a ser cultivada de modo privado, especialmente no meio intelectual de cientistas, pesquisadores e profissionais liberais. No entanto, é também verdade que, nos serviços de saúde mental, espiritualidade e religiosidade estão fortemente presentes, mobilizando os profissionais e gerando questionamentos, dúvidas e dilemas éticos na formulação do psicodiagnóstico, do prognóstico e nos encaminhamentos terapêuticos e de inserção social dos pacientes (Freitas, 2020; Freitas, Espírito Santo e Silva, 2019; Ruas *et al.*, 2019).

Por outro lado, os novos modelos de atenção à saúde física e mental exigem que a assistência psicossocial e o acompanhamento terapêutico deixem de se centrar exclusivamente na figura do médico, passando a ser uma assistência interdisciplinar e ampliada. Esse modelo, conhecido como reabilitação social, baseia-se na definição de saúde estabelecida pela Organização Mundial de Saúde (OMS), que inclui aspectos não apenas psicossociais, mas também espirituais. Dessa nova perspectiva, no contexto das reformas sanitária e psiquiátrica, surgem no Brasil práticas regulamentadas pelo Ministério da Saúde, como as chamadas práticas integrativas e complementares, utilizadas tanto em internações hospitalares quanto nos Caps, no âmbito da saúde mental.

A transição para esses novos paradigmas traz incertezas e riscos, exigindo dos profissionais um compromisso contínuo com estudos, reflexões interdisciplinares, capacidade de autorreflexão e ressignificação constante das próprias práticas. Nesse cenário, a religiosidade dos pacientes é por certo um dos elementos que devem estar presentes, pois têm decorrências importantes na prática clínicas cotidiana.

Assim, por exemplo, consolidam-se as noções de "rede de atenção" e "território", fundamentais para os novos modelos de saúde mental. A rede de atenção compreende não apenas os serviços de saúde, mas também o ambiente social em que o paciente está inserido. O território, por sua vez, engloba os indivíduos que nele habitam — seus conflitos, interesses, vínculos familiares, vizinhança, instituições e espaços sociais (igreja, cultos, escola, locais de trabalho, bares, entre outros).

Imbuídos de tais noções, os profissionais de saúde mental não podem se alienar do fato de que, em um país com tanta tradição e diversidade religiosa como o Brasil, questões dessa natureza devem ser consideradas, com o devido cuidado, na constituição dessa rede e desse território. Assim, os Caps funcionam como dispositivos que devem se articular tanto com os demais serviços de saúde como com outras redes sociais — entre elas, comunidades e instituições religiosas — para lidar de modo competente e integrado com a complexidade das demandas das pessoas com transtornos mentais.

Porém, esse contexto é extremamente desafiador para os profissionais de saúde, sobretudo porque a sua formação se baseia em um modelo de racionalidade científica que frequentemente entra em conflito com o *modus operandi* da comunidade local, muitas vezes influenciado por sua religiosidade. Essa discrepância se evidencia na maneira como diferentes grupos interpretam os próprios transtornos de saúde mental e lidam com eles. Exemplos clássicos dessa situação são as chamadas "alucinações" ou "delírios místicos". Se no discurso psiquiátrico tais fenômenos são frequentemente interpretados como sintomas de psicose, no contexto religioso podem ser vistos como "possessões", "dons espirituais", efeitos de "bruxaria", "desdobramentos", manifestações "demoníacas" ou "mediúnicas", conforme a tradição religiosa.

Além disso, muitos temas que podem suscitar diferentes leituras, conforme a abordagem adotada — médica, psicológica ou religiosa —, são diuturnamente levados aos serviços de saúde mental pelos próprios pacientes e suas famílias. Questões como repressão, pecado, culpa, remorso, mágoa, ressentimento, arrependimento, perdão, morte, luto, desesperança ou esperança, sentido da vida, entre tantas outras, estão intimamente ligadas ao sofrimento psíquico e, portanto, ao estado de saúde mental dos indivíduos.

Assim, é fundamental analisar como os profissionais de saúde mental reagem às diferentes maneiras de compreender o "sintoma" apresentado em muitos quadros das chamadas "doenças mentais", as quais provocam sofrimentos psíquicos nos pacientes quanto em seus familiares. Um dos principais riscos nesse processo é o surgimento de uma "competição" entre os modelos de compreensão do sofrimento, dificultando a ação conjunta de dois elementos da rede — o sistema de saúde formal e as práticas religiosas presentes na comunidade — e prejudicando a busca de estratégias conjuntas para enfrentar as questões que afetam os pacientes.

Essa tensão se manifesta tanto nos atendimentos realizados nos Caps quanto nos acompanhamentos na própria comunidade, como visitas domiciliares ou atendimentos *online*, por exemplo. Diante desse desafio, surge a necessidade de repensar a relação entre saúde mental e religiosidade: seria possível que os profissionais da área reconhecessem as instituições religiosas como parceiras, valorizando também o papel protetivo que elas podem exercer na saúde mental dos indivíduos?

Nos contextos mencionados antes, predominam situações diretamente ligadas à saúde física e mental, no ambiente hospitalar e comunitário. No entanto, o fenômeno religioso também se faz significativamente presente na experiência clínica em consultórios particulares. Pesquisas realizadas com psicólogos clínicos (Cunha e Scorsoline-Comin, 2019b; Freitas *et al.*, 2019; Ruas *et al.*, 2019) mostram que elementos relacionados à espiritualidade e à religiosidade dos pacientes são trazidos com frequência ao *setting* psicoterapêutico. Esses elementos emergem das próprias concepções dos pacientes sobre o sagrado e o profano, conferindo menor ou maior sentido à sua existência.

Como já frisado, constata-se que poucos dos entrevistados tiveram a oportunidade de estudar esse tema durante a graduação. Ainda assim, a maioria reconheceu a relevância da religiosidade e/ou espiritualidade no processo terapêutico, ressaltando a necessidade de acolher essas questões no ambiente clínico. Além disso, indicaram que tais aspectos podem servir de recursos importantes de intervenção, como fator impeditivo ou facilitador do desenvolvimento de diversas condições. Diante disso, apontam a necessidade de revisar o currículo básico dos cursos de psicologia, incorporando estudos sobre a psicologia social da religião. Essa inclusão poderia contribuir para a validação da experiência religiosa nos contextos clínicos, evitando que o tema seja ignorado ou tratado com resistência, como costuma ocorrer ao longo da formação acadêmica e na prática de alguns psicoterapeutas.

Um dos principais pioneiros da psicologia da religião no Brasil, Geraldo José de Paiva, ao relembrar sua trajetória nesse campo, iniciada em 1984, reconheceu que "o crescente interesse pela saúde, pela política, pela laicidade do Estado, pela cultura popular tem aberto espaço para a religião e para a colaboração da psicologia" (Paiva, 2017, p. 16). De fato, todos esses aspectos se entrelaçam no fazer psicológico, em especial no contexto da saúde física e mental. Por outro lado, ao exercer sua profissão, ainda que seguindo as diretrizes estabelecidas, o psicólogo não deixa de ser pessoa.

Como também afirmou Paiva (2016, p. 141) ao escrever sobre laicidade, psicologia, religião e direitos humanos, a psicologia não transforma o psicólogo num ser à parte: ele continua com suas referências estéticas, religiosas, lúdicas, políticas e muitas outras, compartilhadas com diversos grupos sociais. Essas referências não são absorvidas pela especialidade na qual ele é formado, embora possa receber dela percepções, sensibilidades e disposições diferenciadas.

O autor ressalta que, na elaboração subjetiva e intersubjetiva da laicidade, da religião e dos direitos humanos, não cabe à psicologia, como ciência e profissão, determinar a opção pessoal ou o envolvimento social do psicólogo, e sim à sua história de vida, "que entrelaça características pessoais e influências grupais em determinada situação histórica de tempo e lugar" (Paiva, 2016, p. 141). Evidentemente, isso não significa que a atitude do psicólogo em relação a esses temas será indiferente ou descomprometida. Pelo contrário, sua formação científica e profissional pode e deve estimular e aprofundar o interesse pelo ser humano, pelo bem-estar da pessoa atendida, pelo acolhimento à diversidade e pela construção de vínculos sociais. Assim, a maneira como cada profissional articula esse conjunto — ciência, profissão e história de vida — influenciará sua posição diante das questões relacionadas à laicidade, à religião e aos direitos humanos.

Cientes dessa realidade, não faz sentido tentar transformar a psicologia em uma espécie de "camisa de força" para extirpar as crenças religiosas da personalidade dos psicólogos clínicos, tampouco esperar que eles adotem uma postura de total neutralidade ou transformá-los em pessoas capazes de fazer "cara de paisagem" sempre que temas como espiritualidade, religiosidade e religião surgirem no *setting* psicoterapêutico ou em outros contextos clínicos. A escuta atenta desses profissionais ao longo dos últimos dez anos, por meio das pesquisas citadas anteriormente, revela que esse é um dos principais dilemas enfrentados no exercício da profissão. Como lidar com essas situações? O que dizer ou não dizer? Como interpretar e acolher? Como conduzir e manejar a religiosidade quando ela emerge no atendimento psicológico? Como distinguir as experiências religiosas genuínas de possíveis sintomas psicopatológicos? Como legitimar e reconhecer a importância das experiências espirituais/religiosas do paciente sem deixar de considerar que, em certos casos, a fé pode ser utilizada de forma disfuncional, para reforçar a alienação, perpetuar a imaturidade emocional ou justificar a desresponsabilização? Como equilibrar esse acolhimento sem comprometer a saúde mental e o desenvolvimento do trabalho terapêutico?

Ao compartilhar tais dilemas, muitas vezes os psicoterapeutas se expressam por meio daquilo que aprenderam em suas abordagens teóricas de base. No entanto, mais de 90% deles afirmam que o tema da religiosidade não foi abordado ao longo da formação acadêmica ou foi tratado de maneira predominantemente "patologizante", como motivo de piada entre colegas e professores — ou, ainda, visto com grande desconfiança no ambiente acadêmico. Diante dessa conjuntura, as soluções encontradas costumavam ser e para muitos ainda são: o silenciamento dos seus dilemas diante do tema, a busca de abordagens que proporcionem maior segurança no acolhimento do tema ou o autodidatismo para aprofundar o assunto. Estudos mais recentes realizados com estudantes de psicologia apontam resultados semelhantes (Pereira e Holanda, 2019; Egg-Serra *et al.*, 2022).

Desse modo, o modelo teórico proposto aqui, fundamentado na experiência empírica anteriormente mencionada e nos estudos fundamentados na fenomenologia e na psicologia, apresenta implicações relevantes na atuação do psicólogo contemporâneo. Espera-se que tal modelo estimule o profissional a voltar seu olhar para o psicológico no religioso, em vez de se restringir à perspectiva do religioso no psíquico. Além disso, pretende evitar a tendência, frequentemente observada nos relatos sobre esse tema, de associar a espiritualidade a uma dimensão saudável e a religião a uma dimensão patológica (Freitas *et al.*, 2019; Ruas *et al.*, 2019).

Ao mesmo tempo, tal modelo pode auxiliar o psicólogo a avaliar, com o próprio paciente, em que medida sua resposta às demandas de sentido existencial está legitimamente enraizada em sua vivência religiosa ou se, na verdade, está apenas sendo "sufocada" ou "moldada" pela imposição de um sistema de crenças em que ele próprio não acredita ou não reconhece genuinamente como seu.

Por outro lado, o modelo aqui proposto tem o intuito de permitir ao psicoterapeuta uma qualificação mais aprofundada para a prática clínica, valorizando tanto a singularidade quanto a diversidade no movimento humano de procurar respostas para as demandas de sentido existencial, independentemente de estarem ou não ancoradas em um sistema coletivo de crenças compartilhadas. Ao reconhecer isso, o terapeuta poderá tentar explorar com o paciente até que ponto o seu sistema de crenças foi ou não abraçado à custa da inibição da sua capacidade reflexiva sobre si e/ou sobre o mundo em que se situa. Poderá, ainda, evitar que o exame dessa capacidade reflexiva se reduza apenas ao nível da racionalidade, preservando o espaço para a dimensão intuitiva e pré-reflexiva, para si e para os usuários dos seus serviços.

Um modelo conceitual inspirado na fenomenologia

Problematizando as visões dicotômicas: religião, religiosidade e espiritualidade

Em trabalhos anteriores (Freitas, 2017; Freitas *et al.*, 2022), analisamos como os termos "religião", "religiosidade" e "espiritualidade" foram empregados na psicologia da religião desde os seus primórdios — originalmente, esses conceitos guardavam muito mais complementaridades que diferenciações. Entretanto, com o avanço da modernidade e seus consequentes processos de secularização, laicização do Estado, globalização e individualização das formas de expressão espiritual-religiosa, cresceu a preocupação de diferenciá-los, principalmente no que se refere à díade espiritualidade e religião.

Atualmente, observa-se um discurso, tanto entre leigos como entre profissionais e pesquisadores da psicologia da religião (e/ou da espiritualidade), que tende a enfatizar os impactos negativos da religião e os impactos positivos da espiritualidade (Freitas, 2020). Como ressalta Maraldi (2022), tornou-se lugar-comum, sobretudo em meio a psicólogos e médicos, a seguinte afirmação: "Sou espiritual, mas não religioso". De fato, expressões semelhantes são registradas com frequência nas entrevistas realizadas com psicólogos e profissionais de saúde (Freitas *et al.*, 2017; Freitas, 2020). Essa valorização contemporânea da espiritualidade em detrimento da religião pode ser ilustrada pelo título de um dos livros do neurocientista Sam Harris: *Waking up: a guide to spirituality without religion* [Despertar: um guia de espiritualidade sem religião].

Embora essa dicotomia e polarização terminológica seja amplamente aceita, também tem gerado inúmeros impasses e, em consequência, críticas. Por outro lado, não faltam propostas para superá-la, ainda que essas abordagens não sejam convergentes. Algumas proposições teórico-conceituais "buscam adotar uma perspectiva de convergência parcial entre a dimensão religiosa e espiritual"; outras procuram "compreender a religião como um campo mais abrangente que a espiritualidade"; outras ainda tentam "diferenciar ambas a partir da intensidade e envolvimento emocional com que são vivenciadas", enquanto outras tentam manter absoluta "distinção entre ambas, tomando-as como opostas" (Freitas *et al.*, 2022, p. 5).

Do ponto de vista etimológico, o termo "espiritualidade" remete a certa fluidez, derivando do termo latino *spiritus*, originalmente associado à noção de "sopro de vida" (Carrette e King, 2004). Na contemporaneidade, alguns autores o relacionam ao propósito de vida (Freitas, 2020), e outra parcela defendem a ideia de que o conceito deve estar necessariamente vinculado à noção de sentido último, agregando ao conceito de espiritualidade a necessária referência ao transcendente (Ribeiro, 2007; Esperandio *et al.*, 2022).

A alternativa moderna de substituir o termo "religião" pelo termo "espiritualidade" para diferenciá-los, não resolveu o suposto problema criado pela própria modernidade. Afinal, ao mesmo tempo que o construto tem sido empregado em inúmeras publicações e pesquisas em contextos clínicos (Cunha e Scorsoline-Comin, 2019a), recebe críticas epistemológicas severas. Algumas apontam a instabilidade do termo, conceituado e reconceituado sucessivas vezes; outras mencionam sua excessiva generalidade ou polissemia; outras ainda alegam que seu caráter é muito vago (Carrette e

King, 2004), o que dificultaria uma abordagem puramente científica na psicologia. Por outro lado, há também quem aponte o seu caráter tautológico — quando caracterizado de modo muito semelhante à definição de saúde mental, bem-estar ou traços psicológicos/sociais positivos — em pesquisas que visam justamente averiguar as correlações entre espiritualidade e essas mesmas variáveis (Koenig, 2010).

Para esta autora, entretanto, o maior risco no trabalho clínico do psicólogo não está apenas nas ambiguidades conceituais, mas também no reducionismo imposto pela polarização excessiva entre os termos espiritualidade, religiosidade e religião. Além disso, a tentativa de definir espiritualidade de maneira muito "objetivista", com o intuito de reduzir sua fluidez ou ambiguidade para viabilizar pesquisas empíricas ou abordagens clínicas tecnicistas, pode levar ao empobrecimento da própria experiência. Essa abordagem retira da espiritualidade seu sentido original, vivido pelas pessoas no mundo concreto, subjetivo e intersubjetivo (Freitas, 2017; Silva e Goto, 2020).

Aliás, essa tensão pode ser vista como reflexo não apenas de questões científicas, mas também de um embate ideológico e político entre razão e sensibilidade, ou entre ciência e fé — a contradição típica em que acabou incorrendo, muitas vezes, a própria psicologia da religião ou da espiritualidade:

> [...] se, de um lado, a operacionalização dos conceitos favorece a validação e aplicação dos mesmos em pesquisas e ações que sejam reconhecidas na área da saúde, por outro lado, isso vem acompanhado dos riscos de grave alienação daquilo que mais se quer valorizar ao trazer os temas da religiosidade, espiritualidade e religião para esse campo. (Freitas *et al.*, 2022, p. 5)

Por outro lado, o termo "religião", derivado do latim *religio*, remete à relação do ser humano com o transcendente, embora seu sentido originário seja discutível do ponto de vista etimológico. Na versão romana de Cícero, o termo provém de *relegere*, significando "revolver no espírito, cuidar, tomar a sério, meditar" ou ainda "pudor e recolhimento, escrúpulo e delicadeza de consciência, cumprimento do dever para com coisas e pessoas, culto dos deuses" (Costa Freitas, 1992, p. 676). Já na versão cristã de Lactâncio e Tertuliano, *religio* deriva de *religare*, indicando uma atitude de piedade e devoção que une os homens a Deus, enfatizando a ideia de vínculo em uma espécie de religação entre o humano e o divino, entre a humanidade e o poder que a transcende (Azevedo, 2010).

Nesse horizonte semântico, surgiram inúmeras tentativas históricas de definir a religião, variando entre concepções mais funcionais ou substantivas, mas sempre mantendo a referência ao transcendente. Tais variações originam compreensões distintas: algumas enfatizam o culto ao transcendente na forma de leis, normas, dogmas, doutrinas e/ou regras morais, enquanto outras procuram experimentá-la como verdadeira resposta existencial às grandes questões de sentido da vida humana. Em uma leitura fenomenológica, o fenômeno religioso pode ser compreendido como um processo subjetivo/intersubjetivo que se desdobra em atitudes individuais, vínculos comunitários e estruturas institucionais. No entanto, a literatura contemporânea tende a se desdobrar em pelo menos duas linhas de entendimento: uma que atribui ao primeiro processo, de ordem mais subjetiva, o conceito de religiosidade (Valle, 1998) ou de religiosidade intrínseca e/ou não organizacional (Koenig, 2012), e outra que compreende a religião como fenômeno de caráter comunitário e institucional, reservando a ela o próprio termo "religião" (Valle, 1998) ou "religiosidade organizacional" (Koenig, 2012).

Apesar do esforço de muitos autores de psicologia da religião, desde os pioneiros, para estabelecer uma distinção clara entre os planos subjetivo e institucional do fenômeno religioso, a literatura psicológica e teológica ainda apresenta considerável confusão conceitual e epistemológica. Assim, prevalecem tendências dicotômicas no âmbito conceitual, em resultado da necessidade de "nomear", "distinguir" e "discriminar" as diversas formas de expressão da religião na experiência humana.

Em psicologia, uma das classificações mais conhecidas historicamente, que considera a dimensão substantiva ou pragmática da religião, foi proposta por Allport (1950): religiosidade intrínseca e extrínseca. O autor associou a religiosidade intrínseca a maior maturidade emocional e a religiosidade extrínseca a imaturidade da personalidade, motivo pelo qual foi alvo de inúmeras críticas. Já na atualidade, a abordagem cognitivista de Pargament (1997) criou outra classificação mais pragmática, mencionando um enfrentamento religioso positivo ou negativo. Ambas as classificações emergiram originalmente de uma abordagem qualitativa, descritiva, voltada para o entendimento das características dos efeitos psicológicos e sociais dos diferentes modos de expressão religiosa. Contudo, ao mesmo tempo, ambas geraram instrumentos de medida, mormente escalas, para pesquisas de cunho nomotético, como escala de religiosidade intrínseca e extrínseca (Allport e Ross, 1967) e escala de enfrentamento religioso (Pargament *et al.*, 2000). Conforme Freitas, Leal e Nwora (2022, p. 6),

> [...] a disponibilização de tais instrumentos e a propagação de seu emprego no campo da saúde teve um impacto propulsor, permitindo estabelecer correlações estatísticas entre as múltiplas expressões de religiosidade e muitas outras variáveis relacionadas à saúde, o que por sua vez também fez com que o tema ganhasse mais credibilidade no meio científico.

Por outro lado, o uso excessivo e indiscriminado desses instrumentos costuma ocorrer dissociado das fundamentações epistemológicas que lhes deram origem ou até mesmo das características socioculturais de países e regiões onde são aplicados. Isso leva, muitas vezes, a uma espécie de esvaziamento da noção de religião/espiritualidade, assim como de suas relações com a religiosidade (Silva e Goto, 2020). Os conceitos originalmente elaborados por Allport (1950) ou Pargament (1997), ao serem reduzidos para que se adequassem à elaboração de escalas, sofreram um significativo reducionismo, acompanhado de uma dicotomização artificial entre as diversas modalidades de expressão e do respectivo dinamismo da espiritualidade, da religiosidade e até mesmo da religião.

As vicissitudes desse processo são ilustradas em um estudo desenvolvido por Leal *et al.* (2022), que evidencia como a avaliação da crença no milagre, por meio da escala RCOPE e sua tradução para o Brasil, contribui para uma abordagem por demais reducionista do tema. Nesse contexto, a crença no milagre acaba sendo necessariamente associada à modalidade de *coping* religioso espiritual negativo.

Além disso, há uma implicação ética e epistemológica importante para se compreender a espiritualidade, a religiosidade ou a religião do ponto de vista psicológico, tanto no contexto da saúde em geral quanto na prática psicoterapêutica em particular. De fato, os desafios epistemológicos colocados para o estudo psicológico das relações entre esses conceitos passam também pela necessidade de

> [...] diferenciar uma abordagem teológica de uma abordagem psicológica, respeitando-se o diálogo entre ambas, e com a devida abertura para as contribuições de outras ciências, por exemplo, a medicina, e de modo a garantir uma aplicabilidade nesse campo numa perspectiva interdisciplinar. (Freitas *et al.*, 2022, p. 6)

Ou seja, como afirmamos anteriormente, será preciso reconhecer que não se pode reduzir o religioso ao psicológico. Ao mesmo tempo, não se pode atribuir à psicologia o estudo da realidade ontológica do transcendente, mas sim a investigação da vivência humana com o transcendente. Em outras palavras, "não cabe à psicologia afirmar nem negar a existência objetiva de Deus, Jeová ou outro termo com o qual se queira designar qualquer espécie de alteridade sagrada ou transcendente" (Freitas *et al.*, 2022, p. 6). Seu papel, ao contrário, deve ser o de compreender "como é vivida a experiência humana com a referida alteridade".

Inspirada na fenomenologia husserliana, cabe à psicologia voltar-se para o "mundo vital" (*Lebenswelt*), o qual não deve, em nome de um suposto conhecimento científico, ser reduzido a ponto de perdê-lo completamente de vista (Valle, 1998). Quanto à vivência religiosa, mesmo que se aplique a noção de redução metodológica do transcendente no estudo científico da religiosidade, conforme a proposta de Flournoy (1902), isso não significa "extirpar" da própria experiência aquilo que remete ao transcendente. Em vez disso, significa colocar essa experiência entre parênteses, permitindo uma abertura genuína à experiência do outro, sobretudo no contexto clínico, onde essa vivência pode ser profundamente distinta daquela do próprio terapeuta.

Essa postura implica uma exigência ética fundamental para os profissionais de saúde em geral e para os psicoterapeutas em particular: reconhecer e qualificar a experiência com o transcendente como um fenômeno constituído na consciência de quem a vive, sem, no entanto, atribuir-lhe uma validação ontológica. Isso significa suspender juízos sobre a existência objetiva da alteridade transcendente (Deus, no contexto ocidental), compreendendo que essa questão está além das possibilidades de um reconhecimento hermenêutico dentro do escopo psicológico.

Essa exigência, por sua vez, está em plena consonância com o princípio de laicidade, que não deve ser confundido com laicismo, assim como o conceito de Estado laico não remete a um país antirreligioso. Ou seja, não é em nome da laicidade que o psicoterapeuta poderá reduzir as experiências genuínas de seus pacientes a meras categorias médicas, psicológicas ou psicopatológicas previamente estabelecidas por um discurso classificatório supostamente científico. Afinal, há muito já foi derrubado o mito da neutralidade científica. Mas como realizar o princípio da exclusão metodológica do transcendente sem reduzir a experiência daquele que chega à clínica trazendo a sua experiência espiritual ou religiosa?

Certamente não se está defendendo aqui aquela forma cínica[2], apontada criticamente por Neubern (2012) ao tecer considerações sobre uma clínica *ethnopsy*. Essa forma cínica corresponde àquela em que, quando a paciente pergunta ao psicoterapeuta "Dr., o sr. acredita em mim? Eu vejo espíritos e muita gente diz que sou doida...", o psicoterapeuta responde algo mais ou menos assim: "Acredito no que a sra. acreditar, D. Eleuza, no que a sra. acreditar..." (Neubern, 2013, p. 145).

Aqui, propomos um modo mais autêntica de abordar a questão. Esta, por sua vez, não significa necessariamente dizer ao paciente que não acredita em mediunidade — ou acredita, porque também é espírita. Existem outras maneiras de legitimar a experiência do outro sem que seja apenas fazer "cara de paisagem", ou sem necessariamente trazer a experiência religiosa ou antirreligiosa do psicoterapeuta para o âmbito da sessão clínica. E, sobre isso, a fenomenologia tem muito para nos ensinar.

2 O adjetivo "cínico" é usado aqui por ter sido empregado por uma psicoterapeuta brasileira que atua em uma instituição de saúde mental em Londres, ao ser entrevistada no âmbito de uma das pesquisas já mencionadas. Ela usou o termo para explicar como maneja a religiosidade do paciente: "faz de conta" que também acredita naquilo. Argumentou agir assim para fortalecer o vínculo com ele e não se posicionar explicitamente contra seus valores e crenças.

O que pode nos ensinar a fenomenologia?

É oportuno retomar aqui o que foi exposto na introdução deste capítulo, especialmente em relação à epígrafe, para situar a guinada de Husserl, o pai da fenomeç nologia. Inicialmente, sua abordagem se concentrou na psicologia descritiva. Depois, adentrou a fenomenologia transcendental, voltando-se para a consciência constituinte e para os fenômenos.

Como esclarece Biemel (2000, p. 13-14), embora Husserl, em sua fenomenologia descritiva, tenha se voltado para a esfera das vivências — uma base que continua sendo relevante —, sua fenomenologia transcendental assume um caráter gnosiológico, ou seja, procura compreender a essência do conhecimento, desvinculando-se da referência empírica para se conectar à consciência constituinte:

> A fenomenologia transcendental é fenomenologia da consciência constituinte e, portanto, não lhe pertence sequer um único axioma objetivo (referente a objetos que não são consciência). [...]
>
> O interesse gnoseológico, transcendental não se dirige ao ser objetivo e ao estabelecimento de verdades para o ser objetivo, nem, por conseguinte, para a ciência objetiva. O elemento objetivo pertence justamente às ciências objetivas, e é afazer delas e exclusivamente delas apenas alcançar o que aqui falta em perfeição à ciência objetiva. O interesse transcendental, o interesse da fenomenologia transcendental, dirige-se antes para a consciência enquanto consciência, vai somente para os fenômenos, fenômenos em duplo sentido: 1) no sentido da aparência (*Erscheinung*), em que a objetividade aparece; 2) por outro lado, no sentido da objetividade (*Objektät*) tão só considerada enquanto justamente aparece nas aparências e, claro está, "transcendentalmente", na desconexão de todas as posições empíricas [...].
>
> Dilucidar estes nexos entre verdadeiro ser e conhecer e, deste modo, investigar em geral as correlações entre ato, significação e objeto, é a tarefa da fenomenologia transcendental (ou da filosofia transcendental). (Husserl *apud* Biemel, 2000, p. 34)

Foi com essa guinada que se consolidou a noção de consciência como intencionalidade, ou seja, o princípio de que toda consciência é sempre consciência de algo. Assim, ela não pode ser tomada como substância, mas sim como movimento intencional, uma atividade constituída com percepções, volição e imaginação, por meio das quais apreendemos algo. Nesse sentido, a consciência é transcendente, pois sempre se dirige para algo além de si mesma. No entanto, essa outra coisa — o objeto da consciência e para a consciência — só pode ser definida a partir desse movimento constituinte. Em outras palavras, todo objeto é objeto para algum sujeito, sendo a própria consciência, enquanto movimento intencional, responsável por atribuir-lhe sentido.

Isso, por sua vez, não significa negar a existência de um objeto independente da consciência que o apreende, mas implica reconhecer os limites do conhecimento — e, por conseguinte, da abertura ao mistério. Afinal, o conhecimento só é possível pela atividade da própria consciência, que é sempre intencional. Desse modo, o fenômeno percebido e o conhecimento que dele se enuncia surgem sempre no encontro entre a consciência, que se volta para um objeto, e um objeto, que se volta para a consciência, conforme ilustrado na Figura 1.

Figura 1. A noção de fenômeno em Husserl

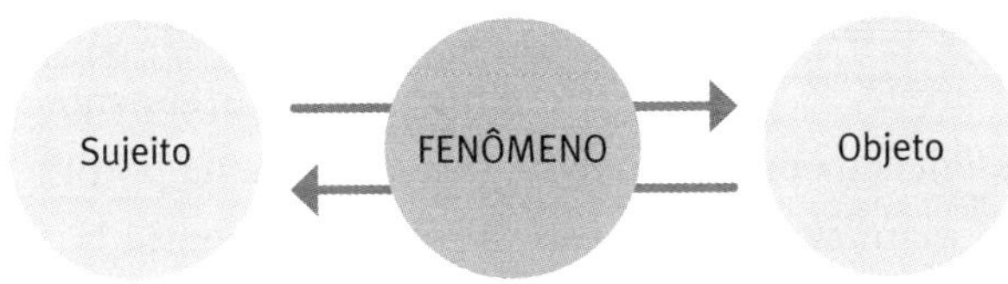

Se essa compreensão se aplica à apreensão dos objetos e das vivências em geral, também se estende às crenças e experiências espirituais ou religiosas do outro, assim como aos próprios objetos da crença religiosa. Um olhar psicoterapêutico inspirado na fenomenologia não estará à procura do objeto em si para atestar sua veracidade ou falsidade, mas sim do movimento constituinte da consciência enquanto intencionalidade e seus respectivos destinos.

Dessa maneira, reconhecerá no movimento intencional essa espécie de "busca de sentido", no movimento da própria consciência e no movimento da consciência do outro. Essa atitude se mostra de fato genuína, pois se mantém em contato com os mistérios de um fenômeno que se desvela continuamente, ao mesmo tempo que se oculta à consciência que o apreende e lhe atribui sentido. E, ao se mostrar genuína, tal postura não incorrerá em atitudes cínicas ou reducionistas nem tentará encapsular a qualquer custo a experiência do outro em teorias pré-moldadas por uma ciência objetivista.

Do ponto de vista ético e fenomenológico, a própria psicologia da religião ou da espiritualidade deve ser capaz de contemplar a experiência humana em toda a sua riqueza e variedade — subjetiva, intersubjetiva, social ou cultural. E isso não se aplica apenas aos que se identificam como religiosos, mas também àqueles que descrevem suas vivências como espirituais, ainda que não religiosas. Muitas dessas pessoas admitem estar em busca de respostas que satisfaçam sua sede de sentido existencial, embora não encontrem essa realização por meio da fé na dimensão transcendente. Para alguns, a sede se sacia por meio da arte; para outros, pelo contato com a natureza, pelo trabalho, pela filosofia ou até pela própria ciência, que, para esses indivíduos, pode assumir um caráter de "sagrado". Legitimar essas experiências implica definir a espiritualidade de um modo que deixe "em suspenso" a origem do "sopro" que impulsiona essa busca de sentido. Isso se aplica também à experiência de muitos profissionais de saúde, como médicos e psicólogos que atuam em hospitais. No entanto, não se aplica a todos, como muitos acreditam (Freitas, 2020).

Diante do exposto, parece conveniente adotar, objetivando uma comunicação genuína na clínica, uma concepção de espiritualidade que não se pronuncie sobre a realidade ontológica anterior e fundante dessa mesma intenção de procura de sentido existencial. Em outras palavras, exige uma definição de espiritualidade que, sem negar nem afirmar sua origem divina, legitime a vivência da busca do sentido da vida, que também movimenta o mundo dessas pessoas, ainda que não encontre sua resposta na crença em Deus ou em outra dimensão culturalmente equivalente. Para essas pessoas, a essência da espiritualidade se concretiza na própria atitude da busca de sentido, não propriamente na natureza da resposta encontrada por meio da crença no transcendente. Para muitas delas, as respostas serão encontradas no contato com a natureza, na arte, na filosofia, na prática da profissão ou na própria ciência. Ou pelo menos é assim que elas se definem.

Essa definição de espiritualidade, ao pressupor a vivência de um eu ativo, desperto, capaz de buscar sentido naquilo que vai além dele mesmo, está em perfeita consonância com o que propõe Edith Stein, uma das mais fiéis discípulas de Husserl. Em suas palavras (2005, p. 252), "o dirigir-se para algo [...] a *intentio* [...] indica um novo gênero de vivências, de unidades, que se constituem na corrente: a classe das 'apreensões ou atos'. Com eles, começa a vida espiritual". Ela se aplica a todos os seres humanos, independentemente do objeto para o qual dirigem a consciência na busca do sentido existencial: se para Deus, Jeová, Buda, natureza, filosofia, ciência ou pessoas específicas.

Uma definição assim aberta evita o risco de ouvir de alguém a afirmação: "Não me sinto contemplado em sua definição de espiritualidade", como costuma ocorrer em eventos nos quais a definição de espiritualidade é apresentada de modo necessariamente vinculado a uma concepção religiosa. Por outro lado, ela também não se pronuncia de modo objetivista sobre o mistério da existência, mas reconhece e legitima o movimento humano em direção a ele, na contínua busca de sentido.

Proposição de um novo modelo conceitual

Em conformidade com o exposto no subitem anterior, há de se adotar um modelo conceitual que, ao definir espiritualidade, religiosidade e religião, favoreça uma leitura simultaneamente diferenciada, integradora e qualificadora desses três fenômenos e de suas manifestações na experiência humana, em especial no campo da clínica, seja a dos pacientes, seja a dos psicoterapeutas. A construção desse modelo vem sendo desenvolvida pela autora e por seus colaboradores (Freitas, 2017; Freitas e Vilela, 2017; Freitas, 2020; Freitas *et al.*, 2022).

Nele, a espiritualidade é retomada no sentido husserliano, remetendo a uma demanda existencial de sentido, mas se dirigindo "exclusivamente aos seres humanos como pessoas, à sua vida e atividade pessoal, como também correlativamente aos resultados concretos dessa atividade". Como afirma Husserl (1965, p. 1): "Aqui a palavra 'viver' não deve ser tomada em um sentido fisiológico, mas sim significando vida com propósito, manifestando criatividade espiritual — no sentido mais amplo, criando cultura dentro da continuidade histórica".

Assim, o modelo situa a espiritualidade no polo originário das grandes perguntas sobre a vida e a existência, que frequentemente são formuladas não apenas pelo homem comum, mas também pelo religioso, pelo filósofo e pelo cientista: "De onde viemos?" "Onde estamos e o que fazemos aqui?" "Para onde vamos?" Embora essas questões acompanhem a existência humana ao longo da história, elas se tornam contundentes em momentos de crise e grande sofrimento, como perdas emocionais significativas, crises de identidade, enfrentamento de doenças graves, diagnósticos sombrios e a consciência dos limites e da finitude da vida — justamente as situações nas quais o psicólogo clínico é chamado a atuar.

Compreender efetivamente a espiritualidade e seus destinos demanda, portanto, compreender sua impulsão às figuras que a realizam. Ora, a crença em uma dimensão transcendente, sagrada, criadora, infinita, última ou além do humano tem sido constituída em forma de resposta que acompanha a humanidade, histórica e geograficamente, em todas as culturas de que se tem conhecimento. A esse modo de responder à demanda de sentido, no modelo aqui proposto, dá-se o nome de religiosidade, a qual pode ser vivida individualmente ou compartilhada coletivamente, como ocorre na religião. Naturalmente, as respostas às grandes perguntas existenciais não se limitam à adesão religiosa. Elas podem ser encontradas em outras experiências humanas, como vimos. Entretanto, para uma parcela significativa da população — sobretudo no contexto brasileiro —, elas se configuram também na adesão religiosa. Assim,

> diante das condições adversas, limitadoras e incompreensíveis, capazes de ameaçar o sentido existencial, essas pessoas, mobilizadas pela busca de sentido para o que vivenciam, vão buscar respostas às suas inquietações numa dimensão que as ultrapassa, alimentada pela crença em um ser, força ou energia superior, capaz de lhes responder e trazer consolo, conforto, serenidade, resiliência e/ou esperança. (Freitas *et al.*, 2022)

Desse modo, o termo "religiosidade" é empregado em referência às disposições humanas que levam a pessoa a experimentar fenômenos religiosos como respostas ao movimento de busca de sentido. Embora essa definição possa, à primeira vista, parecer tautológica, ela tem o mérito de legitimar a experiência religiosa ao remetê-la ao sentido original do termo alemão *Erlebnis*, conforme aponta Valle (1998). Em outras palavras, na religiosidade — entendida como uma forma subjetiva e intersubjetiva de elaboração na busca de sentido — a consciência "elege" ou "encontra" um ser transcendente, fenômeno a que ela pode dar o nome Deus, Buda, Divino, Sagrado, Criação, Lei Maior, Fonte de Sentido Último. Como tal, a religiosidade, sustentada pela fé, é vivenciada no âmago de si mesmo — ainda que sem excluir o que está fora — e dotada de profunda imediaticidade em termos de sentimento, mesmo que possa vir acompanhada de intensa elaboração do pensamento. É, ainda, portadora de um sentido e de um valor evidentes em si mesmos para a pessoa que a experimenta.

Já o termo "religião", embora esteja geralmente associado, na contemporaneidade, ao aspecto institucional — caracterizando uma dimensão mais estática, ancorada na tradição, no dogma e na doutrina, bem como em concepções morais e normativas —, não precisa ser necessariamente colocado em oposição à espiritualidade. Afinal, a religião emerge como um dos destinos possíveis para atender à sede humana de sentido. Além disso, também é um dos destinos possíveis da espiritualidade e da religiosidade e, de um modo ou de outro, se fez presente em todas as culturas conhecidas.

Assim, em um contexto de compreensão fenomenológica, em vez de meramente colocar os três termos — espiritualidade, religiosidade e religião — em oposição entre si, pode-se compreendê-los como uma linha de continuidade. Nessa visão, a espiritualidade alimenta a religiosidade e a religião, sendo esta compreendida como um sistema de crenças e respostas de sentido compartilhadas. Ao longo da história, as respostas se consolidaram na forma de doutrinas e instituições, adquirindo características específicas conforme as mais diversas culturas.

No modelo aqui proposto, o termo "religião" designa os contextos em que as maneiras de encontrar respostas às inquietações existenciais por meio da religiosidade são compartilhadas coletivamente. Isso pode ocorrer por meio de instituições ou de um corpo social hierarquizado, ou, ainda, caracterizando a identidade cultural de um povo, como ocorre com certas tradições indígenas. Para os religiosos, as vivências da religiosidade e da religião constituem experiências que viabilizam a conexão impulsionadas pela necessidade de sentido, ou seja, pela espiritualidade.

Além das respostas oferecidas por dogmas institucionais, doutrinas sistematizadas em modalidades específicas de crenças e diretrizes valorativas, normativas e comportamentais, ou pelas lideranças que as representam, também desempenham papel fundamental o sentimento de pertencimento, o acolhimento e o apoio proporcionado pela própria rede de adeptos da referida doutrina. Esses elementos oferecem uma estrutura psicológica capaz de dar contorno e contenção à demanda de sentido, aplacando angústias, ansiedades, o desamparo e o desespero desencadeados por fatos inesperados e limitadores, como os diagnósticos médicos graves recebidos sobretudo nos ambientes hospitalares.

Vale destacar que, antes da pandemia de covid-19, essas situações eram mais frequentemente observadas nos hospitais. No entanto, durante a pandemia e depois dela, os consultórios clínicos de psicoterapeutas, mesmo que operando virtualmente, por meio de atendimentos *online*, passaram a receber um número crescente de pacientes em busca de sentido para a vida e para a morte.

Para ilustrar a abordagem fenomenológica, elaboramos a Figura 2, adaptada e ampliada de proposições anteriores (Freitas, 2017; Freitas e Vilela, 2017; Freitas, 2020). Ela procura representar o lugar ocupado pela religiosidade e suas inter-relações com a espiritualidade e a religião.

Figura 2. Espiritualidade, religiosidade e religião: modelo conceitual inspirado na fenomenologia.

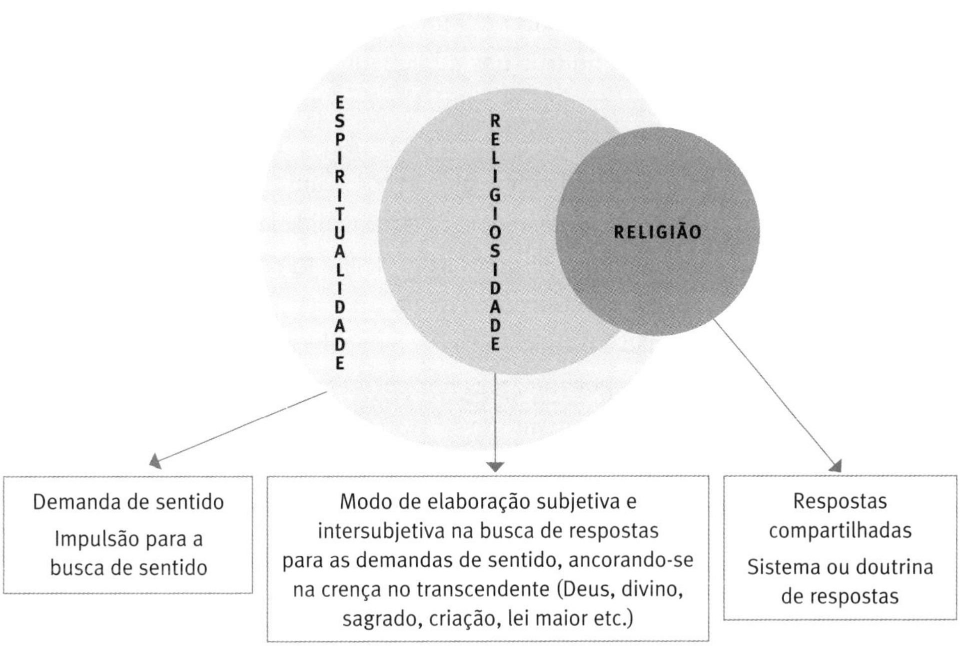

Essa representação conceitual destaca a interconexão entre espiritualidade, religiosidade e religião por meio de três círculos concêntricos. O círculo mais amplo simboliza a espiritualidade, caracterizada por fluidez e movimento intencional. É dessa dimensão que emerge a religiosidade, representada pela segunda circunferência, que se forma quando o indivíduo direciona sua busca de sentido à fé em Deus ou a outras formas de conceber o transcendente. O terceiro círculo, correspondente à religião, também brota das duas dimensões anteriores, mas não se limita a elas. Essa diferenciação ilustra como a religião se enraíza no movimento intencional da consciência, configurando-se como um processo psicológico e subjetivo, ao mesmo tempo que se insere em um contexto social, político e econômico mais amplo.

Ao longo da história, a partilha coletiva das respostas às demandas de sentido tem sido um dos principais fatores que impulsionam a formação das religiões como sistemas organizados de crenças. Em conexão com valores socioculturais, ideologias, disputas de poder e interesses políticos e econômicos, muitas vezes se cristalizou na forma de dogmas e doutrinas impostas como verdades absolutas, entrando em tensão com a fluidez da espiritualidade como movimento existencial autônomo.

No âmbito da psicoterapia, essa relação complexa exige do profissional um olhar ético e cuidadoso. Como apontado por psicólogos hospitalares em entrevistas (ainda que raramente), os impactos da religião na saúde mental não são intrinsecamente positivos ou negativos, mas dependem fundamentalmente do modo como o profissional lida com essa dimensão na clínica. Assim, a maneira de abordar a religiosidade do paciente não deve ser determinada por julgamentos prévios, mas sim conduzida com competência técnica, sensibilidade cultural e respeito à experiência singular de cada indivíduo.

Por outro lado, também se pode ver a religião como uma forma de dar "contorno" ao movimento fluido, dinâmico e intencional da espiritualidade. Para ilustrar essa ideia, recorremos à metáfora usada por Adilson Martins de Sousa em entrevista concedida a Milton Jung no programa Mundo Corporativo, da CBN: ele comparou a espiritualidade à água, enquanto a religião é o copo que a contém e lhe dá forma.

Essa imagem é bastante oportuna, pois nos permite refletir sobre as diversas possibilidades de destino da água, enquanto movimento e força, que vai tomando forma e intensidade de correnteza de acordo com as condições da natureza, do ambiente ou do suporte que a contém, o mesmo ocorrendo com as relações entre a espiritualidade e a religião. Um exemplo emblemático dessa dinâmica aparece no relato espontâneo de uma psicoterapeuta de abordagem gestáltica, registrado ao longo de uma entrevista sobre espiritualidade e psicoterapia:

> "A espiritualidade é fluida, ela não tem forma. Ela escoa... [...] a religião pode oferecer o "bordo". E complementa: "uma das coisas básicas, no primeiro contato que eu tenho com o meu cliente, é saber no que ele acredita. E como realidade é sempre realidade para uma

existência, aquilo em que ele acredita define o bordo, define as fronteiras do eu, né? (*apud* Campos, 2019, p. 115)

Conforme a perspectiva aqui proposta, não se justifica que o psicólogo associe *a priori* a espiritualidade a algo positivo para a saúde mental, enquanto a religião seria vista como algo necessariamente negativo. No processo psicoterápico, o essencial é legitimar a experiência da pessoa sob seus cuidados, compreendendo como ela conduz sua busca de sentido, as implicações psicológicas desse processo e os destinos dados ao movimento intencional da consciência.

A religião, por vezes, pode adquirir um caráter autoritário, impositivo e impeditivo, dificultando a fluidez da espiritualidade em conformidade com a autonomia psíquica e existencial. No entanto, ela também pode oferecer continência para o fluxo que impulsiona o sujeito na busca de sentido, fornecendo legitimação, significação, esperança, suporte, consolo e conforto. Assim sendo, a metáfora do copo é bastante rica e oportuna. Isso porque, ao mesmo tempo que o copo permite a cada um beber a água e saciar a sede, não se pode impor a outro sedento o próprio copo.

Tomando tal metáfora em sentido literal, a pandemia ensinou importantes lições a respeito. Em sentido conotativo, figurado, revelou também quanto o copo-religião oferece contorno para as desesperadas ou esperançosas demandas de sentido existencial. Ainda assim, ao psicoterapeuta jamais caberia oferecer o próprio copo àqueles que o procuram. Em vez disso, cabe a ele mediar o processo de subjetivação daqueles sob seus cuidados. Nessa mediação, o psicoterapeuta deve compreender que, se o seu copo é muito adequado para conter sua água, pode não ser suficiente para conter a água que jorra na subjetividade do outro. Assim, cabe a ele agir como agente catalisador, ajudando o outro encontrar o próprio bordo, prevenindo possíveis inundações destrutivas da vida mental, como quando a espiritualidade é conduzida de modo a prejudicar a autonomia psíquica e existencial.

O modelo aqui proposto busca favorecer uma leitura diferenciadora, integradora e qualificadora da espiritualidade, da religiosidade e da religião, considerando suas manifestações na experiência humana. O modelo ainda está sendo aperfeiçoado e sua fundamentação epistemológica pretende ser ainda mais aprofundada, mas ele já se mostra suficientemente aberto para abrigar tanto a experiência daqueles que se consideram espiritualizados, mas não religiosos, como a daqueles que cultivam uma religiosidade privada, não necessariamente aderindo a uma religião específica e institucionalizada. Ou seja, na experiência de atendimento clínico, ao lidar com essas três dimensões da expressão humana, deve-se levar em conta que, assim como a espiritualidade pode se movimentar em direção a outras respostas que não a religiosidade, também a religiosidade pode ser vivida no âmbito subjetivo, sem necessariamente se ancorar ou se agregar a sistemas dogmáticos ou doutrinários compartilhados institucionalmente. Por outro lado, embora a religião possibilite o compartilhamento da religiosidade, assegurando um bordo à experiência subjetiva e intersubjetiva derivada do movimento da espiritualidade, ela também pode, mas não necessariamente, assumir tendências autoritárias e cristalizadas em posições dogmáticas, reforçadas por valores, ideologias e interesses culturais e econômicos, os quais atuam como limitadores e opressores da expressão genuína da espiritualidade.

Considerações finais

A título de conclusão, importa dizer que, embora o modelo aqui proposto ainda esteja em construção e suas bases epistemológicas possam e devam ser explicitadas e aperfeiçoadas com mais profundidade, acreditamos que as concepções aqui compartilhadas possam contribuir para a reflexão, a formação e a atuação de psicoterapeutas, contribuindo para uma "oxigenação" de sua prática clínica cotidiana.

É desejo desta autora continuar aprofundando os estudos teóricos acerca do referido modelo, em diálogo com outros pesquisadores da fenomenologia, da psicologia da religião e da espiritualidade. Entretanto, o aspecto central dessa proposta é que sua consolidação ocorra sempre em fina sintonia com o que se tem podido aprender e apreender com as percepções e experiências compartilhadas pelos profissionais entrevistados. Esse desejo vem acompanhado da intenção de fornecer mais ilustrações acerca da aplicabilidade do modelo, sempre tomando como parâmetro as diversas experiências genuinamente expressas por psicólogos clínicos entrevistados ao longo dos últimos anos. Contudo, considerando os limites de um capítulo de livro, essa tarefa se projeta para um futuro, espera-se, não muito distante.

Referências

Allport, G. W. *The individual and his religion: a psychological interpretation*. Nova York: Collier-Macmillan, 1950.

Allport, G. W.; Ross, J. M. "Personal religious orientation and prejudice". *Journal of Personality and Social Psychology*, v. 5, n. 4, p. 432-443, 1967.

Azevedo, C. A. "A procura do conceito de religião: entre o *relegere* e o *religare*". *Religare:* revista do Programa de Pós-Graduação em Ciências das Religiões da Universidade Federal da Paraíba, João Pessoa, v. 7, n. 1, p. 90-96, 2010. Disponível em: https://periodicos.ufpb.br/ojs/index.php/religare/article/view/9773. Acesso em 25 jun. 2025.

Biemel, W. "Introdução do editor alemão". *In:* Husserl, E. *A ideia da fenomenologia*. Lisboa: Edições 70, 2000. p. 11-15.

Campos, A. *Deus na cadeira vazia: psicoterapia e espiritualidade nas percepções de Gestalt-terapeutas*. Tese (doutorado em Psicologia) — Universidade de Brasília, Brasília, 2019. Disponível em: https://repositorio.unb.br/bitstream/10482/37138/1/2019_AlineFerreiraCampos.pdf. Acesso em: 25 jun. 2025.

Carrette, J.; King, R. *Selling spirituality: the silent takeover of religion*. Londres : Nova York: Routledge, 2004.

Conselho Federal de Psicologia. "Resolução 01/99: Psicologia e práticas homossexuais". CFP, Brasília, 1999. Disponível em: https://site.cfp.org.br/resolucao-01-99/historico. Acesso em: 25 jun. 2025.

______. "Nota pública do CFP de esclarecimento à sociedade e às(o) psicólogas(o) sobre psicologia e religiosidade no exercício profissional". CFP, Brasília, 28 fev. 2012. Disponível em: http://site.cfp.org.br/nota-pblica-do-cfp-de-esclarecimento-sociedade-e-so-psiclogaso-sobre-psicologia-e-religiosidade-no-exerccio-profissional. Acesso em: 25 jun. 2025.

______. "VIII CNP: Psicologia, ética e cidadania: práticas profissionais a serviço da garantia de direitos". CFP, Brasília, 2 jun. 2013. Disponível em: http://site.cfp.org.br/wp-content/uploads/2013/08/MinutaCadernodelibera%C3%A7oes14.08.pdf. Acesso em: 25 jun. 2025.

______. "Resolução n. 7, de 6 de abril de 2023". CFP, Brasília, 6 abr. 2023. Disponível em: https://atosoficiais.com.br/cfp/resolucao-do-exercicio-profissional-n-7-2023-estabelece-normas-para-o-exercicio-profissional-em-relacao-ao-carater-laico-da-pratica-psicologica?origin=instituicao. Acesso em: 3 fev. 2024.

______. "Psicologia, religião e espiritualidade: como dialogar?" *Entre Linhas*, CRP-SP, São Paulo, 2014. Disponível em: http://www.crpsp.org.br/diverpsi/arquivos/psicologia-religiao-entre-linhas-68.pdf. Acesso em: 25 jun. 2025.

______. "Psicologia, religião e laicidade: a psicologia como elemento de capacitação em cursos de formação religiosa". CRP-RJ, Rio de Janeiro, 2015.

______. "A relação entre psicologia, gênero e religião". CRP-PR, Curitiba, 2015a.

______. "Por que a psicologia deve discutir gênero, diversidade sexual e espiritualidade". CRP-PR, Curitiba, 2015b.

______. "Orientando a profissão — Oferta de serviços e a experiência religiosa". CRP-DF, Brasília, 2016. Disponível em: https://www.crp-01.org.br/page_3863/Orientando a profissão — Oferta de serviços e a experiência religiosa. Acesso em: 25 jun. 2025.

______. "Psicologia, laicidade, espiritualidade, religião e os saberes tradicionais: referências básicas para atuação profissional". CRP-SP, São Paulo, 2014. Disponível em: https://www.crpsp.org/uploads/impresso/105/c8x6mwGFGV8MnTx5OrhRAkG_UxMmQzwY.pdf. Acesso em: 25 jun. 2025.

______. "Debate sobre a laicidade/religiosidade no âmbito da psicologia". CRP-SP, São Paulo, 2015.

______. "Laicidade, religião, diretos humanos e políticas públicas". CRP-SP, São Paulo, 2016. Coleção Psicologia, laicidade e as relações com a religião e a espiritualidade, v. 1, 2 e 3. Disponíveis em: http://www.crpsp.org.br/diverpsi/arquivos/ColecaoDiverpsi_Vol1.pdf; http://www.crpsp.org.br/diverpsi/arquivos/ColecaoDiverpsi_Vol2.pdf; https://www.crpsp.org/uploads/impresso/106/o6owj_x1fCiNMXXct4t4YpA8x1VoNxdf.pdf. Acesso em: 26 ago. 2023.

______. "Cadernos temáticos CRP-SP: psicologia, laicidade do Estado e o enfrentamento à intolerância religiosa". Conselho Regional de Psicologia-*SP*. São Paulo, 2019. Disponível em: https://crpsp.org/uploads/impresso/2483/KmegrIzR8NISAsBc16R17azH2_-4XaTI.pdf. Acesso em: 25 jun. 2025.

Costa, F. M. "Religião". *In:* Cabral, R. *et al.* (orgs.). *Logos: enciclopédia luso-brasileira de filosofia*. Lisboa: Verbo, 1992. 5 vols.

Egg-Serra, A. P. *et al.* "'Silêncio que fala': espiritualidade e religiosidade nos currículos de psicologia em universidades públicas brasileiras". *In:* Holanda, A. F. (org.). *Espiritualidade, religiosidade, psicologia e saúde: diálogos e pesquisas*. Porto Alegre: Fi, 2022. p. 15-45.

Esperandio, M. R. G. *et al.* "Espiritualidade, religiosidade e religião: conceitos e implicações para a pesquisa e práticas de cuidado". *In:* Esperandio, M. R. G.; Caldeira, S. (orgs.). *Espiritualidade e saúde: fundamentos e práticas em perspectiva luso-brasileira*. Porto Alegre: PUCPress, 2022, p. 47-61. v. 1.

Flournoy, T. "Les principes de la psychologie religieuse". *Archives de Psychologie*, v. 2, n. 5, p. 33-57, 1902.

Freitas, M. H. de. "Psicologia religiosa, psicologia da religião/espiritualidade ou psicologia e religião/espiritualidade?" *Revista Pistis & Praxis*, v. 9, n. 1, p. 89-107, 2017. Disponível em: https://doi.org/10.7213/2175-1838.09.001.DS04.

______."Relevância do estudo da religião para o estudante de psicologia". *In:* Antúnez, A. E.; Safra, G. (orgs.). *Psicologia clínica: da graduação à pós-graduação.* São Paulo: Atheneu, 2018. p. 273-280.

______. "Religiosity, spirituality and wellbeing in the perception of Brazilian health and mental health professionals". *In:* Schmidt, B. E.; Leonardi, J. (orgs.). *Spirituality and wellbeing: interdisciplinary approaches to the study of religious experience and health*. Shefe field: Equinox, 2020. p. 199-224.

Freitas, M. H. de; Piasson, Douglas L. "Religião, religiosidade e espiritualidade: repercussão na mídia e formação profissional em psicologia". *Esferas*, v. 5, n. 8, p. 103-112, 2016. Disponível em: https://doi. org/10.19174/esf. v1i8.7909.

Freitas, M. H. de; Vilela, P. R. "Leitura fenomenológica da religiosidade: implicações para o psicodiagnóstico e para a práxis clínica psicológica". *Revista da Abordagem Gestáltica*, v. 23, n.1, p. 95-107, 2017. Disponível em: http://pepsic.bvsalud.org/scielo.php?script=sci_arttext&pid=S1809-68672017000100011&lng=pt&tlng=pt. Acesso em 26 jun. 2025.

Freitas, M. H. de; Leal, M. M.; Nwora, E. I. "Praying for a miracle part II: idiosyncrasies of spirituality and its relations with religious expressions in health". *Frontiers in Psychology*, v. 13, p. 1-11, 2022. Disponível em: https://doi.org/10.3389/fpsyg.2022.893780.

Freitas, M. H.; Turra, V. N.; Zaneti, N. B. "Religiosidade, saberes tradicionais e saúde no Brasil". *In:* Conselho Regional de Psicologia de São Paulo. *Na fronteira da psicologia com os saberes tradicionais: práticas e técnicas.* São Paulo: CRP-SP, 2016b. p. 73-78.

Freitas, M. H.; Espírito Santo, L. da C.; Silva, R. de C. da. "Percepções de psicólogos sobre religiosidade e saúde mental: estudo fenomenológico em um Caps do Distrito Federal". *In:* Lessa, J. M. *et al.* (orgs.). *Interfaces entre psicologia clínica e saúde*. Curitiba: CRV, 2019. p. 102-120.

Husserl, E. *Phenomenology and the crisis of philosophy. Philosophy as rigorous science, and philosophy and the crisis of European man.* Nova York: Harper Torchbooks, 1965.

_______. *A ideia da fenomenologia.* Lisboa: Edições 70, 2000.

Koenig, H. G. "Concerns about measuring 'spirituality' in research". *The Journal of Nervous and Mental Disease*, v. 196, n. 5, p. 349-355, 2010. Disponível em: https://doi.org/10.1097/NMD.0b013e31816ff796.

_______. "Religion, spirituality, and health: the research and clinical implicai tions". *International Scholarly Research Notices*, 2012. Disponível em: https://doi.org/10.5402/2012/278730.

_______. *Spirituality and health research: methods, measures statistics, and resources*. Filadélfia: Templeton Press, 2011.

Leal, M. M. *et al.* "Praying for a miracle: negative or positive impacts on health care?" *Frontiers in Psychology*, v. 13, 2022. Disponível em: https://doi.org/10.3389/fpsyg.2022.840851.

Maraldi, E. O. "Espiritualidade dos ateus e agnósticos". *In:* Esperandio, M. R. G.; Caldeira, S. (orgs.). *Espiritualidade e saúde: fundamentos e práticas em perspectiva luso-brasileira.* Porto Alegre: PUCPress, 2022, p. 251-260. v. 1.

Neubern, M. S. *Psicoterapia e espiritualidade.* Belo Horizonte: Diamante, 2013.

_______. "O que significa acolher a espiritualidade do outro? Considerações de uma clínica etnopsy". *In:* Freitas, M. H. de; Paiva, G. J. de; Moraes, C. de (orgs.). *Psicologia da religião no mundo ocidental contemporâneo: desafios da interdisciplinaridade.* Brasília: EdUCB, 2013, p. 145-183. v. 2.

Paiva, G. J. "Laicidade, psicologia, religião, direitos humanos". *In:* Conselho Regional de Psicologia de São Paulo. *Laicidade, religião, direitos humanos e políticas públicas*. São Paulo: CRP-SP, 2016. v. 1. p.135-142.

______. "Um passo atrás: minha caminhada em psicologia da religião". *Rever*, v. 17, n. 1, p. 10-17, 2017. Disponível em: https://doi.org/10.23925/1677-1222.2017vol17i1a2.

Pargament, K. L. *The psychology of religion and coping: theory, research, and practice.* Nova York: Londres: Guilford, 1997.

Pargament, K. I.; Koenig, H. G.; Perez, L. M. "The many methods of religious coping: development and initial validation of the RCOPE". *Journal of Clinical Psychology*, v. 56, n. 4, p. 519-543, 2000. Disponível em: https://doi.org/10.1002/(sici)1097-4679(200004)56:4<519::aid-jclp6>3.0.co;2-1.

Pereira, K. C. L.; Holanda, A. F. "Religião e espiritualidade no curso de psicologia: revisão sistemática de estudos empíricos". *Interação em Psicologia*, v. 23, n. 2, 2019. Disponível em: https://dx. doi.org/10.5380/psi.v23i02.65373.

Ribeiro, J. P. "Eu-tu-nós: a dimensão espiritual da alteridade nos ciclos de contato". *Revista da Abordagem Gestáltica*, v. 13, n. 1, p. 135-146, 2007. Disponível em: http://pepsic.bvsalud.org/scielo.php?script=sci_arttext&pid=S1809-68672007000100010&lng=pt&tlng=pt Acesso em: 26 JUN. 2023.

Ruas, E. F. L. *et al.* "Manejo da religiosidade/espiritualidade em contextos clínicos: a experiência de psicólogas/os". *In:* Lemos, F. C. *et al.* (orgs.). *Clínica política, arte e cultura: subjetividades e a produção dos fascismos no contemporâneo.* Curitiba: CRV, 2019. p. 539-566.

Silva, L. M. P.; Goto, T. A. "Psicologia e espiritualidade na produção científica brasileira: uma revisão de literatura". *Numen — Revista de Estudos e Pesquisa da Religião*, v. 23, n. 2, p. 39-49, 2020. Disponível em: https://doi.org/10.34019/2236-6296.2020.v23.31324.

Stein, E. *Obras completas de Edith Stein*. Madri: Monte Carmelo, 2005.

Valle, E. *Psicologia e experiência religiosa*. São Paulo: Loyola, 1998.

OS ORGANIZADORES

Jorge Ponciano Ribeiro

Doutor em Psicologia, é professor titular e professor emérito do Instituto de Psicologia da Universidade de Brasília. Tem vasta prática clínica como Gestalt-terapeuta, sendo também formador e pesquisador na área, fundador do Instituto de Gestalt-terapia de Brasília (IGTB) e membro da International Gestalt Therapy Association. Ponciar no se interessa por temas de pesquisa como fenomenologia, espiritualidade, ciclo do contato, psicoterapia e psicoterapia de grupo.

Maurício S. Neubern

Doutor em Psicologia, é professor associado do Instituto de Psicologia da Universidade de Brasília. Hipnoterapeuta e formador de terapeutas, é fundador do Instituto Milton Erickson de Brasília e membro do grupo de trabalho de Etnopsicologia da Ass sociação Nacional de Pesquisa e Pós-Graduação em Psicologia (Anpepp) e da Semiotic Society of America. Coordenador do grupo de pesquisa do CNPq Complexidade, Hipnose e Subjetividade (CHYS). Tem interesse nas aplicações clínicas da hipnose, etnopsicologia e espiritualidade, semiótica, fenomenologia e epistemologia.

OS AUTORES

Adriano Furtado Holanda

Doutor em Psicologia, é professor associado do Departamento de Psicologia da Universidade Federal do Paraná (UFPR). Editor da revista *Phenomenology, Humanities and Sciences* e diretor do Laboratório de Fenomenologia e Subjetividade (LabFeno-UFPR), é membro do grupo de trabalho Fenomenologia, Saúde e Processos Psicológicos da Associação Nacional de Pesquisa e Pós-graduação em Psicologia (Anpepp). Dedica-se a pesquisas sobre fenomenologia, psicoterapias, abordagens fenomenológicas e existenciais, psicologia da religião, pesquisa fenomenológica, história da psicologia, psicopatologia e saúde mental.

Marcelo da Silva Araújo Tavares

Doutor em Psicologia, é professor adjunto do Instituto de Psicologia da Universidade de Brasília (UnB), onde coordena o Núcleo de Intervenção em Crise e Prevenção do Suicídio. Dedica-se a pesquisas sobre intervenção em crise e temas correlatos: o impacto de eventos de vida adversos e de traumas precoces; o sofrimento ou vulnerabilidade psíquica grave; a psicodinâmica da crise e as técnicas de psicoterapia e de intervenção emergencial; a avaliação e intervenção nos casos de risco (suicídio, violência, traumas); a estruturação e os transtornos de personalidade, a psicopatologia e as comorbidades.

Marcos Aurélio Fernandes

Doutor em Filosofia, é professor adjunto do Departamento de Filosofia da Universidade Federal do Rio de Janeiro (UFRJ). Tem experiência na área de filosofia, com ênfase em Heidegger, atuando principalmente nos seguintes temas: fenomenologia, existência, liberdade e facticidade. Além disso, dedica-se a estudos do pensamento medieval, sobretudo o franciscano, bem como a investigações em filosofia da religião e filosofia da educação.

Marta Helena de Freitas

Doutora em Psicologia, é professora da Universidade Católica de Brasília (UCB) e coordenadora do Laboratório Religião, Saúde Mental e Cultura da UCB. Integrante do grupo de estudos Criatividade, Inovação, Comunicação, Marketing e Cidades (CriarComC). Seus temas de interesse são psicologia da religião, tanatologia, gerontologia, psicodiagnóstico de Rorschach, fenomenologia e formação em psicologia. Palestrante da Cátedra Unesco de Juventude, Educação e Sociedade da UCB,e pesquisadora honorária na University of Wales Trinity Saint David. Membro da American Psychology Association (APA), é presidente da Associação Internacional de Psicologia da Religião (International Association for the Psychology of Religion).

Mônica Botelho Alvim

Doutora em Psicologia, é professora associada do Instituto de Psicologia da Universidade Federal do Rio de Janeiro (UFRJ). Pesquisa as dimensões teórico-metodológicas da clínica da Gestalt-terapia nos contextos psicoterápico e comunitário a partir de um diálogo interdisciplinar com a fenomenologia e a arte contemporânea, tendo Merleau-Ponty como autor principal no campo da filosofia. Pesquisadora vinculada ao Núcleo de Estudos Interdisciplinares em Fenomenologia e Clínica de Situações Contemporâneas (Neifecs), atua na pós-graduação, na linha de pesquisa processos psicossociais, históricos e coletivos, e na extensão universitária com jovens em comunidades cariocas, pesquisando temas da juventude e da clínica na comunidade.

Pedro Luís Tizo Santos

Mestre em Psicologia, é psicoterapeuta, professor e supervisor de psicologia humanista-existencial no curso de Psicologia na Universidade Dom Bosco Paraná desde 2021. Professor e supervisor de psicologia humanista-existencial no curso de Psicologia na FAE Centro Universitário, é membro do Laboratório de Fenomenologia e Subjetividade da Universidade Federal do Paraná (UFPR) desde 2016. Temas de interesse: fenomenologia, clínica, história da psicologia e saúde mental.

Rodolfo Petrelli

Doutor em Psicologia, é membro da Associação Goiana de Psicodiagnóstico Rorschach e professor aposentado da Pontifícia Universidade Católica de Goiás (PUC-Goiás). Tem experiência na área de psicologia, com ênfase em papéis e estruturas sociais, atuando principalmente nos seguintes temas: psicologia, psicodiagnóstico Rorsachach, fenomenologia, personalidade e psicoterapia, fenomenologia e existencialismo.

leia também

PIONEIROS DA GESTALT-TERAPIA NO BRASIL

Histórias e memórias

Organizadora: Celana Cardoso Andrade

Este livro reúne histórias dos pioneiros da Gestalt-terapia no Brasil. Organizado por Celana Cardoso Andrade, ele capta a essência de uma abordagem que valoriza o contato autêntico e a totalidade humana, congregando as vozes que moldaram a teoria e a prática gestáltica e a adaptaram ao contexto cultural, social e político brasileiro. Tratando de temas como superação, liberdade, autenticidade, transformação e produção acadêmica — além de questões de classe, raça e gênero —, a obra convida o leitor a mergulhar nas vivências desses terapeutas que dedicaram a vida ao desenvolvimento da Gestalt-terapia em nosso país. Trata-se de um convite inspirador para todos os que desejam compreender e preservar o legado dessa abordagem.

ISBN 978-65-5549-160-9

ENFRENTANDO CRISES E FECHANDO GESTALTEN

Organizadoras: Lilian Meyer Frazão e Karina Okajima Fukumitsu

Crises todos vivemos. Forças para enfrentá-las nem todos temos. Se um dos objetivos principais da Gestalt-terapia é a ampliação da awareness, sobretudo daquilo que impede o fluxo contínuo e dificulta a fluidez do viver, é fundamental refletir sobre as situações inacabadas que nos impedem de avançar. Neste volume, diversos autores mostram que, por meio da espontaneidade, da criatividade e da espiritualidade, é possível abordar sofrimentos diversos, como os políticos, os oriundos de acidentes e de questões de gênero. Calcados na ética e no acolhimento terapêutico, os capítulos aqui presentes dão uma importante contribuição à abordagem. Entre os temas abordados estão: o trauma segundo o enfoque da Gestalt-terapia; experiências ética e sofrimento humano; e relação ambiente-corpo como unidade sagrada.

ISBN 978-85-323-1152-8

www.gruposummus.com.br
Acesse, conheça o nosso catálogo e cadastre-se para receber informações sobre os lançamentos.

www.gruposummus.com.br